그러니까
우리말
이러니까
우리글

? 그러니까
우리말
이러니까
우리글 !

알고 쓰면 좋은 우리말 우리글

장진호

글누림

상당한 사회적 신분을 가진 분이, 세종대왕이 한글을 만들기 전에는 우리가 어떤 말을 했느냐고 질문하는 것을 본 일이 있다. 국어(國語)와 국자(國字)를 혼동하여 묻는 말이다. 세종대왕이 우리말을 적을 수 있는 글자가 없어서 훈민정음을 만들었지, 언제 우리말을 만들었던가? 그와 같은 생각은, 아마도 한글날이 되면 글자 자체보다는 우리말에 관한 여러 가지 문제를 논의하는 사회 분위기도 한몫했을 것이란 생각이 든다.

맞춤법 문제가 나오면, 정말 우리 국어가 너무 어렵다고 하는 말도 종종하는데, 이것도 같은 예다. 한글 이름이란 말도 가끔 하는데 이 역시 말과글을 혼동하는 경우다. 한글 이름이 아니라, 우리말 이름이라 해야 옳다. 이처럼 우리말과 한글은 구별해서 써야겠다.

이 책을 쓰면서 맨 처음 생각한 것은 우리말, 우리글에 대한 기본적 이해를 우리 모두가 가졌으면 하는 것이었다. 이두, 구결, 향찰을 이 책 내용의 첫머리로 삼은 것은 그런 연유다. 학창 시절에 이런 것을 모두가 배웠지만, 성인이 되어 아리송해 하는 사람들이 많다. 우리의 고유 문자를 갖지 못한 선인들이 어떻게 우리말을 적을지를 고민한 흔적이기에, 이는 누구나 꼭 알아야 할 문제라는 생각이 들었다.

이에 곁들여, 우리말에 배어 있는 문화적 배경을 이해해야 한다는 나름대로의 욕심도 들었다. '팔만대장경'이란 말의 함의(含意)나 영취산(靈鷲山)의 본뜻을 가리는 내용 등에 대해 언급한 것은 다 그러한 연유다. 팔만대장경이란 이름이 그 판목 수가 팔만 개라서 붙여진 이름인 줄 아는 이가 많다. 또 영취산을 아무런 근거도 없이, 지금 영축산이라 부르고 있다. 이것은 다 잘못이다.

그리고 지금의 언어생활을 매끄럽게 하는 데 보탬을 주어야 한다는 것이 그 무엇보다도 중요하다는 생각에서, 바른 어휘 선택과 어법적인 것들을 살펴보았다.

이를테면 '내'는 비 올 때 부옇게 끼는 안개다. 그러므로 내는 부옇고 매운 기운을 가리키는 연기 따위를 뜻하는 말이 아니다. 연기처럼 부연 산기운이나 안개 따위를 가리키는 말이다. 윤선도의 「어부사시사」 중 봄을 노래한 시조에도, '어촌(漁村) 두어 집이 닛속에 나락들락'이란 구절이 있고, 율곡의 시조에도 '평무(平蕪)에 닉 거든이 원근(遠近)이 그림이로다'란 구절이 있다. 그러므로 '내'는 단순한 연기란 뜻이 아니다.

또 노을은 아침저녁으로 해가 뜨거나 질 때, 하늘이 벌겋게 물드는 현상을 가리킨다. 줄여서 '놀'이라고도 한다. 그런데 놀과 내는 전혀 다른 말인데, 왠지 혼동하는 예가 많다. 둘 다 공중에 생기는 기운이란 공통점 때문일까?

우리 선인들도 이 둘을 혼동한 흔적이 보인다. '내'를 나타내는 한자에 애(靄)란 글자가 있는데, 자전의 뜻풀이를 보면, '내'와 '노을'을 함께 적고 있다. '내'와 '노을'을 혼동한 것이다. 어느 유명가수가 부른 노래에도, '비 오는 낙동강에 저녁노을 짙어지면'이란 구절이 있다. 이 또한 '내'와 '노을'을 혼동하고 있다. 비가 오는데 불그스름한 저녁노을이 나타날 리가 없기 때문이다. 이는 필시 비 오는데 낀 안개 즉 '내'를 '노을'로 혼동해서 표현한 것임에 틀림없다.

또 누가 나에게 어떤 사안의 가부를 물을 때 '아니오'라 해야 할지, '아니요'로 해야 할지도 선뜻 판단이 서지 않는다. '슈팅률'로 써야 할지 '슈팅율'로 써야 할지도 얼른 판단되지 않는다. 또 '비고란'은 '-란'으로 적고 '가십난'은 '-난'으로 적는다. 다 같은 '란(欄)'인데 왜 그렇게 적어야 하는지 그 연유가 궁금해진다.

평소 바른 국어 생활을 생각하면서, 지금 우리가 쓰고 있는 어문 중에는 다시 한 번 생각해 보아야 할 문제도 많다는 것을 알았다. 가장 비근한 예로 ㄱ, ㄷ, ㅅ의 글자 이름만 해도 그렇다.

지금 우리는 ㄱ을 기역이라 읽고, ㄷ은 디귿, ㅅ은 시옷이라 읽는다. 다른 자음은 모두가 니은, 리을, 미음, 비읍, 이응 등으로 부르는데, 이 세 글자만은 주류에서 이탈하여 그렇게 부른다. 이러한 이름은 최세진이 지은 것이다. 최세진도 이 세 글자를 그렇게 부르고 싶어서 그렇게 지은 것은 아니다. '기윽, 디은, 시읏'으로 적고 싶었지만 '윽, 은, 읏'을 가진 한자가 없어서 그와 비슷한 '-역, -귿, -옷'으로 적었을 뿐이다. 이는 하루빨리 '기윽, 디은, 시읏'으로 바꾸어야 한다.

우리는 훌륭한 말과 과학적인 문자를 가지고 있는 문화 민족이다.

케임브리지 『언어백과사전』에 따르면, 현재 한국어는 지구상에 통용되는 5천여 개의 언어 중 열세 번째로 사용 인구가 많다고 한다. 이는 노랫

말로 세계 음악애호가들의 귀를 감미롭게 해 주는 이탈리아어를 앞서며, 사교계의 언어로 자존심을 뽐내는 프랑스어에는 두 번째로 뒤처져 있을 뿐이다. 참으로 대단한 기록이 아닐 수 없다.

한글의 초성, 중성, 종성으로 표현할 수 있는 글자는 총 1만 1172개다. 일본어는 48개의 문자로 300여 개, 중국어는 5만여 개의 문자로 400여 개의 소리를 표기할 수 있다. 정인지가 말했듯이 한글은 바람 소리, 학 울음 소리, 닭 홰치는 소리, 개 짖는 소리까지도 적을 수 있는 글자다. 한글이 얼마나 체계적이고 과학적인 문자인지 알 수 있다.

이렇게 좋은 말과 글자를 바로 쓰자는 취지로 펴낸 책은 수없이 많다. 다 고마운 책들이다. 모두가 역작이다. 거기에다 괜히 내가 혹을 하나 더 붙여 맑은 자리를 어지럽히는 것 같다. 그러나 새 비단옷에 이렇게 헝겊 조각을 하나 덧붙이는 것은, 평소 우리말을 쓰는데 이것만은 꼭 알고 썼으면 하는 나름대로의 욕심이 있었기 때문이다. 탁 터놓고 말하자면, 내가 평소에 잘 몰라서 고민했던 것들을 되씹고 토로한 것들이다. 그래서 많은 분들의 고견을 참고했다. 일일이 그 전거를 밝히지 못함을 죄송하게 생각하고 해량을 바란다.

2019년 10월
장 진 호 씀

제1부 우리말의 한 고개

제2부 **우리말의 어휘**

제3부 우리말의 어법

제 1 부

우리말의 한 고개

이두 향찰 구결

세종대왕이 훈민정음을 창제하기 이전에, 우리 선인들은 우리말을 적을 수 있는 우리 문자를 가지지 못하였다. 그래서 부득이 기존에 쓰고 있던 한자(漢字)를 이용하여 우리말을 적어 보려는 시도를 하였다. 한자의 음과 뜻을 빌려서 우리말을 적으려는 것이 그것인데, 이에서 나온 것이 이두(吏讀), 향찰(鄕札), 구결(口訣)이다.

한자는 중국어를 기록하기 위한 글자다. 우리말과 중국어는 언어의 분류에서 볼 때 서로 거리가 멀다. 중국어는 낱말이 어떤 형태상의 변화가 없이 문장 속에 그대로 쓰이고, 다른 말과의 관계는 어순에 의해 표시된다. 그러나 우리말은 단어 또는 어간에 문법적인 기능을 가진 조사나 어미가 다양하게 결합함으로써 문장 속에서의 문법적인 역할을 담당한다. 그래서 우리말은 교착어라 하고 중국어는 고립어라 한다.

이러한 양자의 차이점이 있음에도 불구하고, 우리 조상들은 한자의 음 빌리기[音借 음차]와 뜻 빌리기[訓借 훈차]를 통하여 우리말을 적어 보려는 노력을 기울였던 것이다. 이러한 노력에서 나온 이두, 향찰, 구결은 그 쓰임의 갈래와 범위에서 약간의 차이가 있다.

그럼 이들을 차례대로 살펴보자.

이두

선인들은 우리말을 적을 수 있는 글자가 없었기 때문에, 음소로 분절되는 국어를, 뜻글자인 한자를 이용하여 적었는데 여간 불편을 느끼지 않았을 것이다. 여기서 잠깐 그에 대한 고민의 길을 따라가 보자.

한자로써 우리말을 적기 위한 최초의 방법이 임신서기석(壬申誓記石) 방식이다. 이것은 어순이 국어와 다른 한문 즉 중국어를 우리말의 어순에 따라 적던 표기법이다.

임신서기석이란, 1934년 5월 경북 월성군 현곡면 금장리 석장사 터 부근 언덕에서 발견된 돌을 가리키는데, 여기에 쓰인 글은 순수한 한문식 문장이 아니고 우리말식의 한문체로 되어 있다. 이 돌에 새겨진 내용은, 신라 때 두 사람이 유교 경전을 습득하고 실행할 것을 맹세한 글이다. 이 돌은 임신년의 맹세 기록을 담고 있다고 하여 통상 임신서기석이라 부른다. 그러면 그 내용의 일부를 잠깐 보자.

壬申年六月十六日(임신년육월십육일)	임신년(壬申年) 6월 16일에
二人幷誓記(이인병서기)	두 사람이 함께 맹세하여 기록한다.
天前誓(천전서)	하늘 앞에 맹세한다.
今自三年以後(금자삼년이후)	지금으로부터 3년 이후에
忠道執持(충도집지)	충도(忠道)를 잡고 지녀
過失无誓(과실무서)	과실이 없기를 맹세한다.

여기에서 우리의 주목을 끄는 것은, 비록 글자는 한자를 썼지만, 그 문장은 한문의 어순이 아니라 우리말 순서로 적었다는 것이다. 다음 문장을 자

세히 보자.

> 二人并誓記(이인병서기)   두 사람이 함께 맹세하여 기록한다.
> 天前誓(천전서)   하늘 앞에 맹세한다.

한문의 어순이 아니라 우리말의 순서대로 한자를 차례로 적었다. 이것을 오늘날 영어에 비유하면, 'This is a book.'을 우리말 순으로 'This a book is.'와 같이 표기하는 방식이다. 여기에 씌어 있는 '두 사람이 함께 맹세하여 기록한다'는 뜻인 '二人并誓記(이인병서기)'는 한문 어순이라면 '二人并記誓(이인병기서)'라야 한다. 또 하늘 앞에 맹세한다는 '天前誓(천전서)'는 '誓天前(서천전)'이어야 한다. 그 아래도 이와 같이 모두 한문 순서가 아닌 우리말 순서대로 한자를 배열했다. 이처럼 임신서기석의 표현은 어려운 한문식 표기를 피해, 좀 더 쉽게 이해할 수 있도록 우리말 순으로 한자를 배열하여 적은 것이다.

그런데 이 임신서기석보다 약간 발전한 방식의 표기법이 뒤이어 나타나는데, 그것이 바로 신라의 남산신성비(南山新城碑)에 나타나는 표기법이다. 이 비는 신라 진평왕 13년(591) 경주 남산에 위치한 남산 신성을 쌓을 때 이를 기념하여 세운 것이다. 축성에 참가한 사람들은 남산에 모여 비를 세우고 그들의 이름, 축성 담당 구간 그리고 견고한 성곽을 쌓겠다는 맹세의 서약을 새겼다. 그럼 여기에 쓰인 내용의 일부를 잘 뜯어보기로 하자.

> 南山新城作節(남산신성작절)   남산신성을 지을 때
> 如法以作後三年崩破者(여법이작후삼년붕파자) 만약 법으로 지은 뒤 3년에

罪**敎**事爲(죄교사위)

聞**敎**令誓事之(문교령서사지)

붕괴되면

죄 주실 일로 삼아

들으시게 하여 맹세시킬 일

이니라.

여기에 쓰인 진하게 쓰인 글자 즉 절(節) 자는 '때'를 나타내고, 이(以) 자는 '-으로'를 나타내며, 자(者) 자는 어미 '-면'을 나타내며, 교(敎) 자는 '-게 하다'의 뜻을 각각 나타내고 있다. 그러니 임신서기석보다 한 단계 더 발전한 표기법으로 쓰인 것이 남산신성비다.

이 글은 임신서기석과 마찬가지로 우리말 어순으로 되어 있을 뿐만 아니라, 윗글 중 짙은 표시로 되어 있는 글자들은 본디의 한자 뜻으로 쓰인 것이 아니라, 우리말의 뜻을 나타낸 글자다. 그중에는 조사나 어미 같은 문법소까지 나타내는 것도 있다. 임신서기석에는 우리말의 순서대로 글자를 배치했을 뿐인데, 남산신성비에서는 이에서 나아가 문법의 기능을 나타내는 조사나 어미까지도 나타내고 있다. 이것을 영어에 비유하면 'This is a book.'을 'This는 a의 book is다.'와 같이 나타낸 것이다. 곧 조사 '-는'이나 '-의', '-다'와 같은 어미, '-게 하다'란 말과 같이 사역의 뜻을 나타내는 문법소들까지 한자로 표기한 것이다.

이러한 남산신성비의 표기법은 이전의 임신서기석의 방식보다는 한 단계 발전된 것이다. 임신서기석도 한자를 빌려 우리말 어순의 문장을 표기하고 있기는 하지만, 아직은 우리말의 조사나 어미 따위를 표기하는 발전된 문법 의식은 보이지 않았다. 그러나 남산신성비는 그러한 것들을 표기하였다. 이와 같이 임신서기석이나 남산신성비처럼 문장 배열은 우리말 어순으로 하되, 조사·어미·부사, 기타 특수한 용어를 한자의 음과 훈(訓 뜻)을 이용하여 우리말을 적으려는 방식을 이두라고 한다.

이러한 이두식 표기는 세간에 널리 쓰였고, 특히 관리들의 문서 활동에 주로 쓰이게 되었다. 그래서 이두(吏讀)라는 이름을 얻게 되었다. 이두(吏讀)를 이토(吏吐), 이문(吏文), 이찰(吏札) 등으로 부른 것은 관리(서리 胥吏)들이 주된 향유 계층이었음을 보여주는 것이다.

양반들은 한문으로 의사를 소통하고 문학 작품을 창작하였다. 그러나 하급관리나 서리들은 그 실력이 선비만 못하였기 때문에 이두를 사용해 공문서를 작성하고 의사소통도 하였다. 그래서 이두는 조선말까지 이어져 사용되었다.

향찰

이러한 남산신성비의 이두가 점차 발전하여 모든 품사 특히 조사나 어미에까지 이르는 표기 방식으로 확산되었다. 문장 일부를 이두로 표현하던 표기 방식을 확장하여, 전 문장을 우리말로 표기하고자 나온 것이 향찰이다. 이두는 실질형태소는 한문 그대로 표기하고 형식형태소인 조사와 어미 따위를 한자의 음이나 뜻을 따서 표기하였으나, 향찰은 전 문장을 우리말 순서대로 한자의 음과 뜻을 이용하여 적은 것이다. 그러니 향찰로 적은 글은 온전히 우리말(신라어, 고려어)이다. 향가는 향찰로 기록된 대표적인 문헌이다. 그중 모죽지랑가의 한 구절을 보자.

去隱春皆理未

이것은 우리말 '간 봄 그리매'를 표기한 것이다. 즉 '지나간 봄을 그리워하매'라는 뜻이다. 그러면 이 구절에서 어떻게 한자의 음과 뜻을 빌려 우리말을 나타내었는지를 살펴본다.

去隱 : 去(갈 거) 자의 뜻 '가'
　　　　隱(은) 자의 끝소리 'ㄴ'
春 - '봄 춘' 자의 뜻 '봄'. 이를 합해서 '간 봄'

皆理未 : 皆(다 개) 자의 유사음 '그'
　　　　理(이치 리) 자의 음 '리'
　　　　未(아닐 미) 자의 옛 음 '매'. 이를 합해서 '그리매'

향가는 모두가 이러한 향찰로 표기되어 있다. 그런데 이 향찰은 고려 중엽을 지나면서 그 사용이 점차 소멸되었다. 향찰이 소멸된 까닭은 크게 두 가지로 나누어 생각해 볼 수 있다.

첫째는 한자를 사용하던 상류층들이 굳이 한자의 음훈을 빌려와서 우리말을 적지 않더라도, 표현하고자 하는 뜻을 한문으로만 적어 낼 수 있는 능력을 갖게 되었다는 데 기인한다. 향찰을 사용하던 사람들 또한 한문을 알고 있던 지식 계급이었다. 그들이 한문을 구사하는 힘이 높아져 굳이 향찰을 사용하여 표기할 필요성이 없어진 것이다. 신라 향가는 거의 모든 어휘가 고유어로 되어 있지만, 고려 향가 즉 균여가 쓴 『보현십원가』는 태반이 한자어로 되어 있는 것만 봐도 그것을 잘 알 수 있다.

둘째는 우리말이 가지는 특수성 때문이다. 중국어나 일본어는 모두 음절 단위를 그 기층으로 하고 있다. 그러나 우리말은 낱낱의 음소로 나누어지는 분절음을 단위로 한다. 수많은 자음과 모음이 합해져 단어를 이룬다. 특히 국어는 받침이 발달한 언어이고 조사나 어미도 복잡하다. 이렇게 복잡한 구조를 갖고 있어서 한자로 우리말을 적는 데는 한계가 없을 수 없다. 한자의 이러한 제약성 때문에 향찰의 표기 방식은 오래 갈 수 없었던 것이다. 이러한 요인이 바로 한글을 창제하게 한 동기가 되었다.

이러한 몇 가지 이유 때문에 고려 때 현종(1009~1031)과 그 신하들이 지은 향풍체가(鄕風體歌) 12수와 예종(1095~1105)이 지은 도이장가를 끝으로 향찰 표기는 사라졌다.

이와 같이 한자의 음과 훈을 빌려 자기 나라말을 적은 것은, 우리나라뿐만 아니라 한자 문화권에 속하는 일본, 베트남, 중국의 백족(白族) 등도 그렇게 했다. 우리나라는 그것을 향찰이라 했는데, 일본은 만엽가나(萬葉假名)라 불렀고, 베트남은 쯔놈자(字), 백족은 백문(白文) 또는 한자백독(漢字白讀)이라 하였다.

구결

구결(口訣)은 우리말로 '입곁'이라고도 하고 '토[吐]'라고도 한다. 구결은 이두와는 달리 한문 문장을 쉽게 이해할 수 있도록 문장의 중간이나 끝에 조사나 어미 즉 토를 삽입한 표기법이다. 이 토는 한자의 획을 따거나 기존에 있던 한자를 간략화했다.

한국에서는 전통적으로 한문을 읽을 때 문맥에 맞게 한국어의 토(조사나 어미)를 달아 읽었는데 이를 현토(懸吐)라고 불렀다. 구결은 보통 이 토를 원문 옆에 작은 글씨로 메모하여 사용하였다. 그러면 논어의 첫 구절을 예로 들어 현토해 보자.

學而時習之 不亦悅乎(학이시습지 불역열호)는, 배우고 그것을 때때로 익히면 또한 즐겁지 아니한가라는 뜻이다. 이 문장을 이해하기 쉽게 토를 달아보자.

學而時習之面 不亦悅乎牙(학이시습지면 불역열호아)

여기에 쓰인 토는 '면(面)'과 '아(牙)'다. '면'은 '배우고 그것을 익히면'에서 '익히면'의 '-면'에 이어진다. 그리고 '아(牙)'는 한문을 읽을 때 쓰는 의문형 어미다. 이것은 '또한 즐겁지 아니한가'의 '-가'에 해당된다. 이와 같이 한문을 쉽게 독파하는 데 쓰인 '면(面)'과 '아(牙)' 자 따위를 구결이라 한다. 구결로 쓰인 몇 글자를 보이면 이러하다.

隱-는은   伊-이   尼-니   爲稱-하며   是面-이면   是羅-이라

그런데 처음에는 이러한 온전한 한자체의 구결이 쓰이다가 점차 한자의 일부분을 떼어와 간략한 약체(略體)를 만들어 썼다. 약체는 한자의 초서체나 해서체를 채택해 사용하기도 하지만, 대부분의 경우는 원 한자의 앞부분을 따거나 뒷부분을 따 독립된 문자로 사용한다.

'ㅊ, ㄐ' 등의 구결자들은 '거(去), 두(斗)'의 초서체로 구결자에 채택된 것이다. 'ㅏ'은 은(隱) 자의 앞부분을 딴 글자인데 이는 더 간략화되어 'ㄱ'으로 쓰이기도 하였다. 'ㅈ, ㅅ, ㅌ'은 '在(재), 示(시), 飛(비)' 등의 앞부분을 딴 것이다. 'ㅊ(去), ㄱ(隱), ㅅ(示), ㄐ(斗)' 등은 이들이 각각 '거, ㄴ, 시, 두'

의 소리를 나타낸다는 점에서 음(音)을 따와서 표기한 것이다. 반면, 'ㆆ(在), ㅸ(飛)' 등은 각각 '겨, 늘'을 나타낸다는 점에서 한자의 뜻[訓]을 따와서 표기한 것이다. 재(在)는 '있다'는 뜻을 가진 한자인데, 옛 뜻인 '겨시다'의 훈에 따라 '겨'로 읽힌 것이며, 비(飛)는 '날다'의 뜻이므로 그 훈인 '날'을 표기하는 데 쓰인 것이다.

'라' 음을 표기한 '라(羅)'의 구결자는 상당한 변형이 가해진 대표적인 구결자이다. 구결 자료에서는 'ㅁ〉ㅅ〉ㆍ'의 변천 과정을 보이고 있는데, 이 중 'ㆍ'와 'ㅅ'는 여러 문헌에 걸쳐 혼용되어 쓰였다.

이러한 구결이 이두와 같은 점은 한자를 이용하여 우리말을 적었다는 것이며, 다른 점은 이두는 전문(全文)이 이두로 되었음에 대하여 구결은 한문 원문에 토만 적었다. 이두는 임신서기석의 방법에 문법형태소를 덧붙인 것이라 보면 된다. 그러므로 이두는 그것을 빼면 한문 문장이 되지 않지만, 구결은 그것을 지워도 한문의 완전한 문장이 된다.

그런데 한 가지 덧붙일 것은, 구결은 한자를 변형시킨 새로운 문자로 볼 수 있다는 것이다. 구결은 한문 문자를 쉽게 이해시키기 위한 보조적인 구실을 했던 문자이지만, 문자 형태로 볼 때는 하나의 새로운 문자라는 의의를 갖는다. 다시 말하면 한자, 몽고문자, 설형문자 등 모든 문자와 대등한 하나의 문자로서의 자격을 갖는 것이다.

세종대왕과 한글 전용 문제

훈민정음 창제에 대한 세종대왕의 거룩한 뜻은 그 서문에 절절이 녹아 있다. 어려운 한자를 알지 못하여 자기의 생각을 글로 표현할 수 없는 어리석은 백성들의 답답한 마음을 같이 아파하고 있는 성군의 모습이 눈앞에 선하다.

그런데 우리는 이 글에 나타난 표면적 사실은 잘 알지만, 그 뒤에 숨은 대왕의 고뇌는 잘 이해하지 못한다. 그것은 당시의 시대적 상황을 깊이 헤아리지 않고 지나친 데서 오는 결과다. 당시의 중국과 오늘 우리가 생각하는 중국은 그 위상이 전혀 다르다. 오늘의 중국은 우리와 대등한 하나의 국가이지만, 당시의 중국은 우리가 본받아야 할 지구상의 유일한 선진국이요 문화국이었다.

나아가 국가로서의 인정을 받을 수 있는 오늘날의 유엔과 같은 대상이기도 하였다. 그러기에 사대(事大)는 주변 국가들이 지향하는 최대의 이념이었다. 사대는 지금 우리가 생각하는 것처럼 단순히 큰 나라에 아부하는 개념이 아니라, 오늘날 우리가 외치는 선진화, 세계화, 민주화와 같은 가치를 지니는 용어였다. 그러니 사대는 아무나 거스를 수 있는 담론의 대상이 아니었다. 그래서 세종도 사대라는 말을 가장 많이 사용하였다. 그만큼 중국은 우리에게 중요한 나라였고 영향력 있는 나라였다.

한 나라가 문자를 만든다는 것은 보통 일이 아니다. 당시의 사정으로 보아 당연히 그 문제는 중국과의 정치적 관계를 생각하지 않을 수 없는 사안이었다. 천문기구 하나도 중국의 허가 없이는 마음대로 설치할 수 없는 것이 그 시대의 상황임을 생각한다면, 문자 창제가 지니는 사안의 중대성은 엄청나다 하겠다. 그래서 훈민정음 서문에는 그에 대한 세종의 고뇌가 군데군데 배어 있다.

서문의 첫머리에, '국어가 중국어와 달라서 한자로는 맞지 않다'는 점을 내세운 것도 그러한 고민의 일단을 조심스럽게 드러낸 것이다. 겉으로 보면 '한자 대신에 우리말을 적을 수 있는 글자를 만든다'는 의미지만, 실상 그것은 중국과의 문자 창제에 따른 마찰을 방지하기 위한 외교적 조치며 수사(修辭)라 할 수 있다. 중국의 뜻에 반하는 별다른 의도가 있어서 새로운 글자를 만드는 것이 아니라는 사실을 천명한 것이다.

이어서, 어리석은 하층 백성들의 어려움을 들어주기 위하여 글자를 만들 뿐, 상층의 선비들까지 이 글자를 쓰게 하기 위해 새 문자를 만드는 것은 아니라는 사실도 넌지시 나타내 보이고 있다. 그러한 의도는 서문 끝머리의 '따름이다'란 말에 단적으로 나타난다. 날마다 편리하게 쓰도록 한다고 하면 될 것을, 왜 하필이면 '편안하게 하고자 할 따름'이라 했을까? 이는 자신이 만든 글자를 나라 전체가 전용하려는 것이 아니라, 어리석은 백성들에게만 쓰도록 할 '따름'이라는 것이다. 치자의 고뇌가 서려 있는 대목이다.

세종은 실제로 훈민정음을 전용(專用)하고자 하지는 않았다. 왜냐하면 그것은 문화선진국으로 나아가는 데 도움이 되지 않는다고 생각했기 때문이고, 다른 말로 하면 사대에 맞지 않다고 생각됐기 때문이다. 그래서 훈민정음 반포를 전후하여 지은 『용비어천가』, 『석보상절』, 『월인천강지곡』, 『언해본 훈민정음』 등도 하나같이 국한문혼용으로 지어졌으며, 훈민정음을 전용한 것은 하나도 없다.

나아가 세종은 한글을 당시의 흐트러진 한자음을 정리하는 데 원용함으로써 문화의 수준을 높이고자 하였다. 훈민정음을 창제한 후 제일 먼저 시행한 작업은 혼란 상태에 있던 우리나라 한자음을 정리하고자 한 것이다. 세종은 1443년 12월에 훈민정음을 완성하고, 그 이듬해 2월 14일에 첫 사업으로 의사청(議事聽)에 물어 훈민정음으로써 한자음 정리 사업을 시작하였는데, 그 결과로 나온 것이 바로 『동국정운(東國正韻)』이라는 책이다. 훈민정음 창제 후 제일 먼저 한 일이 한자음 정리 사업이었다는 사실은 무엇을 말하는가? 이는 훈민정음을 한자의 용이한 학습에 활용하려는 의도였다.

이때까지의 한자음은 반절법(半切法)이란 것을 이용하여 적었다. 즉 한자음을 적을 때, 알기 쉬운 다른 한자의 음을 이용하여 적은 것이다. 예를 들면, '東' 자를 '德紅切'로 표기하는 따위다. 즉 덕(德) 자의 첫소리 'ㄷ'과 홍(紅) 자의 중성과 끝소리인 'ㅗ, ㅇ'을 합하여 '동'을 표기하는 방식이다. 조금은 불편한 방법이지만 그때는 이 방법밖에 없었으니 어쩔 수 없는 일이었다. 그런데 세종대왕은 한글을 발명하여 '東'을 '동'으로 바로 적어 내었다. 한자를 이용할 필요가 없어진 것이다. 그만큼 한자음을 쉽게 적을 수 있게 된 것이다. 다시 말하면, 세종대왕은 한자를 쉽게 익힐 수 있는 발음기호를 창안해 낸 것이다. 그래서 어떤 이는 이것을 앞세워, 세종이 한글을 만든 주된 목적은 한자를 바로 익히고 쉽게 활용하기 위한 것이라는 주장을 하기도 한다.

어떻든 세종이 훈민정음 전용을 주장하지 않은 것은 명백하다. 선진문화를 받아들이기 위한 사대에 어긋나서는 안 되기 때문이었다.

최만리의 훈민정음 창제 반대 이유

우리는 흔히 한글 창제를 반대했던 최만리를 사대에 찌들었던 주체성 없는 인물로 평가한다. 이것 또한 사대에 대한 정확한 개념 위에서 최만리의 생각을 다시 살펴볼 필요가 있다. 사대는 단순히 큰 나라를 섬기자는 예속적인 사상이 아니라 선진한 대국의 문물과 제도를 잘 받아들이자는 성리학적 사상이다. 그래서 세종대왕은 사대라는 말을 가장 많이 사용한 왕이었다.

훈민정음 창제를 반대한 최만리의 상소문은 6개 항으로 되어 있는데, 그 중 첫머리 부분의 3개 항을 보자.

1. 우리나라는 조종 이래로 지성껏 중국 문화를 섬기어, 오로지 중국 제도를 따라왔습니다. 그런데 이제 바야흐로 중국과 문물제도가 같아지려고 하는 때를 맞이하여 언문을 창제하시면, 이를 보고 듣는 사람들 가운데 이상히 여길 사람이 있을 것입니다. 중화를 섬김에 있어 어찌 부끄럽지 않다고 하겠습니까?

1. 예로부터 9개 지역으로 나뉜 중국 안에서 기후나 지리가 비록 다르더라도 아직 방언으로 인해서 따로 글자를 만든 일이 없고, 오직 몽고, 서하, 여진, 일본, 서번과 같은 무리들만이 각각 제 글자를 가지고 있는데, 이는 모두

오랑캐들만의 일이라 더 말할 가치도 없습니다. 전해 오는 고전에 의하면, 중국의 영향을 입어서 오랑캐가 변했다는 이야기는 있어도, 오랑캐의 영향을 입어 중국이 변했다는 이야기는 듣지 못했습니다.

1. 만약에 언문만을 사용한다면 관리들은 오로지 언문만을 습득하려 할 것입니다. 진실로 관리들이 28자의 언문만으로도 족히 세상에 입신할 수 있다면, 무엇 때문에 노심초사하여 성리의 학문을 궁리하려 하겠습니까?

이에서 보듯이 최만리는 당시의 시대정신인 사대에 입각하여 한글 창제를 반대하고 있다. 한글 창제가 선진국인 중국의 문물제도를 받아들여 선진문명국이 되고자 하는 데 지장을 줄까 염려한 것이다. 한자 배우기에 소홀함을 가져오는 것은, 지금 영어를 가르치지 말자는 것과는 비교도 안 될만큼, 당시로서는 중대한 국가적 문제였음을 고려한다면, 최만리의 상소는 어쩌면 당연하다 하겠다.

최만리는 세종 1년에 등용되어 세종 27년에 세상을 떠난 그야말로 세종대의 인물이다. 그는 성리학자로서 성리학의 이념을 실천하려고 한 지조 높은 사람이었다. 성리학의 가치관은 군신 간의 도리와 백성들의 도리를 바르게 밝혀 국태민안을 가져오는 일이다. 그 실천 방법으로는 중국을 사대하여 선진문물을 본받고 그를 위해서 한문과 한학을 연구하여 학문적 성과를 이루어 내는 일이었다. 중국의 선진문화와 제도를 받아들여 작은 중화를 마련하는 것이 성리학의 이념을 구현하는 길이라 생각했다. 오늘날 우리가 생각하는 선진대열에 나가는 것과 같은 생각이었을 것이다.

최만리는 세종과 각별한 사이였고 임금의 정책에 간할 수 있는 위치에 있었다. 더욱이 한글 창제에 관여하는 집현전에서 부제학으로 일했기 때문에 훈민정음 창제에 대하여 깊이 알았고, 그것이 국가 발전에 어떻게 영향을 줄 것인가에 대해 깊이 생각했을 것이다. 다시 말하면 훈민정음이 나라의 발전에 어떻게 작용할 것인지에 대해 많은 생각을 했던 것이다. 그가 생각하기에는 사대와 성리학적 입장에서 봤을 때 훈민정음 창제는 선진화에 아무런 이득이 될 수 없다고 판단했다.

이두는 한자에 발판을 두고 있기 때문에 이두로 인하여 한자를 알게 되지만, 정음은 한자와는 전혀 다른 글자이므로 선진문화 수입과는 관련이 없는 문자였다. 몽고, 여진, 서하, 일본의 무리들이 각기 저들의 문자를 가지고 있으나 그것은 후진국의 일일 뿐 선진사대와는 전혀 관계가 없었다. 서두에서 이야기했지만 사대는 단순히 큰 나라를 섬기는 예속적인 사상이 아니라, 선진문화와 제도의 수입이다. 그 당시의 선진국은 중국이 유일한 나라다. 그래서 최만리는 "만일 중국에라도 이 사실이 흘러 들어가서 혹시라도 비난하여 말하는 자가 있사오면, 어찌 대국을 섬기고 중화를 사모하는 데에 부끄러움이 없사오리까."라고 하였다.

정음이 한자보다 훨씬 쉬운 문자이지만, 만약 이로 인하여 중국과의 외교 문제가 발생하고, 나라 안에서는 한자를 공부하지 않고 새 문자를 익히는 관리가 늘어난다면 문화는 천박해질 것으로 보았다. 선진문화를 제대로 수입하지 못하기 때문이다. 중국과의 사대 관계를 잘 유지하는 것이 국가의 우선 과제인데, 임금이 그것을 소홀히 한다면 신하로서는 반드시 바로잡아야 하는 일이라 그는 생각한 것이다. 그래서 정음 창제에 반대하는 상소를 올린 것이다.

실록에 의하면 최만리는 부정과 타협을 모르는 강직한 관리였다. 그는 원칙주의자였고 성리학적 명분 외에는 다른 길을 걸을 줄 몰랐다. 그래서 세종도 그 상소에 대하여 비록 그를 하옥시키긴 하였지만, 하루 만에 그를 석방한 것이다. 이러한 최만리의 뜻을 간파한 세종의 반박도, 훈민정음 자체가 아닌 한자의 음과 관련한 운서(韻書) 문제에 치중하였음을 주목할 필요가 있다. 아래와 같이 말한 것이 그것이다.

"그대가 운서를 아느냐? 사성(四聲)과 칠음(七音)을 알며, 자모(字母)가 몇 인지 아느냐? 만일에 내가 저 운서를 바로잡지 않는다면, 그 누가 이를 바로잡겠느냐?"

훈민정음을 통한 한자음 정리가 시급하다는 자신의 생각을 내비친 것이고, 그만큼 훈민정음이 한자음 정리를 위하여 긴요하다는 생각임을 밝힌 것이다. 세종은 신숙주로 하여금 요동에 와 있던 황찬에게 한자음을 여러 차례에 걸쳐 묻게 하였고, 집현전의 학자들과 동궁, 진안대군, 안평대군에게 한자음을 적은 『운회(韻會)』라는 책을 번역하게 했다. 당시의 한자음이 매우 혼란되어 있었기 때문이다.

훈민정음은 한자의 음을 적는데 매우 편리한 글자(발음기호)였다. 훈민정음을 창제한 이후 가장 먼저 한 일이 한자음을 정리한 『동국정운』이란 책을 발간한 것만 보아도 그것을 알 수 있다. 세종은 훈민정음 창제가 결코 한자와 무관한 것이 아니라는 점을 최만리에게 나타내 보이고 있는 것이다.

최만리는 1419년(세종 1년) 증광문과(增廣文科)에 급제하여 그 이듬해 집현전 박사로 임명되고, 그 뒤 집현전 학사를 거쳐 부제학에까지 올랐다. 대제학은 명예직이었고 부제학이 집현전의 사실상 책임자였다. 요즘으로 치면 그는 학술원 원장이나 서울대학교 총장과 같은 최고의 지식인이다. 그런 그가 어찌 매국노 같은 단순한 생각으로 훈민정음 창제를 반대했겠는가?

최만리는 정음 창제에 대한 도의적 책임을 지고 스스로 집현전을 떠나 낙향하였는데 그 이듬해에 세상을 떠났다. 기록에 의하면 세종은 오랫동안 집현전 부제학 자리를 비워두고 그를 못 잊어 했다고 한다.

이상에서 본 바와 같이 세종은 백성들의 문자 생활의 불편을 덜어주기 위하여 훈민정음을 창제하였다. 훈민정음을 운서(韻書)를 통한 한자음 정리에 활용함으로써 선진문화를 받아들임에 힘을 쏟았다. 최만리도 단순히 훈민정음 창제를 반대한 것이 아니라, 문화선진국으로 나아가는 사대에 어긋날까를 두려워한 것이다. 시쳇말로 하면 세종도 최만리도 세계화를 염두에 둔 인물이라 하겠다.

우리말과 한글

　상당한 사회적 신분을 가진 분이, 세종대왕이 한글을 만들기 전에는 우리가 어떤 말을 했느냐고 질문하는 것을 본 일이 있다. 국어(國語)와 국자(國字)를 혼동하여 묻는 말이다. 세종대왕이 우리말을 적을 수 있는 글자가 없어서 『훈민정음』을 만들었지, 언제 우리말을 만들었던가?

　그와 같은 생각은, 아마도 한글날이 되면 글자 자체보다는 우리말에 관한 여러 가지 문제를 논의하는 사회 분위기도 한몫했을 것이란 생각이 든다.

　맞춤법 문제가 나오면, 정말 우리 국어가 너무 어렵다고 하는 말도 종종 하는데, 이것도 같은 예다. 우리말은 아득한 옛날부터 우리 민족이 써오던 말이다. 그런데 그 말을 적을 수 있는 문자가 없었다. 중국에서 한자가 들어온 이후에는 한자의 음과 훈을 빌려서 우리말을 적으려고 시도하였다. 앞에서 본 이두, 구결, 향찰이 그것이다. 그러나 이것들은 우리말을 적는 데에 너무 불편하였다. 그래서 성왕 세종대왕이 1443년에 창제하고 1446년에 훈민정음이라는 이름으로 한글을 반포하였다.

　한 가지 덧붙일 것은, 한글 이름이란 말도 가끔 하는데 이 역시 말과 글을 혼동하는 경우다. 한글 이름이 아니라, 우리말 이름이라 해야 옳다. 이처럼 우리말과 한글은 구별해서 써야겠다.

한글은 우리말을 적는데 한 치의 어긋남이 없을 뿐만 아니라, 세계에서 가장 뛰어난 문자로 알려져 있다. 현대의 전산화에도 아주 적합한 글자다. 모음은 하늘[ㆍ], 땅[ㅡ], 사람[ㅣ]을 본뜨고 자음은 발음기관을 형상화한 과학적인 문자다.

가만히 생각해 보면 하늘을 뜻하는 글자를 동그란 점 [ㆍ]으로 표시했다는 것은 천재가 아니면 나타낼 수 없는 글자다. 땅[ㅡ], 사람[ㅣ]도 마찬가지다. 모음 11자는 천(天), 지(地), 인(人)을 본떠서 'ㆍ, ㅡ, ㅣ'의 기본자 석 자를 만든 다음, 나머지는 그것들을 조합해서 만들었다.

자음 17자는 발음 기관의 모양을 본떠서 'ㄱ, ㄴ, ㅁ, ㅅ, ㅇ'의 기본자 다섯 자를 만들고, 이 기본자에 획을 더해 나머지 자음을 만들었다.

이러한 한글의 우수성은 세계에 널리 알려져, 유네스코(UNESCO)에서 해마다 문맹을 없애는 데 공이 큰 사람이나 단체에게 주는 상을 '세종대왕상'이라 부르게까지 되었다. 이 상의 이름에 '세종'이라는 이름이 붙은 것은 세종이 만든 한글이 배우기 쉬워서 문맹자를 없애는데 탁월하다는 사실을 세계가 인정하였기 때문이다. 미국 하버드대학의 라이샤워 교수는 '한글은 아마도 오늘날 사용되고 있는 모든 문자 중에서 가장 체계적인 문자'라고 하였고, 네덜란드 라이텐대학 포스 교수는 '한국 알파벳은 간단하면서도 논리적이며, 더욱이 고도의 과학적인 방법으로 만들어졌다'고 하였다.

또 시카고대학의 맥콜리 교수는 '한글이 벨의 『보이는 음성(Visible speech)』이란 책에서 제시한 것보다 무려 400년 이상 앞섰다'고 격찬했다. 여기서 『보이는 음성』이란 영국의 언어 치료사인 알렉산더 멜빌 벨(1819~1905)이 발음기관을 본떠 만든 새로운 글자를 말한다. 벨은 그가 지도하는 농아 학생들을 치료하면서 그들도 알 수 있는 문자가 있으면 좋겠다고 생각하여 발음기관을 본뜬 상형문자를 만들었다. 발음기관의 위치와 발음기관이 움직이는 모양을 그림으로 만든 문자였다.

이것은 이미 15세기에 세종대왕이 훈민정음을 만든 방법이다. 즉 ㄱ은 혀의 뿌리가 목구멍을 막는 모양을 본떠서 만들었고, ㄴ은 혀끝이 윗니에 닿는 모습을, ㅁ은 입 모양을, ㅅ은 아랫니 모양을, ㅇ은 목구멍 모양을 본뜬 것이 아니던가. 그래서 맥코리 교수는 한글이 벨의 「보이는 음성」보다 400년이나 앞섰다고 한 것이다.

세계 최강국 미국인은 79%만 글자를 읽고 쓴다. 우리 문맹률은 0%에 가깝다. 쉽고 간결한 한글 덕분이다. 정인지가 말했듯이 한글은 슬기로운 사람이면 하루아침을 마치기도 전에 깨우치고, 어리석은 사람은 열흘이면 배울 수 있는 글자다. 한국이 인터넷 강국인 이유는, 역동적 국민성과 함께 발음 그대로 표기하며 자음 모음을 환상적으로 조합해 빠르게 언어를 정보화할 수 있는 한글 덕분이다. 국보 70호로 지정되어 있는 『훈민정음』은 한국의 세계기록유산목록에 등재되어 있다.

밖에서는 이처럼 우리 한글에 대해서 찬사를 보내고 있는데, 우리는 말로는 한글의 우수성을 이야기하면서 실제로는 그렇지 못한 면이 많다. 한글이 없었다면 우리는 어쩔 뻔했는가. 생각만 해도 아찔하다.

한글 자음 모음의 이름

　세종대왕이 한글을 창제하지 않았다면 오늘 우리는 어떤 문자 생활을 할까? 생각만 해도 아찔하다. 이 한글 때문에 우리나라는 세계에서 가장 문해율이 높고, 또 현대 정보화 시대를 앞서가고 있다. 한글은 가장 과학적인 문자로서 세계에서 가장 우수한 문자임은 누구나 잘 안다.

　그런데 우리는 이러한 한글이 가져다주는 커다란 복을 누리고 있으면서도 정작 한글에 대해 모르는 것이 너무 많다.

　'낫 놓고 ㄱ 자도 모른다'는 속담이 있다. 이때의 'ㄱ' 자에 대해 '기역'이란 이름을 붙인 사람이 누구인가를 물어보았더니, 세종대왕이라고 스스럼없이 대답하는 걸 보았다. 또 오늘날 우리가 쓰고 있는 모음의 차례 즉 'ㅏ ㅑ ㅓ ㅕ ㅗ ㅛ ㅜ ㅠ ㅡ ㅣ'는 누가, 왜 그렇게 배열했느냐고 물어보니 이 또한 세종대왕이 아니냐고 반문하였다. 이와 같이 대부분의 사람들이 틀리는 답을 하고 있다. 한글을 편리하게 쓰고 있는 이 땅의 사람이라면, 그런 문제쯤은 누구나 상식으로 알고 있어야 할 것들이라 생각된다.

　이에 한글의 자모(字母)에 대한 이름과 그 순서에 대하여 간략히 적어 본다.

지금 우리는 한글의 자음 이름을 '기역, 니은, 디귿, 리을, 미음 비읍, 시옷…' 등으로 부른다. 이러한 글자 이름은 세종이 훈민정음을 창제한 당시에도 그렇게 불렀을까? 그렇지 않다. 훈민정음의 창제 원리와 사용법을 설명한 훈민정음해례 어디에도 자모의 명칭에 대해 명시하거나 설명한 대목은 없다.

　　그러면 세종대왕이 훈민정음을 창제하면서 글자의 이름을 짓지 않았을까? 그건 아닐 것이다. 훈민정음해례에는, 자음은 발음기관을 본뜨고 모음은 천지인 삼재(三才)에 바탕하여 창제하였다 하고, 나아가 거기에 대한 철학적 의미까지 덧붙이는 치밀함을 보이고 있는데, 어찌 낱글자의 이름을 짓지 않았겠는가? 글자를 만들면서 그 현명한 세종대왕이 그것을 가리키는 이름을 짓지 않았을 리는 없을 것이다.

　　그럼 이제 그 수수께끼를 풀어보기로 하자.

　　훈민정음해례에는 'ㄱ'의 소리값을 설명하면서 'ㄱ如君字初發聲'이라 기록되어 있고, 이를 번역한 언해본에는 'ㄱᄂᆫ 엄쏘리니 군(君)자 처섬 펴어나ᄂᆫ 소리 ᄀᆞᇀ니라'고 적혀 있을 뿐이다. 곧 'ㄱ'은 '군(君)' 자를 발음할 때 나는 첫소리와 같다는 말이다. ㄱ의 음가(소리값)를 알려줄 뿐 ㄱ의 이름 자체는 나타내지 않고 있다.

　　그러면 당시에는 ㄱ을 무어라고 불렀을까? 정확한 이름은 알 수가 없으나, 훈민정음해례나 언해본에 나타난 창제 당시의 어법규정과 그 뒤에 나온 최세진의 『훈몽자회』에 의거하여 그 대강을 유추할 수 있다.

　　창제 당시의 기록에 나타난 국어의 엄격한 법칙의 하나가 모음조화다. 즉 양성모음과 음성모음 그리고 중성모음에 따른 쓰임이 엄격하였는데, 당시 이들의 갈래는 다음과 같다.

양성모음 … ㅏ ㅗ ·

음성모음 … ㅓ ㅜ ㅡ

중성모음 … ㅣ

양성은 양성끼리 음성은 음성끼리 결합하고 중성은 양성, 음성 두 가지 소리와 결합할 수가 있었다. 이러한 모음조화 현상은 단어, 조사, 어미에도 적용되었다. 특히 조사는 더욱 엄격하였는데, 예를 들면 오늘날의 조사 '-은'에 해당하는 '-ᄋᆞᆫ, -은'과 '는'에 해당하는 '-ᄂᆞᆫ, -는'의 쓰임은 다음과 같다.

① 사ᄅᆞ믄(사람+ᄋᆞᆫ)… ·[ᄅᆞ] + ·[믄] → 양성+양성

구루믄(구룸+은)… ㅜ[루] + ㅡ[믄] → 음성+음성

② 고기ᄂᆞᆫ(고기+ᄂᆞᆫ)… ㅣ[기] + ·[ᄂᆞ] → 중성+양성

집ᄋᆞᆫ(집+ᄋᆞᆫ) …… ㅣ[집] + ·[ᄋᆞ] → 중성+양성

그런데 여기서 ②의 예를 자세히 볼 필요가 있다. '고기' 같이 받침 없는 말 밑에는 'ᄂᆞᆫ'이 쓰였고, '집' 같이 받침 있는 말 밑에는 'ᄋᆞᆫ'이 쓰였다. 이 규칙을 훈민정음언해에 씌어 있는 'ㄱᄂᆞᆫ 엄쏘리니 군(君) 자 처엄 펴어나는 소리 ᄀᆞ트니라'에 적용해 보자. 'ㄱᄂᆞᆫ'이라고 했으니 '-ᄂᆞᆫ' 앞에는 받침 없는 말이 와야 함을 알 수 있다. 또 끝 글자가 양성이나 중성의 모음을 가진 글자가 와야 함도 알 수 있다. 이를 바탕으로 다시 정리하면 'ㄱ'의 이름은 다음의 두 가지 조건을 충족시켜야 한다.

첫째는 'ㄱ'의 음가를 나타낼 수 있는 글자가 되어야 하고, 둘째는 끝 글자가 양성이나 중성이고 받침이 없는 모음으로 끝나는 말이어야 한다. 그

러면 이 조건을 충족시킬 수 있는 소리는 무엇일까? 그것은 '가, 고, 기, ᄀ'가 된다. 곧 ᄀ의 이름은 이들 중의 어느 하나가 될 것임을 추단할 수가 있다.

이 조건에 맞추어 보면, '기역'이라는 이름은 결코 올 수가 없다. 왜냐하면 'ᄂ' 앞에는 '역'과 같이 음성모음인 'ᅧ'가 올 수가 없고, 또 '역'과 같이 종성(받침 ᄀ)으로 끝나는 말이 올 수 없기 때문이다.

그럼 이들 네 개의 소리 '가, 고, 기, ᄀ' 중에 어느 것이 ᄀ의 이름이 될까? 결론부터 말하면 답은 '기'다. 이에 대한 자세한 설명은 곧 이어질 것이다.

이에 답을 줄 수 있는 중요한 문헌이 『훈몽자회(訓蒙字會)』다. 『훈몽자회』는 1527년(중종 22)에 최세진이 한자 학습서로 편찬한 책이다. 그는 당시의 한자 학습서인 천자문이나 유합(類合) 등의 내용이 경험세계와 직결되어 있지 않음을 비판하고, 새·짐승·풀·나무의 이름을 나타내는 글자를 위주로 4자씩 종류별로 묶어 편찬하였는데, 상·중·하 3권에 총 3,360자의 한자가 수록되어 있다.

한자(漢字)의 글자마다 한글로 음과 뜻을 달았는데, 책머리에 한글에 대한 해설을 싣고 있다. 이것은 훈민정음과 그 시대의 국어를 연구하는데 매우 소중한 자료가 되고 있다.

『훈몽자회』에는 언문자모(諺文字母)라는 제목 아래 '속소위반절이십칠자(俗所謂反切二十七字)'라는 구절이 있는데, 이는 훈민정음이 27자로 구성되어 있다는 뜻이다. 반절은 훈민정음의 자모를 가리키는 이름이다. 세종이 만들 때는 28자였는데 'ᅙ' 한 자가 없어진 것이다. 이어서 그는 훈민정음 자모의 이름을 한자(漢字)를 이용하여 나타내고 그 쓰임에 대하여 다음과 같이 설명하고 있다.

① 글자의 이름

ㄱ(其役) ㄴ(尼隱) ㄷ(池末) ㄹ(梨乙) ㅁ(眉音) ㅂ(非邑) ㅅ(時衣) ㆁ(異凝)

ㅋ(箕) ㅌ(治) ㅍ(皮) ㅈ(之) ㅊ(齒) ㅿ(而) ㅇ(伊) ㅎ(屎)

ㅏ(阿) ㅑ(也) ㅓ(於) ㅕ(余) ㅗ(吾) ㅛ(要) ㅜ(牛) ㅠ(由) ㅡ(應 不用終聲)

ㅣ(伊) ㆍ(思 不用初聲)

* ㄷ(池末)의 末 자와 ㅅ(時衣)의 衣 자는 글자의 뜻 '귿'과 '옷'을 취하여
  적은 것이다.

② 글자의 쓰임

초성과 종성에 통용하여 쓰는 여덟 글자[初終聲通用八字]: ㄱ ㄴ ㄷ ㄹ ㅁ
                                                    ㅂ ㅅ ㆁ

초성에만 쓰이는 여덟 글자[初聲獨用八字]: ㅋ ㅌ ㅍ ㅈ ㅊ ㅿ ㅇ ㅎ

중성에만 홀로 쓰이는 열한 자[中聲獨用十一字]: ㅏ ㅑ ㅓ ㅕ ㅗ ㅛ ㅜ ㅠ
                                          ㅡ ㅣ ㆍ

지금은 모든 자음을 초성과 종성에 다 사용하고 있으나, 당시에는 'ㅋ
ㅌ ㅍ ㅈ ㅊ ㅇ ㅎ' 등은 초성에서만 쓸 수 있다고 하고 있다.

그런데 ①에서 보면 자음 중 'ㄱ ㄴ ㄷ ㄹ ㅁ ㅂ ㅅ ㆁ'은 其役(기역), 尼隱
(니은) 등과 같이 두 개의 한자로 표기하고, 'ㅋ ㅌ ㅍ ㅈ ㅊ ㅿ ㅇ ㅎ'은 箕
[키], 治[티] 등과 같이 한 개의 한자로 표기하였다. 그 연유는 ②에서 그
답을 찾을 수 있다. 즉 초성과 종성 두 군데에 통용하는 8자는 두 글자를

사용하여 이름을 표기하고, 초성 한 군데에만 쓰이는 8자의 이름은 하나의 글자로 표기하고 있다.

그것은 초성에서만 쓰는 글자는 하나의 음가만 표시하면 되지만, 초성과 종성에 함께 쓸 수 있는 글자는 초성에서 나는 음가와 종성에서 나는 음가를 아울러 나타내야 했기 때문이다. 예를 들면 'ㄴ'의 글자 이름 尼隱(니은)의 경우, 尼는 ㄴ의 첫소리값을 나타내고, 隱은 ㄴ의 끝소리값을 나타내기 위한 것이다. 그리고 'ㅍ'의 글자 이름 皮(피)의 경우, 초성에 쓰이는 ㅍ 하나의 음가만 나타내면 되기 때문에 하나의 글자로만 표시한 것이다.

덧붙여 말하면, 초성에만 쓰이는 8개 글자는 하나의 글자로 소리값만 나타내고, 초성과 종성에 함께 쓰이는 8개 글자는 초성과 종성, 두 개의 소리값을 나타내기 위하여 두 개의 글자로 나타낸 것이다.

여기서 우리는 중요한 사실 한 가지를 밝혀낼 수가 있다. 그것은 최세진이 『훈몽자회』에서 붙인 '기역(其役)'과 같은 이름은 훈민정음을 만들었던 세종 당시에는 결코 사용하지 않았다는 사실이다. 왜냐하면, 앞에서 말한 바와 같이 'ㄱ는' 자리에 '기역+는'은 결코 대입될 수 없기 때문이다. '-는' 앞에는 종성(받침)이 없는 양성이나 중성모음이 와야 당시의 어법 규칙에 맞기 때문이다. 위에서 말했듯이, 훈민정음언해의 'ㄱ는 엄쏘리니 군(君)자 처섬 펴어나는 소리 ㄱㅌ니라'에 적용해 보면, ㄱ의 이름은 모음조화에 바탕하여 '가, 고, 기, ㄱ' 중의 어느 하나가 되어야 한다.

그러면 이 중에서 'ㄱ'의 이름은 어느 것이 될까? '기'가 될 것이다. 왜냐하면 초성에만 쓰이는 여덟 자인 'ㅋ ㅌ ㅍ ㅈ ㅊ ㅿ ㅇ ㅎ'의 명칭이 '키[箕] 티[治] 피(皮) 지(之) 치(齒) ㅿ(而) 이(伊) 히(屎)'와 같이 'ㅣ'를 붙인 이름으로 되어 있음을 보아 알 수가 있다. 이를 보면 원래 자음의 이름은 모두 '키[箕]'와 같이 한 글자로 된 것인데, 뒷날 최세진이 초성과 종성에 함께 쓰이는 글자는 그 쓰임을 명확히 하기 위하여 '기역(其役)'과 같이 두 글자를 붙인 것이다. 덧붙여 말하면, 'ㄱ ㄴ ㄷ ㄹ ㅁ ㅂ ㅅ ㅇ' 등의 이름도 원래는 '기 니 디 리 미 비 시 이'였다.

그러나 최세진은 초성과 종성에 함께 쓸 수 있는 글자는 초성에서는 '기'의 첫소리 'ㄱ' 소리를 나타내고, 종성에서는 '역'의 끝소리 'ㄱ'을 소리값으로 나타내고자 한 것이다. 초성과 종성에 쓰이는 8자는 모두 이와 같이 두 음절로 그 소리값을 나타낸 것이다. 이러한 최세진의 조치는 세종 당시의 '기, 니, 디, 리……' 등으로 나타내는 단음절의 이름보다 한층 더 발전된 것이라 할 수 있다.

요약하면 'ㄱ'의 이름은 세종 당시에는 '기'로 이름하고, 'ㄱᄂ'은 '기ᄂ'으로 읽었다. 세종 당시의 한글 자음의 이름은 ㄱ은 '기' ㄴ은 '니' ㄷ은 '디' ㄹ은 '리' ㅁ은 '미' ㅂ은 '비' ㅅ은 '시' ㅇ은 '이'로 읽었다. 또한 ㅋ은 '키' ㅌ는 '티' ㅍ은 '피' ㅊ은 '치' 등과 같이 불렀다.

최세진의 『훈몽자회』는 훈민정음 반포로부터 81년 뒤에 나온 책이다. 『훈몽자회』에 나와 있는 한글 자모의 이름은 최세진이 독단적으로 어느 날 갑자기 만든 것이 아니라, 훈민정음 창제 이래 죽 내려온 그러한 명칭을 밑바탕으로 하여 자기의 생각을 약간 덧붙인 것이다. 효과적인 한자 학습서를 만드는데, 아무도 모르는 이름을 터무니없이 마구 갖다 붙일 수는 없는 것이기 때문이다.

이와 관련하여 우리가 생각해야 할 사항이 하나 있다. 지금 우리는 최세진이 기록한 이름 그대로 자모명을 삼고 있다. 여기에는 아무런 문제점이 없는 것인가를 살펴보지 않을 수 없다.

최세진이 한자로 붙인 이름을 보면 하나의 규칙성이 있다. 즉 'ㄴ(尼隱) ㄹ(梨乙) ㅁ(眉音) ㅂ(非邑) ㅇ(異凝)'과 같이 초성의 소리는 'ㅣ' 앞에 나타내고, 종성의 소리는 'ㅡ' 뒤에 나타냈다. 그런데 ㄱ(其役) ㄷ(池末) ㅅ(時衣)은 이 규칙에 어긋난다. 규칙대로라면 ㄱ은 '기역'이 아니라 '기윽'으로, ㄷ은 '디근'이 아니라 '디읃'으로, ㅅ은 '시옷'이 아니라 '시읏'으로 적어야 옳다. 그런데 최세진은 그렇게 하지 않고 이들 글자 이름을 '기역(其役), 디귿(池末), 시옷(時衣)으로 적어 놓았다. 무슨 이유일까? 그것은 최세진이 일부러 그런 것이 아니라, '윽, 읃, 읏'을 적을 수 있는 한자가 없었기 때문이다. 그래서 부득이 그와 비슷한 글자를 빌려와 적을 수밖에 없었다. '윽'을 '역(役)' 자로 '읃'을 '귿(末)' 자로 '읏'을 '옷(衣)' 자로 적을 수밖에 없었다. 최세진도 이들 글자를 '기윽, 디읃, 시읏'으로 적고 싶었다. 그러나 그 음을 적을 수 있는 한자가 없었기 때문에 할 수 없이 그 비슷한 글자를 빌려 적었을 뿐이다.

그런데 우리는 지금 ㄱ, ㄷ, ㅅ을 『훈몽자회』에 나와 있는 글자 그대로 독음하여 '기역, 디귿, 시옷'으로 읽도록 맞춤법 규정에 정해 놓았다. '기윽, 디읃, 시읏'으로 읽으면 틀린다고 시험 문제까지 내고 있다. 이것은 최세진의 뜻과도 맞지 않을 뿐만 아니라, 가장 과학적 문자라는 한글의 우수성 논리에도 어긋난다. ㄱ, ㄷ, ㅅ의 글자 이름은 '기윽, 디읃, 시읏'으로 하루빨리 바꾸어야 한다.

한글 자음 모음의 순서

우리가 지금 사용하고 있는 자모의 순서에 대해서 살펴보자. 먼저 자음부터 보기로 한다.

지금 우리가 쓰고 있는 자음의 순서 곧 'ㄱ ㄴ ㄷ ㄹ ㅁ ㅂ ㅅ ㅇ ㅈ ㅊ ㅋ ㅌ ㅍ ㅎ'는 얼핏 보아도 『훈몽자회』의 배열 순서를 따르고 있음을 알 수 있다.『훈몽자회』에 제시된 초성과 중성에 통용되는 8자를 앞에 배치하고, 초성에만 쓰이는 8자 중 없어진 반치음 시옷(ㅿ)과 빈 소리를 적는 ㅇ을 뺀 나머지 글자를 뒤이어 배치하고 있는 것이다. 다만 초성에만 쓰이는 'ㅋ ㅌ ㅍ ㅈ ㅊ ㅎ'을 그대로 뒤에 가져오지 않고 'ㅈ ㅊ'을 'ㄱ ㄴ ㄷ ㄹ ㅂ ㅅ ㅇ' 뒤에 갖다 놓은 점이 다르다. 이에 대해서는 뒤에 설명할 것이다.

그런데 최세진은 어떤 생각에서 'ㄱ ㄴ ㄷ ㄹ ㅁ ㅂ ㅅ ㅇ' 그리고 'ㅋ ㅌ ㅍ ㅈ ㅊ ㅎ'의 순서로 배열한 것일까? 이는 훈민정음 해례의 원칙을 따른 것이다. 훈민정음 해례에서는 글자의 배열 순서를 그 소리가 나는 조음 위치(調音位置)와 가획(加劃)의 원리에 따라 다음과 같이 배치하고 있다.

어금닛소리　ㄱ ㅋ ㄲ ㆁ
혓소리　　　ㄴ ㄷ ㅌ ㄹ
입술소리　　ㅁ ㅂ ㅍ

잇소리	ㅅ ㅈ ㅊ ㅿ
목구멍소리	ㅇ ㆅ ㅎ

이 표를 보면 최세진은 초성과 종성에 함께 쓰이는 8자인 'ㄱ ㄴ ㄷ ㄹ ㅁ ㅂ ㅅ ㆁ'의 배열은 훈민정음 해례에서 배치한 어금닛소리, 혓소리, 입술소리, 잇소리, 목구멍소리의 순서에 따르고 있음을 알 수 있다. 그뿐만 아니라 초성에만 쓰이는 8자인 'ㅋ ㅌ ㅍ ㅈ ㅊ (ㅿ ㅇ) ㅎ'도 똑같이 조음 위치에 따른 훈민정음의 배열 순서를 따르고 있다. 그런데 이들 둘을 한데 연결해 보면, 현대 자모 순서와 다른 점이 있다. ㆁ 뒤에 'ㅋ ㅌ…'이 바로 이어지지 않고 중간에 있는 'ㅈ ㅊ…'으로 이어진다. 정확하게 원칙을 따르자면 'ㅈ ㅊ'은 잇소리이니 'ㅅ' 뒤에 이어져야 한다. 그런데 오늘날 쓰고 있는 자음의 순서를 보면 이러한 원칙을 어기고 ㆁ 뒤에 배열한 것은 최세진이 『훈몽자회』에서 내세운 초성과 중성에 함께 쓰는 8자의 순서를 깨지 않으려는 배치에 의한 것이다. 그래서 나온 것이 현재의 자음 배열 순서인 'ㄱ ㄴ ㄷ ㄹ ㅁ ㅂ ㅅ ㅇ ㅈ ㅊ ㅋ ㅌ ㅍ ㅎ'이다.

그러면 모음의 순서는 어떻게 해서 순서를 정했을까?

훈민정음의 모음은 하늘(ㆍ) 땅(ㅡ) 사람(ㅣ)이란 삼재를 근본 원리로 하여 만들고, 이들을 결합하여 여타 모음이 만들어졌다. 그래서 창제 당시의 모음 배열은 기본자 'ㆍ ㅡ ㅣ', 초출자 'ㅗ ㅏ ㅜ ㅓ', 재출자 'ㅛ ㅑ ㅠ ㅕ' 순으로 배열하였다.

그런데 걸출한 어학자 최세진이 이를 'ㅏ ㅑ ㅓ ㅕ ㅗ ㅛ ㅜ ㅠ ㅡ ㅣ ㆍ'로 배열하였다. 오늘날 우리가 사용하고 있는 모음의 차례는 바로 여기에서 나온 것이다. 기본자와 초출자인 'ㅏ ㅓ ㅗ ㅜ ㅡ ㅣ'를 근간으로 하여, 가획자인 'ㅑ ㅕ ㅛ ㅠ'를 차례대로 배치한 것이다.

그러면 최세진은 어떠한 원리와 법칙 아래 이러한 배치를 한 것일까? 여기에는 커다란 언어학적 원리가 숨어 있다. 그는 현대 언어학에서 말하는 개구도(開口度)와 혀의 위치를 고려하여 순서를 정한 것이다. 개구도란 입이 벌어지는 정도를 말한다. 혀의 위치는 발음할 때 입안에서의 혀의 높낮이와 앞뒤에 의한 구분을 말한다. 아래 표는 개구도와 혀의 위치를 함께 나타낸 그림이다. 표를 보고 잠깐 몇 가지 사항을 익혀 보자.

표를 보면, 입이 가장 많이 벌려지는 것은 'ㅏ'이고 가장 적게 벌려지는 것은 'ㅣ, ㅡ, ㅜ'임을 알 수 있다. 곧 'ㅏ'가 개구도가 가장 크고, 'ㅣ, ㅡ, ㅜ'는 개구도가 가장 작다. 그리고 혀끝이 가장 많이 앞으로 나오는 소리는 'ㅣ'이고 중간쯤에는 'ㅡ, ㅏ' 그리고 가장 뒤쪽에 위치하는 소리는 'ㅜ'라는 것을 알게 된다.

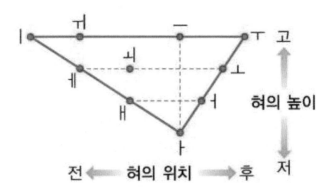

이에 따라, 개구도가 큰 순서대로 나열하면 'ㅏ ㅓ ㅗ ㅜ' 순이 되며, 'ㅡ,

ㅣ'는 'ㅜ'와 개구도가 같다. 이를 다시 개구도에 따라 종합·배열하면 'ㅏ, ㅓ, ㅗ, ㅜ, ㅡ, ㅣ'로 배열된다. 최세진이 기본을 삼은 'ㅏ ㅓ ㅗ ㅜ ㅡ ㅣ'는 바로 이러한 언어학적 원리 즉 개구도와 혀의 위치를 기준으로 하여 배열 하였음을 알 수 있다. 여기에다 복모음 'ㅑ ㅕ ㅛ ㅠ'를 끼워 넣어 완성한 것이다.

최세진은 모음의 차례를 아무렇게나 배열한 것이 아니라, 이와 같은 현대 언어학 이론에 의거하여 벌여 놓은 것이다. 이만큼 한글은 하나하나 과학성을 바탕으로 한 글자다.

허균이 홍길동전을 한글로 쓴 이유

우리는 학창시절에 우리나라 최초의 소설은 김시습의 금오신화요, 최초의 한글 소설은 허균(許筠)의 홍길동전(洪吉童傳)이라 익히 배워 왔다. 그래서 허균 하면, 한글로만 소설을 쓴 사람으로 자칫 오해하기 쉽다. 그러나 허균은 한문으로 된 남궁선생전, 엄처사전, 손곡산인전, 장산인전, 장생전 등의 작품을 남긴바, 그 문학성이 매우 뛰어나다.

그뿐만 아니라, 한문으로 된 그의 문집인 『성소부부고(惺所覆瓿藁)』에 실려 전하는 성수시화(惺叟詩話)와 학산초담(鶴山樵談)은 그의 높은 문학적 식견을 보여주는 비평문이다. 그러므로 허균은 한글로만 소설을 쓴 작가는 아니다.

그러면 그는 왜 유독 홍길동전을 한글로 썼을까? 이에는 필연적인 연유가 숨어 있다. 그것은 바로 작품의 바탕에 깔려 있는 허균의 혁명사상이다. 그러면 그의 혁명사상은 어디에서 싹이 터서 어떻게 자랐을까?

허균은 조선 중기를 살다 간 문인으로서, 당시 학자요 문장가로 명망이 높았던 허엽(許曄)의 아들이며, 유명한 여류시인 난설헌의 동생이다. 어려서부터 총명하여 문장과 식견이 뛰어나 뭇사람의 칭찬을 받았다.

유몽인(柳夢寅)은 『어우야담(於于野談)』에서, "허균은 총명하고 재기가 뛰어났다."면서 어린 시절의 일화를 이렇게 적었다.

"9세에 능히 시를 지었는데, 작품이 아주 좋아서 여러 어른들의 칭찬을 받았으며, 이 아이는 나중에 마땅히 문장에 뛰어난 선비가 될 것이다라는 말을 들었다. 그러나 추연(秋淵)만은 그 시를 보고 후일 그가 비록 문장에 뛰어난 선비가 되더라도, 허씨 문중을 뒤엎을 자도 반드시 이 아이일 것이다라고 말했다."

그러면 그가 쓴 홍길동전의 첫머리를 한번 보자.

"조선국 세종 때에 한 재상이 있었다. 성은 홍이요 이름은 모(某)라. 대대로 명문거족으로 어려서 과거에 급제하여 물망이 조야에 으뜸이고, 충효가 겸비하기로 이름이 일국에 떨쳤다.

일찍이 두 아들을 두었으니 맏아들의 이름은 인형(仁衡)으로 정실부인 유씨의 소생이요, 둘째 아들의 이름은 길동(吉童)으로 시비 춘섬(春纖)의 소생이었다. …… 공(公)이 그 말을 짐작하나, 짐짓 책망한다. '네 무슨 말인고?' 길동이 재배하고, '소인이 평생 설운 바는, 대감 정기로 태어나, 당당하온 남자 되었사오매 부생모육지은(父生母育之恩)이 깊거늘, 그 부친을 부친이라 못 하옵고 그 형을 형이라 못하오니, 어찌 사람이라 하오리까?"

이에서 보듯이, 길동은 계집종 춘섬을 어머니로 하여 태어난 까닭에, 그 아버지를 아버지라 부르지 못하고, 정실 태생인 형을 형이라 부르지 못하고 자란다. 또 그는 매우 총명하여 하나를 들으면 백을 통했지만, 서출이라는 신분의 차별 때문에 세상에 제대로 나서지 못하는 불운을 겪어야 했다.

허균은 이러한 차별과 불평등의 사회적 병폐를 반드시 개혁해야 한다고 생각하였다. 허균은 서자가 아니고 명문가의 자제였다. 그의 아버지 허엽은 동인을 대표하는 인물이었고, 그의 형 허성은 예조판서에 이어 이조판서를 거친 인물이었다. 그런 사대부가의 자제인 허균이 왜 첩의 자식인 서자들의 삶에 관심을 갖게 되었을까?

그것은 그의 스승인 손곡(蓀谷) 이달(李達)에게 영향을 받은 바가 컸다. 허균은 이달에게서 시의 묘체를 터득하였고, 나아가 인생관과 문학관에 많은 영향을 받았다. 이달은 허균의 형인 허봉의 친구였으며, 누나인 허난설헌의 스승이기도 한 사람으로, 양반 아버지와 관기 사이에서 태어난 서자였다. 어머니가 관청에 소속되어 있는 기생이니 이달이 출세를 하는 것은 아예 불가능하였다. 그는 당나라 시에 뛰어나 백광훈, 최경창과 삼당시인(三唐詩人)으로 이름을 나란히 할 만큼 뛰어난 재주를 지녔으나, 신분적 제약으로 인하여 세상에 나가 설 수 없는 비분을 삼킬 수밖에 없었다.

허균은 이러한 스승의 삶을 어릴 때부터 늘 안타깝게 생각했다. 저렇게 뛰어난 자질을 갖춘 자신의 스승이 그 능력을 발휘할 수 없다는 것은 너무나 잘못된 세상의 적폐라는 것을 뼈아프게 새겼다. 적서차별은 반드시 깨뜨려야 할 제도적 악습이라는 생각을 키우며 자랐기 때문에 허균은 이달이 죽은 후에 그를 애달피 여겨, 손곡산인전(蓀谷山人傳)이라는 글까지 지었다.

이런 생각을 가진 허균은 평소 서얼들을 가까이하며 지냈을 뿐만 아니라, 이들을 규합하여 혁명의 뜻을 속으로 다졌다. 당시 서자들의 모임인, 이른바 강변칠우(江邊七友)들과도 어울려 지냈다. 강변칠우란 서자들의 모임으로, 영의정을 지낸 박순의 서자 응서, 심전의 서자 우영, 목사를 지낸 서익의 서자 양갑, 평난공신 박충간의 서자 치의, 북병사를 지낸 이제신의 서자 경준, 박유량의 서자 치인, 서자 허홍인 등인데, 이들은 허균, 이사호 및 김장생의 서제(庶弟) 경손 등과 깊이 사귀었다. 이들은 1608년 연명으로 서얼 차별의 폐지 상소를 올렸으나 받아들여지지 않자, 이에 불만을 품고 경기도 여주 강변에 무륜당(無倫堂)이라는 집을 짓고 그곳을 근거지로 삼아 화적질을 하기도 하였다.

허균은 그들과 교류를 하며 친하게 지냈다.

서얼 차별이라는 사회적 부조리 척결에 대한, 허균의 간절한 생각은 그의 글 유재론(遺才論)에 잘 나타나 있다. 유재론이란 글자 그대로 '재주 있는 자를 버리는 데 대한 논설'이란 뜻으로, 그의 문집 『성소부부고』에 실려 전한다. 성소(惺所)는 허균의 호이고, 부부고(覆瓿藁)는 '하찮은 글'이라는 의미로 자신을 낮추어 쓴 말이다. 그럼 그 전문을 보기로 하자.

"나랏일을 맡는 사람은 모두 인재라야만 한다. 하늘이 사람을 낼 때는 귀한 집 자식이라고 하여 그 재주를 더 많이 주고, 천한 집 자식이라 하여 인색하게 덜 주는 것도 아니다. 그래서 옛날의 어진 사람들은 이런 것을 분명히 알고, 인재를 초야(草野)에서 구하기도 하고, 하찮은 군사들 속에서도 구하였다. 또 더러는 항복한 오랑캐 장수 가운데서도 뽑았으며, 심지어 도둑이나 창고지기 중에서 등용하기도 하였다.

그렇게 뽑힌 사람들은 모두 그 일에 알맞았고, 각기 자신의 재주를 제대로 펼 수 있었다. 그러니 나라로서는 복됨이었고 다스림은 날로 새로워졌다. 이 것이 사람을 바로 쓰는 길이었다. …… 우리나라는 땅이 좁고 인재가 적은 것이 옛날부터 걱정하던 일이었다. 우리 조선에 들어와서, 인재를 쓰는 길이 고려 때보다 더욱 좁아졌다. 대대로 벼슬하던 높은 가문이 아니면 높은 벼슬에 오를 수가 없었고, 시골에 숨어 사는 사람은 비록 재주가 있더라도 막혀서 쓰이지 못하였다. …… 옛날부터 오늘날까지는 멀고 오래되었으며 세상은 넓다. 그렇지만 서자라고 해서 현명한데도 버리거나, 어머니가 다시 시집을 갔다고 해서 그 재주를 쓰지 않았다는 말은 듣지 못했다.

그런데 우리나라는, 어머니가 천하거나 다시 시집을 간 자손은 모두 벼슬길에 나아가지 못한다. 우리나라는 작은 나라로 두 오랑캐 사이에 끼어 있는데, 재주 있는 사람들이 나라를 위해 쓰이지 못하여, 나랏일을 그르칠까 더욱 걱정스럽다. 그런데도 스스로 그 길을 막고는 인재가 없다고 말한다. 이것은 남쪽으로 가려고 하면서 북쪽으로 수레를 모는 격이다. 차마 이것을 이웃 나라에서 들을까 부끄럽다. ……평범한 사람들도 원한을 품으면 하늘이 슬퍼한다. 우리나라는 원망을 품은 지아비와 홀어미가 나라의 반이나 된다. 그러니 어찌 나라가 편안하길 바라겠는가?

하늘이 보냈는데도 사람들이 그걸 버렸으니 이는 하늘의 도리를 어기는 것이다. 하늘의 도리를 어기면서 하늘의 뜻을 얻은 사람은 아무도 없었다. 나라를 다스리는 사람들이 하늘의 뜻을 받들어 행한다면 좋은 일을 맞이할 수 있을 것이다."

허균은 이와 같이 신분적 차별 때문에 세상에 쓰이지 못하는 서얼들을 늘 안타깝게 생각하였고, 이는 국가적인 큰 손실이라 생각하였다. 신분에 따라 사람을 차별하는 것은 하늘의 뜻을 어기는 것이라 하였다. 중국은 신분의 귀천을 가리지 않고 인재를 두루 쓰는 데 비해, 조선은 땅덩이도 좁고 인재가 날 가능성이 약한데도 첩이 낳은 자식이라 하여 인재를 쓰지 않으니, 이는 곧 하늘이 준 인재를 스스로 버리는 꼴이라고 비판하고 있다.

소설 속의 홍길동은 허균이 늘 가슴 아파하면서 가슴속에 묻어 놓고 키워 오던 바로 그 전형이다. 홍길동이 서자로 태어나 호부호형을 하지 못하고, 온갖 고난과 역경을 겪는 것은 바로 적서차별 때문에 생긴 폐단이라 비판하고 있는 것이다.

그래서 그는 평등한 세상을 만들기 위하여 혁명이 필요하다고 생각하였다. 그의 혁명사상은 문집에 실려 있는 호민론(豪民論)에 잘 나타나 있다. 그럼 그 요지를 일별해 보기로 하자.

나라를 다스리는 자들이 두려워할 대상은 오직 하나, 백성이다. 그런데도 위에서 다스리는 자들은 백성들을 업신여기고 가혹하게 부려먹는데, 그 연유는 무엇이며 해결책은 어디에 있는 것일까?

백성은 항민(恒民)·원민(怨民)·호민(豪民)으로 나누어 볼 수 있다.

항민은 자기의 권리나 이익을 주장해야 한다는 의식이 없이, 그저 법을 따르면서 윗사람에게 부림을 당하며 얽매여 살아가는 사람들이다. 원민은 수탈당하는 계급이라는 점에서는 항민과 같으나, 그것을 못마땅하게 여겨 윗사람을 탓하고 원망하는 백성들이다. 그리고 호민은 다스리는 자의 지배에 적개심을 갖고 기회를 엿보다가, 적절한 때가 오면 마침내 들고일어나는 사람들이다.

그러므로 항민과 원민은 속으로 원망만 품고 있을 뿐이므로 세상에 두려운 존재가 못 된다. 참으로 두려운 것은 호민이다. 호민은 자기가 받는 부당한 대우와 사회의 부조리에 도전하는 무리들이다. 호민이 반기를 들고 일어나면, 원민들이 소리만 듣고도 저절로 모여들고, 항민들도 또한 살기 위해서 호미나 고무레, 창 등을 들고, 무도한 위정자를 타도하기 위해 따라 일어서게 된다.

진(秦)나라가 망한 것은 진승(陳勝)·오광(吳廣)이 학정을 몰아내기 위해 일어섰기 때문이고, 한(漢)나라가 어지러워진 것은 황건적(黃巾賊)의 봉기가 그 원인이었다. 당(唐)나라의 멸망도 왕선지(王仙芝)와 황소(黃巢)가 틈을 타서 난을 일으켰기 때문이다. 그들 때문에 이들의 나라는 각각 망하고 말았다. 그들은 모두 호민들로서 학정의 틈을 노린 것이다.

우리 조선의 경우를 보면, 백성이 내는 세금의 대부분이 간사한 자에게 들어가기 때문에 일이 생기면 한 해에 두 번도 거둔다. 그래서 백성들의 원망은 고려 때보다 더 심하다.

그런데도 위에 있는 사람들은 그것을 두려워하지 않고, 이 나라에는 호민이 없다고 하면서 안도한다. 만약 지금 견훤(甄萱)·궁예(弓裔) 같은 호민이 나타나서 난을 일으킨다면, 백성들이 이에 동조하지 않는다고 어찌 장담할 수 있겠는가? 그렇게 된다면 위에 있는 사람들은 반드시 그 형세를 두렵게 여겨, 정치를 바로 하지 않을 수 없을 것이다."

이에서 보는 바와 같이, 허균은 기존의 잘못된 질서를 혁파하기 위해 호민을 따라 원민, 항민들이 모두 들고일어나야 한다는 개혁론을 내세우고 있다. 곧 혁명을 천명하고 있는 것이다. 홍길동이 도둑들을 규합하여 활빈당을 조직하고, 조선 팔도를 돌아다니면서 탐관오리들이 불의로 착취한 재물을 빼앗아, 가난한 양민들을 구제하는 의적이 된다는 내용은, 바로 호민론의 주장을 반영한 것이다.

홍길동전은 한글로 쓴 최초의 소설이다. 허균이 한글로 소설을 쓴 까닭은 바로 유재론과 호민론에 나타낸 그의 사상이, 한문을 모르는 일반 백성들 즉 원민, 항민들에게까지 널리 읽히길 바라는 마음이 있었기 때문이다. 한문을 모르는 서얼을 비롯한 하층민들에게까지, 부조리한 세상을 개혁하여 만민이 평등한 사회를 만들기 위한 혁명의 길로 나서게 하기 위해, 쉬운 한글로 쓴 소설이 바로 홍길동전이다.

작품 속에서 홍길동이 도둑들을 이끌고 경치가 수려하고 땅이 기름진 율도국에 이르러, 마침내 왕위에 올라 백성들을 잘 다스리는 것으로 소설의 대미를 장식한 것도, 바로 교산(蛟山) 허균이 꿈꾸던 이상향 곧 차별 없는 세상을 이룩하고자 하는 혁명사상을 총체적으로 담아 표현한 것이다. 당시의 소설들이 대개 중국을 무대로 하고 있는데 반하여, 홍길동전이 우리나라를 배경으로 창작되었다는 점도 바로 그러한 사상과 일맥상통하고 있는 것이다.

그러나 허균의 이러한 혁명사상은 당시 사회나 사대부들에게는 용납될 수 없는 이단적인 것이었다. 그래서 허균은 결국 그를 견제하던 이들에 의해 역모죄로 잡혀, 동료들과 함께 능지처참을 당하고 시신도 거두어지지 못하였으며, 조선이 멸망할 때까지 끝내 복권되지 못한 채 그가 꿈꾸던 혁명사상과 함께 잠들고 말았다. 그러나 소외되고 핍박받는 사람들에게 읽혀서, 부조리한 사회를 개혁하는 혁명에 그들을 참여시키기 위해 한글로 썼던 홍길동전만은 우리 문학사의 찬연한 빛으로 남아 있다.

사투리와 표준어

당나라 때의 시인 하지장(賀知章)의 작품 '고향에 돌아온 심정을 적다(回鄉偶書)'에 사투리에 대한 말이 나온다.

젊어서 고향 떠나 늙어서야 돌아오니	少小離家老大回
시골 사투리는 변함없으되 머리털만 세었구나	鄕音無改鬢毛衰
아이들은 서로 바라보나 알아보지 못하고	兒童相見不相識
웃으면서 어디서 온 나그네냐고 묻네	笑問客從何處來

젊어서 타지를 떠돌다가 반가움과 설레는 마음으로 고향에 돌아오니, 자신을 맞이한 사람은 옛날의 벗들이 아니라, 낯모르는 아이들만이 시인에게 어디에서 온 나그네냐고 묻는다. 세월의 흐름에 사람들도 다 흘러가 버린 것이다. 그러나 변하지 않고 남아 있는 한 가지, 그것은 사투리다. 사투리는 고향의 다정한 언어다.

사투리는 그 지방에서 오래 익은말이기 때문에 그 지방만의 어감이 담겨 있다. 다른 지방의 말로써는 표현할 수 없는 정감이 그 속에 배어 있다. 경상도 사투리(방언)에는 경상도의 맛이 스며 있고, 경기 사투리(방언)에는 경기, 서울 지방의 맛이 스며 있다.

경상도 사투리나 경기 사투리는 똑같은 지위를 가진 방언이다. 다만, 서울은 사람들의 교류가 많고 문화의 중심지이기 때문에, 그곳 방언을 하나의 표준으로 삼아 쓰기로 약속하고 우리는 그것을 표준어로 정하였을 뿐이다.

표준어 이외의 방언을 사투리라고 명명한다. 이에서 보듯 하나의 편리성을 위해 인위적으로 표준을 정했을 뿐, 서울말이 지방말보다 우수하거나 기능면에서 뛰어나기 때문에 그러는 것은 아니다.

결국 모든 말은 사투리다. 서울 토박이의 말은 서울 사투리고, 제주 토박이의 말은 제주 사투리다. 많은 사람이 사투리와 시골말은 같은 말이고, 사투리의 반대말은 서울말이라고 알지만 실상은 그렇지 않다. 어느 곳의 누가 쓰는 말이든 그것은 하나의 사투리다.

그러므로 사투리는 결코 하등(下等)의 말이 아니다. 엄밀히 말하면, 할매와 할머니는 같은 말이 아니다. 경상도 사람들의 머릿속에 그려지는 할매의 어감과, 할머니라는 어감은 똑같은 것이 아니다.

또 사투리에는, 표준어로는 도저히 그 느낌을 실어낼 수 없는 말도 너무나 많다. 대구 지방 사투리인 '훌빈하다, 아치럽다'와 같은 말은 표준어에는 없다. '훌빈하다'는 말은 물건이 있어야 할 자리에 있지 않고 빠져서 텅 비어 있다는 뜻이고, '아치럽다'는 말은 보기에 매우 애처럽고 안타까워 가슴이 아프다란 뜻이다. 그런데 이런 말은 표준어에는 없다.

시적 자유(poetic licence)라는 것도 바로 이런 데서 필요한 것이다. 시적 자유란 시적 허용이라고도 하는데, 시는 다양한 감정과 사상을 응축해서 표현하는 장르이기 때문에, 그 예술적 효과를 높이기 위해서 정해진 문법이나 어법 등을 지키지 않고 벗어날 수 있다는 이론이다. '하얀'을 '하이얀'으로, '우리 어머니'를 '울엄매'로 표현하는 따위가 그에 속한다.

사투리를 적절하게 사용하여 시의 맛과 효과를 높이는 것도 여기에 해당한다. 소월의 진달래에 나오는 '즈려 밟고'나 접동새의 '누나라고 불러보랴 / 오오 불설워', 지훈의 낙화에 나오는 '꽃 지는 그림자 뜰에 어리어 / 하이얀 미닫이가 우련 붉어라' 등에 나오는 사투리는, 그것이 아니면 시의 맛을 잃을 정도로 살가운 말이다.

이러한 시적 자유를 가장 많이 활용한 분은 박목월이 아닌가 싶다. 그는 사투리라는 시에서, 사투리는 '앞이 칵 막히도록 좋았다'고 읊고 있다.

우리 고장에서는
오빠를
오라베라 했다.
그 무뚝뚝하고 왁살스러운 악센트로
오오라베 부르면
나는 앞이 칵 막히도록 좋았다.

나는 머루처럼 투명한
밤하늘을 사랑했다.
그리고 오디가 샛까만
뽕나무를 사랑했다.
혹은 울타리 섶에 피는
이슬마꽃 같은 것을……
그런 것은

나무나 하늘이나 꽃이기보다
내 고장의 그 사투리라 싶었다.

참말로
경상도 사투리에는
약간 풀냄새가 난다.
약간 이슬냄새가 난다.
그리고 입안에 마르는
黃土흙 타는 냄새가 난다.

사투리를 그렇게 사랑했던 그는 실제로 사투리를 사용하여 많은 작품을 써서, 시의 맛을 한껏 올리는 데 성공하였다.

어떻든 사투리와 표준말은 병용을 위한 것이지 대체를 위한 것이 아니다. 공식적인 상황에서 의사소통이 원활하라고 표준말을 쓰라는 것이지, 일상의 모든 말을 표준말로 대체해야 한다는 것은 아니다. 표준말은 맞고, 좋은 말이고. 사투리는 틀리고 저질의 말이라고 생각하는 것은 큰 잘못이다. 그 사투리를 사용하는 언어 권역에서는 해당 사투리로 말하는 것이 바른말이다.

사투리는 무형문화재다. 잘 보존하고, 마음껏 쓰고 잘 키워나가자.

어머니는 그륵이라 쓰고 읽으신다
그륵이 아니라 그릇이 바른 말이지만
어머니에게 그릇은 그륵이다
물을 담아 오신 어머니의 그륵을 앞에 두고

그륵, 그륵 중얼거려보면
그륵에 담긴 물이 편안한 수평을 찾고
어머니의 그륵에 담겨졌던 모든 것들이
사람의 체온처럼 따뜻했다는 것을 깨닫는다
나는 학교에서 그릇이라 배웠지만
어머니는 인생을 통해 그륵이라 배웠다

　　　　　　　　　　　　— 정일근, '어머니의 그륵' 중에서 —

우리 옛 나라 이름에 담긴 뜻

　우리는 수천 년 동안 고유 문자를 갖지 못했기 때문에 부득이 중국의 한자를 빌려 언어·문자 생활을 해 왔다. 그러나 그것은 너무나 어려운 일이었다. 우리말은 교착어이고 중국어는 굴절어이기 때문에 그로 인해 빚어지는 언어 구조상의 차이 및 음운상의 차이 때문에, 우리말 소리를 있는 그대로 적기에는 너무나 맞지 않았다.

　이 같은 어려움을 조금이나마 극복하기 위하여 고안한 장치로 나온 것이 이두요, 향찰이요, 구결이다. 한자의 음과 뜻을 차용하여 우리말을 표기하려는 시도로 고안된 것이다. 그러나 이것 또한 껄끄럽기는 마찬가지였다.

　향찰로 기록된 신라의 향가를 정확히 해독하기란 실로 어렵다. 이를테면, 찬기파랑가에 나오는 '雪是'를 '눈이'로 읽어야 할지 '서리'로 읽어야 할지 얼른 분간이 되지 않는다. 이와 같은 어려움을 세종 때의 학자 정인지는 일찍이 '네모 난 자루를 둥근 구멍에 끼우는 것 같이 어긋난다'란 말로 표현하였다.

　그런데 우리말로 된 이름 즉 나라 이름, 땅이름, 왕명이나 인명 등은 비록 한자의 음과 뜻을 빌려 적더라도 고유어 그대로 적지 않을 수 없다. '길동이'를 '바위'라 부를 수는 없기 때문이다. 음을 빌려서 길동이를 '吉童'

이라 적고, 뜻을 빌려서 바위를 '岩'이라 적을 수밖에 없다.

그러면 우리의 대표적 역사책인 『삼국사기』와 『삼국유사』에 적힌 옛 나라 이름과 왕 이름, 그리고 땅 이름에 담긴 우리말 뜻을 한번 새겨보기로 하자. 그런 이름들을 살피기 위해서는 우선 한자와 우리말 그리고 음차(音借 음 빌리기), 훈차(訓借 뜻 빌리기) 등에 대하여, 약간의 사전 지식이 필요하다. 그에 대한 몇 가지 사항을 적어보면 다음과 같다.

1. 한자의 고음은 현재와는 다른 것이 있다.

麗는 지금은 '려'로 읽히지만 고음에서는 '리'다. 그러니 高麗(고려)의 원래 이름은 '고리'다. 또 壤은 지금은 음이 '양'이지만 고음은 '너'다. 평양의 옛 이름은 '빌너'로 '넓은 벌의 땅'이란 뜻이다.

2. 낱말의 자음과 모음은 시공간적 차이에 따라 바뀐다.

신의 뜻인 검(儉)은 '감, 곰, 김, 금, 즘' 등으로 변함에 따라, 그것을 적는 한자도 다르게 된다.

3. 한 글자를 그와 통용되는 다른 글자로도 적었다.

耶는 음이 '야'지만 '라'를 적기도 하였다. 그래서 伽耶, 迦耶, 加耶는 모두 '가라(加羅)'를 표기한 것이다. 良도 현재의 음은 '량'이지만 '라'를 적는 데 썼다.

4. 글자 전체의 음뿐 아니라 음의 일부분만 빌릴 수도 있다.

次(차)는 '차' 뿐만 아니라 'ㅊ, ㅈ'을 적는 데도 사용되었다. 餘(남을 여)는

'남'이나 'ㄹ'을 적는 데 함께 쓰였다. 樂浪(낙랑)이 '나라'를 나타내는 것도 이와 같다. 駕洛(가락)을 '가라(加羅)'와 같은 뜻으로 적은 것도 또한 같다.

5. 한 음을 적는 데 여러 가지의 글자가 사용되었다.

들 즉 '벌'을 나타내는 데, 伐(칠 벌), 原(벌 원), 火(블 화), 夫里(부리), 夫婁(부루), 羅(벌일 라), 列(벌일 렬) 등 그와 유사한 음이나 뜻을 가진 여러 글자로 표기되었다.

6. 한 낱말의 뜻을 적는 데, 그와 비슷한 음이나 뜻을 지닌 여러 글자가 쓰였다.

밝음을 뜻하는 '붉'을 나타내는데, 白, 百, 明, 渤, 夫里 등이 쓰였다. 또 동쪽을 나타내는 '시'를 나타내는데, 東, 新, 徐, 鐵(쇠 철), 金(쇠 금) 등이 쓰였고, 신라를 나타내는 '시벌'을 표기하는데, 斯羅(사라), 徐羅(서라), 斯盧(사로), 尸羅(시라), 徐那(서나), 徐耶(서야), 鷄林(계림), 始林(시림) 등이 쓰인 것도 그러한 예다.

7. 땅, 지방, 마을을 뜻하는 옛말 '늬/나/릐/리'를 나타내는 데는, 內(내), 耐(내), 那(나), 壤(양), 禮(례), 麗(려), 羅(라) 등의 글자가 쓰였고, 땅을 뜻하는 고구려 말 '달'은 達(달) 자를 썼다. '달'이 땅의 뜻임은 현대어 양달, 응달에 그 흔적이 남아 있다.

그러면 이러한 예비지식을 갖추고 옛 나라 이름부터 새겨보기로 하자.

조선(朝鮮)

조선은 단군왕검이 평양에 세운, 우리나라 최초의 나라다. 양주동은 이를 '붉신' 곧 '밝게 샌'이라는 뜻이라 하였다. 그러나 朝를 '밝음'으로 풀이한 것은 거리가 먼 것 같다.

朝는 아침 즉 처음의 뜻인 '앗'이다. 단군이 도읍을 평양에서 옮겼던 아사달(阿斯達)도 '앗달' 즉 '아침 땅'이란 의미다. 이 '앗'이 일본으로 건너가 아침을 뜻하는 '아사'가 되었다. '앗'은 처음을 뜻하는 말로 현대어 '아시 빨래'란 말에 아직 남아 있다.

처음은 작은 데서 시작하기 때문에 '앗'은 아우를 뜻하게도 되었다. 경상도 방언에는 아우를 뜻하는 '아시'가 지금도 쓰이고 있다. '아시 탄다'는 말이 있는데, 어머니가 동생을 배었기 때문에 젖이 일찍 떨어져, 먼저 난 아이가 영양 부족인 상태가 되어 몸이 여위었을 경우에 쓰는 말이다. '아우를 탄다'는 뜻이다. 중세어에서도 '앗'은 아우의 뜻으로 그대로 쓰였다. 앗>앙>아ᅀᅳ>아우로 변한 말이다.

조선의 鮮은 '신/샌'을 표기한 것이라 생각된다. 날이 샌다는 의미다. 새 날이 왔다는 뜻이다. 그러므로 조선은 '앗신' 곧 '첫샌'의 의미다. '처음 샌', 즉 '새 아침'의 뜻이다. 새날이 열리는 희망에 찬 나라, 그것이 바로 조선이라는 것이다. 이성계가 세운 나라 조선도 역시 그러한 의미를 이어 받아 국호로 삼았다.

신라(新羅)

신라를 나타낸 표기는 매우 다양하다. 이를 다음과 같은 두 가지 부류로 나누어 생각해 볼 수 있다.

斯羅(사라), 徐羅(서라), 尸羅(시라), 서벌(徐伐), 鷄林(계림), 始林(시림)
斯盧(사로), 徐那(서나), 徐耶(서라)

이와 같이 여러 가지 이름으로 불리다가 22대 지증왕 때 新羅(신라)로 확정되었다.『삼국사기』지증마립간 조에는 덕업일신(德業日新 덕업이 날로 새로워지다)의 신(新) 자와 망라사방(網羅四方 사방을 망라하다)의 라(羅) 자를 각각 따서 新羅로 지은 것이라 하였다. 그러나 이는 김부식의 유교 중심주의적 사관에서 지어낸 견강부회로 보인다.

그러면 이들 표기는 무슨 뜻일까?

결론부터 말하면, 위의 이름들은 모두 '시벌'을 표기한 것이다.

斯(사), 徐(서), 尸(시) 자는 모두 '시'를 표기한 것이다. 그리고 羅(벌일 라), 伐(칠 벌) 자는 들, 벌(판)을 뜻하는 '벌'을 적은 글자다. 그래서 이들은 합하여 新羅 곧 '시벌'을 나타내었다. 시벌의 '시'는 동쪽이라는 뜻이다. 지금도 동쪽에서 부는 바람을 '샛바람'이라고 하는 것은 그 흔적이다. '높새바람', '새벽'이란 말의 '새'도 그러한 뜻이다. 그러니 '시벌'은 동쪽 벌이란 뜻이다.

계림의 계는 '닭 계' 자다. 닭은 곧 새(시)다. 始林(시림)의 '시'도 '시'를 나타낸 글자다. 그러니 이들 글자는 모두 '시벌'의 '시'를 표기한 글자다. 그리고 林(림)의 뜻 수풀이란 말은 원래 '숲벌'이었기로 여기서의 '벌'을 차용한 것이다. 그러니 계림, 시림도 다 '시벌'을 표기한 것이다.

여기서 한 가지 유의할 것이 있다. 땅을 뜻하는 '벌, 니, 리, 재(城)' 등은 '나라'와 동의어라는 사실이다. 땅(영토)이 곧 나라이기 때문이다. 그러므로 신라 곧 시벌은 '새 나라'라는 의미를 아울러 갖고 있다.

고구려(高句麗) / 고려(高麗)

고구려의 국명을 중국 문헌에서는 高麗, 句麗, 句驪로 적었다. 『삼국사기』 본기에서는 고구려라 하고 지리지에는 구려라 적고 있다. 이것으로 보아 고구려의 본래 이름은 고려, 구려였음을 알 수 있다. 이것이 후대로 내려 오면서 고려와 구려를 합쳐 고구려라 적은 것으로 보인다. 고구려를 계승 한다는 이념을 나타낸 왕건이 세운 나라 이름이 고려라는 것을 보아도 이 를 짐작할 수 있다.

『삼국사기』 고구려 본기 신대왕조(新大王條)에 왕의 휘를 伯固(백고) 또는 伯句(백구)로 적고 있는데, 이는 '고'와 '구'가 서로 통하고 있음을 나타내는 증좌다. 그러므로 고려나 구려는 서로 전용되는 이름이라 할 수 있다.

麗는 본래 고음이 '리'다.

그러면 구려 곧 구리는 무슨 의미일까? '리'는 위에서 말한 바와 같이 '니, 나, 라' 등과 같이 땅(국토, 나라)을 가리키는 말이다. 그럼 高/句는 무슨 뜻일까? 이에 대해서는 그 밑에 깔려 있는 배경적 설명이 좀 필요하다.

고대 국어에서 신을 나타내는 어휘는 두 계열이 있다. 그것은 '검'과 '굿'이다. 검은 알타이어의 Kam에서 온 것이고, 굿은 스키타이족을 통하여

들어온 인도유럽어 Guth(Goth)에서 유래한 것이다. 영어의 God도 여기서 분화된 것이다. 우리나라에서 무당이 벌이는 의례를 '굿'이라 하는 것도 여기에 연원한다.

이 검과 굿은 시공간의 흐름과 확대에 의하여 그와 비슷한 소리의 말로 갈라지게 된바. 그것을 표로 보이면 다음과 같다.

알타이어 Kam → 검 … 감, 김, 곰, 금, 거미, 즘, 일본어 가미
인도유럽어 Guth → 굿 … 구, 가, 갓, 가시, 구시

구려의 '구'는 Guth에서 온 신이란 뜻이다. 그러므로 '고구려' 곧 '고리/구리'는 '신의 나라'란 뜻이다. 일본이 백제를 구다라(くだら)라고 하는데 이는 '구달(神達)' 즉 신의 땅(나라)이란 뜻이다. 일본이 백제를 '신의 나라'라고 지칭한 데는 그럴 만한 연유가 있다. 백제가 자기들의 고향이었기 때문이다.

『일본서기』에는 백제를 본국(本國)이라는 뜻으로 쓴 대목도 있고, 백제는 조상의 무덤이 있는 곳이란 내용도 적혀 있다. 660년 백제가 패망하자 그 후예들이 일본에 망명했는데, 이를 『일본서기』는 이렇게 적고 있다.

"백제가 곤궁하여 우리에게 돌아왔네. 본국[本邦]이 망하여 없어지게 되었으니 이제 더 이상 어디에 의지하고 어디에 호소한단 말인가."

그리고 3년 후, 백제 부흥 운동까지 실패로 끝나고 주류성이 함락되자,

"주류성이 함락되고 말았구나, 어찌할꼬 어찌할꼬, 백제의 이름이 오늘로 끊어졌으니, 조상의 무덤을 모신 곳 이제 어찌 다시 돌아갈 수 있으리."

라고 슬퍼하는 기사가 나온다. 백제는 자신들 조상의 무덤을 모신 곳이고 본국으로 섬기는 나라였다. 그래서 그들은 백제를 극존칭하여 '구다라' 즉 '신의 나라'라고 부른 것이다.

백제(百濟)

百은 밝다의 어근 '붉'을 표기한 것이고, 濟는 재[城]의 뜻인 '잣'을 표기한 것이다. 그러니 백제는 '붉잣'을 적은 것이다. '붉'은 밝다의 어근으로 광명을 뜻한다. 고대부터 우리 민족은 광명(붉)을 지향하였다. 태백산은 한 붉산이요, 박달은 밝은 땅이며, 혁거세는 붉뉘(밝은 누리), 동명왕은 새붉임금, 원효는 새붉(새벽)이다.

그리고 '잣'은 '재' 곧 성(城)이다. 성은 도성으로 나라를 의미한다. 지금도 '성내에 갔다 왔다'나 '성내 사람'이라 하는 말을 쓰곤 하는데, 이때의 '성'은 도시(도성 도읍)를 뜻한다. 그래서 백제는 밝은 성 곧 '밝은 나라'라는 뜻이다.

광개토대왕비에 나오는 백제의 딴 이름 백잔(百殘)은 '붉잣 나라'를 발음할 때 자음동화를 일으켜 '붉잣'이 '붉잔'으로 소리 나므로 그렇게 기록한 것이다. 또 백제의 초기 국호인 십제(十濟)는 '열[開]잣'을 기록한 것인바, '열린 나라'라는 의미다.

가야(加耶)

가야는 伽耶, 伽倻, 加羅, 駕洛, 伽落, 加良 등으로 표기하였는데 이들은 모두 '가라'를 표기한 것이다. 또 구야(狗邪)로 표기한 것도 있는데 이 또한 같다. 邪 자는 耶 자와 같이 쓰는 글자이기 때문이다. 여기서의 '가'나 '구'는 앞에서 말한 바와 같이 신의 뜻이다. 그리고 뒷글자 '라(耶)'는 '나(那), 라(羅), 닉(壤)' 계열의 땅(국토)을 뜻하는 말이다. 그러므로 가야는 '신의 땅(나라)'이란 뜻이다.

부여(夫餘 扶餘)

부여의 夫/扶는 음 그대로 '부'를 나타내고, 餘는 'ㄹ'을 나타낸다. 여의 훈인 '남을'의 끝소리 'ㄹ'을 취한 것이다. 그러니 부여는 '불'을 표기한 것이다. 붉다, 밝다 등의 말은 모두 '불'에서 나온 것이다. 불이 곧 밝음이고 붉은 것이 불이다. 그러므로 부여 역시 '불 나라'요 '붉은 나라'다.

부여를 세운 사람은 해부루(解夫婁)다. 解는 해(태양)를 나타낸 글자이고, 夫婁는 '부'와 '루' 의 'ㄹ'을 합친 '불'이다. 그러니 해부루는 '해불' 곧 '해붉'이다. 밝은 해라는 의미다. 이처럼 해부루는 부여와 관계있는 이름이다.

진한(辰韓) 마한(馬韓) 변한(弁韓)

삼한의 이름에 담긴 뜻을 알려면 먼저 '한(韓)'에 대한 의미를 먼저 알아야 한다. 이 '한'은 Khan에서 유래한 말이다. Khan은 원래 페르시아, 아프가니스탄, 터키 지방의 원수(元帥)나 고관을 일컫는 칭호인데, 이것이 몽고, 달단(韃靼)을 거쳐 우리에게 들어왔다. 우리가 잘 아는 징기스칸의 '칸'도 바로 이것이다.

이 Khan을 한자로는 干[간 Kan], 汗[Han], 韓(한) 등으로 적었다. 이렇게 '간/한'으로 적은 것은 [Kh]의 음가가 ㄱ과 ㅎ의 중간음으로 ㅋ이 섞인 소리였기 때문이다. 오늘날의 발음기호로는 [X]로 나타내는 소리다. 이것을 훈민정음에서는 [ㆅ]으로 썼다. 사실 우리말의 크다[大]나 많다[多]의 뜻인 '하다'도 여기서 갈라져 나온 말이다.

    ㆅ … ① 하다[h] (많다의 뜻)
        ② 크다[k]

그러므로 干[간 Kan], 汗[Han], 韓(한)은 다 크다, 높다, 우두머리(왕)의 뜻을 머금고 있는 말이다. 삼한(三韓)의 '한(韓)'도 바로 이런 뜻이다.

馬韓(마한)의 '마'는 남쪽이라는 뜻이다. 마파람은 남쪽에서 부는 바람이다. 그러니 마한은 '남쪽의 한'이다. 辰韓(진한)의 '진'은 음이 '신, 진'이지만 여기서는 '신'과 통하는 '신' 곧 동쪽을 나타낸다. 동쪽의 옛말은 '시'다. 날이 '새다'나 '새벽', 동풍을 '샛바람'이라 하는 말들의 '새'는 동쪽을 뜻하는 '시'에 뿌리를 둔 말임은 위에서 말했다. 그러니 진한은 곧 '동쪽의 한'이다.

弁韓(변한)은 '가른한' 곧 '갈한'이다. 弁(변)은 지금의 뜻은 고깔이지만 옛말은 '갈, 곳갈'인바, 이때의 '갈'을 취한 것이다. '가른'는 '가른다' 곧 '가르다[分]'의 고어다. 변한은 진한과 마한을 '가르는' 지역에 위치하므로 이런 뜻을 품은 것이다.

임나(任那)

임나라는 말은 광개토왕릉비(廣開土王陵碑)에 보이는 임나가라(任那加羅)가 가장 최초로 보이는 기록이다. 『삼국사기』강수전(强首傳)에는 "신은 본래 임나가라 사람입니다."라는 기록이 있다. 그리고 924년(경명왕 8)에 신라 경명왕의 명으로 세워진 「진경대사탑비(眞鏡大師塔碑)」에 '임나'라는 말이 쓰여 있다.

우리나라에서는 특정한 하나의 가야(금관가야)를 임나라고 부른 데 대해서, 『일본서기』에서는 여러 가야를 총칭해 임나라고 하였다. 임나를 『일본서기』에서는 彌麻奈(mima-na)라 적고 있다. 이는 고대의 우리말에 있어 n과 m 음이 서로 넘나드는 음운법칙에 따른 것이다.

'님나(임나)'의 '님'은 주(主), 왕(王)의 뜻이고, 나(那)는 위에서 누차 말한 바와 같이 '늬, 나, 라'의 한자표기로서 평야, 나라 등의 뜻을 지닌다. '님'은 원래 '앞머리'를 뜻하는 말이다. 사람의 이마(니마)나 배의 앞머리를 가리키는 '이물', 앞쪽을 가리키는 '임배(곰배)'라는 말에 그 흔적이 남아 있다.

그러므로 임나는 '님의 나라'라는 뜻으로 해석된다. 즉, 여러 가야의 맹주국인 대가야를 '님나라'라고 부른 것이다.

그런데 일본에서는 『일본시기』에 있는 '임나일본부(任那日本府)'라는 말로, 일본인들에 의해 임나에 일본의 통치기관이 있었던 것처럼 역사를 왜곡하고 있다.

발해(渤海)

발해는 한자 뜻 그대로 풀이하면, '물 솟는 바다', '안개 자욱한 바다'라는 말이 된다. 그러나 이런 해석은 말이 안 된다. 발해가 섬나라도 아닌데, 누가 나라 이름을 그렇게 지었겠는가.

발해의 '발'은 '붉, 블(불)'을 음을 빌려 표기한 것이고, 해는 '해(태양)'를 음차 표기한 것이다. 그러니 발해는 '밝은 해'의 나라라는 뜻이다.

우리나라 왕명에 담긴 뜻

그러면 다음으로 우리나라 고대 왕명에 담긴 뜻을 새겨보기로 하자.

단군왕검(檀君王儉)

단군은 단군(檀君) 또는 단군(壇君)으로 문헌에 따라 그 표기가 약간 다르게 기록되어 있는데, 이는 원래 한자어 아닌 순수한 우리말을 한자로 빌어 표기한 것이기 때문이다. 단군이란 말의 어의(語義)는 몽고어 Tengri에서 온 것으로, 천(天)을 대표하는 군사(軍師)의 칭호이다. 즉, 단군(Tengri)은 고대의 제사 의식을 관장하는, 제사장 곧 무당을 이르는 말이다.

단군은 고대 제정일치 시대에, 정치권과 제사권을 함께 지닌 우리 민족의 신권 계승자였던 것이다. 이러한 제의를 행하는 우리의 고유 신앙은 무속(巫俗) 즉, 샤머니즘을 배경으로 행하여졌음은 물론이겠는데, 이러한 제사권자로서의 단군의 명칭은, 현재 호남 일원에서 제의를 관장하는 무당을 가리켜, '단골, 당골, 당갈'이라 하는 데서 그 흔적을 찾을 수 있다.

단군이 제사권을 행사하는 자의 이름이라면, 왕검은 정치권을 행사하는 자의 이름이다. 그런데 임금을 왕이라 하면 될 것을 왜 '왕' 뒤에 '검'을 붙여 왕검이라 했을까? 이 '검'은 앞에서도 이야기했다시피 신을 뜻하는 고대어다. 그러니 단군왕검은 단군왕이 신이란 것이다. 극도의 존칭이다. 사실 제정일치 시대에는 왕이 제사장을 겸하였기 때문에 신과 동일시되는 것은 당연하다.

이 '검'은 뒷날 '곰, 깅, 감, 금, 즘' 등으로 분화하였다. 임금이란 말의 '금'도 바로 그런 뜻이다. '감'이 일본으로 건너가서 '가미(神)'가 되었음은 앞에서 말한 바다.

동명왕(東明王) 주몽(朱蒙)

고구려의 시조 동명왕(東明王)의 東(동)은 '식'이요 明(명)은 '붉'을 표기한 것이다. 동명은 '식붉'임금이란 뜻이다. '식'는 동쪽이란 뜻이고 '붉'은 밝다는 뜻이다. 이 말이 변하여 '새벽'이 되었으니 동명왕에 함축된 의미를 대강 짐작할 수 있겠다.

또 삼국사기에는 동명왕의 이름은 주몽(朱蒙) 또는 추모(鄒牟)라고 한다고 기록되어 있다. 이것은 주(朱), 추(鄒)의 고음 '즈'에 몽(蒙), 모(牟)의 첫소리 'ㅁ'을 합하여 '즘'을 표기한 것인데, '즘'은 신의 뜻인 '금'의 변한 말이다. 지금도 ㄱ과 ㅈ은 서로 바뀌는 현상을 띤다. 그러니 주몽은 신 곧 임금의 뜻이다.

또 주몽은 활을 잘 쏘는 사람을 가리킨다는 기록이 보이는데, 이는 당시에 활을 잘 쏘는 사람을 '신'과 같다고 생각했기 때문이다. 지금도 무엇을 잘 맞히는 사람을 보고 '귀신' 같다고 하는 것과 상통한다.

박혁거세(朴赫居世)

신라 시조 혁거세(赫居世)는 삼국유사에 "혁거세는 방언으로서 불구내(弗矩內)라고도 하는데, 이는 세상을 밝게 다스린다는 말이다."라고 적혀 있다. 혁거세와 불구내는 같은 말인데, 앞엣것은 주로 한자의 뜻을 따서 적었고, 뒤엣것은 한자의 음을 빌려 적은 것이다.

밝음 ……………………… 의 ………… 세상(누리=뉘)

혁거세 … 赫('붉을 혁'의 '붉')　　居(거)　　世(세상)

불구내 … 弗(붉)　　　　　　　矩(구)　　內[누리의 준말 닉(뉘)]

'居(거)/矩(구)'는 경상도 방언의 관형격 조사 '우'에 '붉'의 끝소리 'ㄱ'이 결합된 것이다. '우'는 표준어 '-의'에 해당한다. 이를테면 '닭의 똥'을 경상도에서는 '닭우 똥[달구 똥]'으로 '남의 집'을 '남우 집'이라 한다.

그러므로 혁거세나 불구내는 다 같이 '밝은 세상'을 나타낸 것이다. 그러니 혁거세(불구내)는 고유어 '붉근 뉘' 곧 '밝은 누리'란 뜻이다. 이로써 우리 민족은 '붉[光明]'을 추구하는 겨레임을 알 수 있다. 박혁거세의 성인 '박(朴)'도 '붉'을 표기한 것이다. 김대문이 박처럼 둥근 알에서 나왔다고 해서 박(朴)을 성으로 삼았다고 했는데, 이는 갖다 붙인 이야기다. 이로 보면 동명왕, 혁거세는 모두 '식붉(새벽)을 연다'는 뜻인 광명이세(光明理世)의 의미다.

차차웅(次次雄) 자충(慈充)/거서간(居西干) 거슬한(居瑟邯)

2대 남해(南解)는 차차웅(次次雄)이라 불렸는데, 『삼국사기』에는 자충(慈忠)이라 적혀 있다. 『삼국사기』에는 김대문의 말을 인용하여 "차차웅은 제사를 주관하는 무당을 가리키는 우리말인데 점차 존장(尊長)을 가리키는 칭호가 되었다."라는 설명이 적혀 있다. 제정일치 시대에는 왕이 곧 제사장이었다. 그러니 남해는 왕이자 제사장인 무(巫)였다.

차(次) 자는 고음(古音)이 '즈, 저'로, 'ㅈ' 등을 표기하는 데 쓰인 글자다. 차차웅(次次雄)은 '즈중'을 표기한 것이고, 자충(慈充)은 '중'을 표기한 것이다. 자충은 자(慈) 자의 'ㅈ'과 '충(忠)' 자의 'ㆁ'을 합쳐 '중'을 적은 것이다. 그러니 '즈중'이란 말이 후대에 '중'으로 변했음을 알 수 있다.

이와 같이 '중[僧]'은 원래 종교적 행사를 주관하던 임금이나 무당 같은 존장자를 가리키는 말이었다. 이러한 뜻을 지닌 '중'이란 말이 뒷날 불교가 들어오자 의미가 확대되어 그 사제자를 '중'이라 일컫게 된 것이다. 이 말이 시간의 흐름에 따라 의미론적인 축소를 일으켜, 지금은 승려를 가리키는 말로만 쓰이고 있다.

『삼국유사』에는 차차웅을 거서간(居西干) 또는 거슬한(居瑟邯)으로도 적고 있다. 이는 모두 'ㄱ한'을 표기한 것으로 'ㄱ'은 신의 뜻인 '굿'의 또 다른 표기다. '한'은 큰 우두머리란 뜻임을 앞에서 말했다. 현대어 '한길, 한물, 한사리, 한숨' 등에 그 흔적이 남아 있다. 그러니 거서간·거슬한은 'ㄱ한'을 표기한 것으로 '우두머리 신'이란 의미다. 거서간(居西干) 거슬한(居瑟邯)의 '서(西), 슬(瑟)' 자는 우리말 '사이 ㅅ'을 표기하는 데 쓰인 글자다.

니사금(尼師今) 니질금(尼叱今) 이질금(爾叱今) 치질금(齒叱今)

신라 3대 임금 노례(弩禮)부터 16대 걸해(乞解)까지 쓰인 니사금(尼師今)은 니질금(尼叱今), 이질금(爾叱今), 치질금(齒叱今)으로도 적었는데, 모두 '닛금'을 표기한 것이다. 여기서의 사(師), 질(叱) 자는 모두 우리말의 '사이 ㅅ'을 적는 데 쓰인 글자다. 여기서 우리는 '닛금'이라는 말이 '니'와 '금'이란 말의 합성어임을 알 수 있다.

닛금은 임금의 옛말이다. 닛금이 잇금으로 변하고, 잇금이 또 임금으로 변한 것이다. 그러면 이 말의 뿌리가 되는 '니(이)'는 무슨 뜻일까? 결론부터 말하면, 이것은 '앞'이나 '위'를 뜻하는 말이었다. '앞'을 뜻하는 말로는 현대어 '이마(니마)'와 '이물(니물)'에 남아 있다. 이마는 사람의 '앞쪽에 있는 마루'요, 이물은 '배의 앞머리'를 뜻하는 말이다.

그리고 '이(니)'가 '위'를 뜻하는 말로는 현대어 '(머리에) 이다'에 남아 있다. 건물 위의 지붕을 덮는 것을 '지붕을 이다'라 하는 것도 같다. '이다'란 말에는 이와 같이 '위'의 뜻을 그 속에 함축하고 있는 것이다.

'닛금(잇금)'의 '금'은 앞에서 말한 바와 같이 신을 뜻하는 '금'의 한 갈래 말이니, '닛금'은 '앞에 있는 신', '위에 있는 신'이란 뜻이 된다. 이로써 보면, '닛금'이란 말은 왕을 아주 높여 부르는 순 우리말 경칭어임을 알 수 있다.

'닛금'은 노례와 탈해 중에서 이[齒理]가 많은 사람을 가려 임금을 삼은 데서 유래했다는,『삼국유사』남해왕조에 실려 있는 기록은 어디까지나 민간에서 전해오던 허탄한 이야기(민간 어원설)에 지나지 않는 것이다.

마립간(麻立干)

17대 나물(奈勿)왕부터 22대 지증(智證)왕까지는 마립간(麻立干)이 쓰였는데, 마립은 'ᄆᆞᄅ'를 표기한 것이고 '간(干)'은 '한'을 표기한 것이다. 'ᄆᆞᄅ'는 꼭대기란 뜻인데 뒷날 '마루'로 변하였다. 지금의 '산마루, 고갯마루' 등에 그 흔적이 남아 있다. '한'은 앞에서 말한 몽골어 Khan과 같은 말인데, 우두머리란 뜻이다. 징기스칸의 '칸' 즉 성길사한(成吉思汗)의 그 '한'이다. 그러니 'ᄆᆞᄅ한'은 꼭대기 혹은 우두머리라는 뜻이다.

위에서 우리나라 고대 국가명과 왕명에 대해 일별해 보았다. 그것들의 이름은 대체로 한자의 음과 뜻을 빌려 우리말을 표기한 것이었다. 국명에 나타난 가장 두드러진 점은 '밝음'을 지향하고 '신국'임을 선포한 것이라고 할 수 있다. 이것은 나라의 신성함과 광명이세(光明理世)의 국시를 보인 것이라 할 수 있다.

왕명 또한 대체로 '붉'과 '우두머리[君長]'를 표방하는 내용으로 짜여 있다. 백성들의 삶을 밝게 살피고 아울러 자신의 권위를 최대로 높이 내걸려는 의도가 그 밑에 깔려 있다.

지명과 그에 얽힌 전설

지금 마을 이름이나 산 이름, 고개 이름, 골짜기 이름, 들(野) 이름 등에 속칭으로 불리는 우리말 이름들이 많다. 그런데 지금 이러한 속칭들이, 한자로 된 행정명에 눌려 하나 둘 사라져 가고 있다. 참으로 아까운 일이다.

게다가 이런 속칭들이 원래 무엇을 뜻하는 말인지를 모르는 경우가 많다. 속칭의 뜻이나 그 유래를 알고 있는 연로한 세대들이 떠나고 나면 점점 더 그 말뜻을 잃어버릴 것이다.

일 예로, 경북 경산시 남산면의 동네 이름을 언뜻 보아도, 쪽골, 갈말, 들기, 무너미, 이르실, 솔안, 서리골 등 10여 곳이 있는데, 이 속칭 마을의 행정명에서 그 뜻을 어렴풋이 짐작은 하나, 그것이 원래 의미에 맞는지 그른지는 정확히 알 수가 없다.

쪽골은 '쪽 람(藍)' 자와 '골 곡(谷)' 자로 된 남곡(藍谷)이란 행정명을 쓰고 있는데, 그것이 '쪽풀이 많은 골'이란 데서 지어진 이름인지, '쪽' 즉 작은 골짜기라서 그렇게 지어진 이름인지는 알 수가 없다. 갈말의 행정명인 갈지(葛旨) 또한 '칡'이 많아서 지어진 이름인지, 아니면 '갈풀'을 많이 재배해서 생긴 이름인지를 알지 못한다.

솔안의 행정명은 송내(松內)다. 글자대로 하면 '소나무 골'이란 뜻이다.

그러나 그 마을에 가 보면 소나무가 없다. 서리골의 행정명은 반곡(盤谷)이다. 글자대로라면 널찍한 반석(盤石)이 있는 골이라야 한다. 이곳 역시 그런 반석과는 거리가 멀다. 혹시 서리(써리의 경상도 방언, 써레질하는 농기구 이름)를 만드는 마을이란 뜻인지, '서리가 많이 내리는 골짜기'라는 것인지 명확하지 않다. 또 서리는 '사이'라는 뜻을 지니고 있는 말이니, 사이에 있는 고을을 말하는지도 모른다.

이처럼 우리말 땅이름을 한자로 바꾸어 놓았는데, 그것이 담고 있는 한자가 원래 속칭이 의미하는 것과 맞는지 안 맞는지 알 수가 없다. 우리말 뜻에 꼭 맞게 바꾼 게 아니라 아무렇게나 적당히 옮긴 것이 많기 때문이다.

우리나라의 지명이 한자로 바뀐 것은 크게 두 차례다.

그 첫 번째는 신라 경덕왕이 쇠약해진 왕권을 강화하기 위하여 중국식 지명으로 바꾼 것이다. 그때 지금 우리가 쓰는 큰 고을들의 이름이 대부분 한자로 바뀌었다. 『삼국사기(三國史記)』 권34에 "영동군(永同郡)은 본래 길동군(吉同郡)인데 경덕왕이 이름을 고쳤으며, 지금 이를 그대로 쓰고 있다."고 적혀 있는데, 이는 바로 그러한 예이다.

이를 좀 더 자세하게 설명하면, '길다'의 뜻인 '길(吉 long)'을 그런 뜻을 지닌 한자 '영(永)' 자로 바꾸었음을 알 수 있다. 즉 우리말 '길동군'이 한자어 '영동군(永同郡)'으로 바뀐 것이다.

그리고 그 후의 지명들은 그런 추세에 맞추어 중국을 모델로 하여 점차 이름을 확대해 나갔다. 그리고 조선에 이르면, 그러한 한자 이름들이 점차 각 지역에서 힘을 더해 갔다. 'フ름'이 '江'으로, '뫼'가 '山'으로 바뀌었음은 모두가 잘 아는 바다.

두 번째 크게 바뀐 것은 일제강점기 때다.

일본은 우리의 혼을 빼버리기 위하여, 원래의 지명을 마음 내키는 대로 아무렇게나 바꾸어버렸다.

인왕산의 한자 표기는 원래 인왕산(仁王山)이었다. 그런데 일제는 이를 '인왕산(仁旺山)'으로 바꾸었다. 왕(旺) 자는 일본을 뜻하는 日과 王을 합친 것으로, 일본이 조선의 왕을 누른다는 뜻이다. 종로도 마찬가지다. 조선 시대 종로의 한자는 '鐘路(종로)'로 썼다. 보신각종이 있었기 때문이다. 그런데 일본인들이 민족정기를 말살하고자 '종' 자를, 쇠북을 의미하는 '鐘(종)' 자에서 술잔 즉 작은 종지를 뜻하는 '鍾(종)' 자로 바꾸어 鍾路(종로)로 고쳐버렸다. 큰 북이 아니라 작은 술잔으로 깎아내린 것이다.

인천의 송도(松島)는 일본의 군함 이름인 마츠시마(松島)호를 그대로 따와서 붙인 이름이다. 송도호는 러일전쟁을 일본의 승리로 이끄는 데 주역을 담당했던 전함이다. 당시 인천은 일본의 해군 기지로 쓰였다. 그래서 인천의 곳곳을 일본의 장군이나 제독, 그리고 군함 이름을 따와서 지명으로 삼았다.

그리고 우리말 지명을 아무런 원칙도 없이, 상부의 명에 의하여 면서기 마음대로 바꾸었다. 시쳇말로 엿장수 맘대로 바꾼 것이다. 그래서 우리는 고유한 우리말 땅이름을 많이 잃어버렸고, 그나마 그럴듯하게 한자로 바꾼 이름도 원래와는 전혀 다른 뜻을 가진 한자어로 우리 앞에 남아 있게 되었다. 이처럼 '송도(松島)는 소나무와는 아무런 관련이 없는 엉뚱한 이름이 되었다.

일제강점기에 잘못 붙여진 이름이 지금껏 사용되는 지역도 부지기수다. 동학농민혁명의 주역 전봉준 장군의 옛집이 있는 정읍시 이평면(梨坪面)은,

동진강 배가 드나든 들판이라 해서 '배들'이라 불렸는데, 일본인들이 먹는 배로 착각해 이평(梨坪)이라 이름 붙였다. 바다를 오가는 배가 터무니없는 먹는 과일 이름인 배로 바뀐 것이다.

우리나라의 땅이름에는 여러 가지 재미난 전설이 깃들여 있는 곳이 많다. 그 대표적인 것이 신선이나 선녀와 관련된 이야기, 충신, 효자·효부, 정절을 지킨 부인의 이야기, 이루지 못한 애절한 사랑의 이야기 등 그 종류도 다양하다. 그 외에도 계급의 상하에 따른 갈등이나 일상사의 고뇌에 얽힌 이야기 등 그 갈래가 수없이 많다.

그런데 이들 전설은 우리들의 삶과 그에 따라 빚어지는 한을 담고자 하는 바람에서, 원래의 지명이 가진 뜻과는 거리가 멀어진, 가공의 사실로 윤색된 것이 많다. 이를테면, 아리랑 고개란 이름이 자기 정조를 지키려다 억울하게 죽은 '아랑' 낭자의 이름에서 왔다는 전설이나, 달래강의 이름이, 옷이 물에 젖은 누나의 모습을 본 남동생이 솟아나는 정욕을 참지 못하여 자신의 성기를 짓이기고 죽자, 그것을 본 누나가 어이없고 애석한 나머지, '달래나 보지'하고 말했다는 전설에서 나온 이름이라고 하는 것 따위가 그런 것이다. 이러한 전설은 사람들이 그럴듯하게 꾸며낸 이야기지 실제 그 지명과는 아무런 관련이 없다.

그러면 이러한 예에 속하는 지명 설화 몇 가지를 보기로 하자.

손돌목

먼저 손돌목 전설을 들어보자.

손돌목은 경기도 김포군과 강화군 사이에 있는 손돌목이라는 여울 이름이다. 손돌목 전설은 이 지명에 얽힌 유래담이다. 손돌목은 원래 우리말로 된 지명인데, 사람들이 그 속에 담긴 말뜻을 잃어버리자, 손돌목을 손돌목(孫突項, 孫乭項)이란 어떤 사람 이름으로 이해하고, 거기에 갖다 붙여 만든 이야기가 손돌목 전설이다. 그러면 그 전설을 들어보자.

고려 시대 몽고군의 침입으로 왕이 강화로 피난을 할 때, 손돌이란 뱃사공이 왕과 그 일행을 배에 태워서 건너게 되었다. 손돌은 안전한 물길을 택하여 초지(草芝 지명이다)의 여울로 배를 몰았다. 마음이 급한 왕은 손돌이 자신을 해치려고 배를 다른 곳으로 몰아가는 것으로 생각하고, 신하를 시켜 손돌의 목을 베도록 명하였다.

이때 손돌은 왕에게, 자신이 죽은 뒤 배에 있는 박을 물에 띄우고, 그것을 따라가면 몽고군을 피하며 험한 물길을 벗어날 수 있다는 말을 남기고 죽었다. 손돌을 죽이자 적이 뒤따라오므로, 왕과 그 일행은 손돌의 말대로 박을 띄워 무사히 강화로 피할 수 있었다.

왕은 손돌의 충성에 감복하여 그의 무덤을 만들고 제사를 지내 그 영혼을 위로하였다. 손돌이 억울하게 죽은 날이 10월 20일이었는데, 그 뒤 이 날이 되면 손돌의 원혼에 의하여 매년 추운 바람이 세차게 불어오므로, 이를 손돌바람, 손돌추위라 하고, 이 여울목을 손돌목이라 하게 되었다. 이로 인하여 어부들은 이날 바다에 나가는 것을 삼가고, 평인들은 겨울옷을 마련하는 풍습이 생기게 되었다.

그런데 이 이야기는 앞에서 말했다시피, 사람들이 그럴싸하게 지어낸 이야기다. 그러면 '손돌목'이란 말의 본래 뜻을 하나하나 살펴보자.

손돌이란 지명은 '용비어천가'에도 나오는데, 한자로는 착량(窄梁)이라 표기하고 있다. 착량이란 '좁은 물목'이란 뜻이다. 손돌목의 '손'은 '좁다'의 뜻인 '솔다'의 관형사형이다. '멀다'의 관사형이 '먼'이고 '놀다'의 관형사형이 '논'이 되는 것과 같다. 그러니 '손'은 '좁은'이란 뜻이다. '바지통이 솔다', '저고리 품이 솔다' 또는 '버선볼이 솔다'와 같이 지금도 쓰는 말이다.

'돌'은 물목이란 뜻인데 한자로 표기할 때는 량(梁 돌 량) 자를 쓴다. 울돌목을 명량(鳴梁)이라 하고, 노돌(강)을 노량(露梁)이라 적는 것도 이런 예에 속한다. '돌'은 현대어 '도랑'에 그 흔적이 남아 있다.

그리고 '목'은 '(다른 곳으로는 빠져나갈 수 없는) 중요한 통로의 좁은 곳'을 뜻하는 말이다. '길목, 골목, 나들목' 등과 같이 합성어를 만들기도 하는 말이다. 그러니 '손돌목'은 '좁은 물목'이란 뜻이다. 오랜 세월을 지나면서 사람들은 '손돌목'의 이런 뜻을 잃어버리고, 그것을 손돌(孫乭), 또는 손돌목(孫突項, 孫乭項)이란 사람 이름으로 둔갑시켜, 위에서 본 바와 같은 전설을 지어낸 것이다.

곰나루

다음으로 공주의 '곰나루' 전설을 보자.

아득한 옛날 지금의 곰나루 근처 연미산(燕尾山)에 큰 굴이 있었다. 이 굴에는 커다란 암 곰 한 마리가 살았다. 어느 날 잘생긴 사내가 지나가는 것을 보고 그를 물어다 굴속에 가두었다. 곰은 사내를 굴에 가둬 놓고 숲으로 사냥을 나갔다. 그리고 짐승을 잡으면 굴속으로 가져와 사내와 함께 먹었다. 곰과 함께 굴속에서 살아야만 하는 사내는 기회를 보아 도망치려 하였지만, 곰이 밖으로 나갈 때에는 항상 바위로 굴 입구를 막아놓아 어쩔 수 없이 굴속에 갇혀 있어야만 했다.

이렇게 하루 이틀을 지나, 어느덧 이 년 동안 곰과 함께 살게 되자, 사내는 곰과 정을 나누게 되고 그 결과 곰이 새끼를 낳았다. 그로부터 또 일 년이 되어 둘째를 낳자 곰은 사내를 믿기 시작하였다. 사내가 새끼들과 어울려 즐겁게 노는 것을 보면서 더더욱 사내에 대한 믿음이 쌓여갔다.

그날도 곰이 사냥을 나가게 되었다. 곰은 사내를 믿고 이전처럼 굴 입구를 막지 않았다. 자식이 둘이나 되는데 설마 도망가랴 생각하였던 것이다. 그런데 사냥터에서 한참 사냥을 하고 있는데, 멀리 사내가 강변 쪽으로 도망가는 것이 보였다. 곰은 서둘러 굴로 돌아와 두 새끼를 데리고 강변으로 달려갔다. 사내는 이미 배를 타고 강을 건너고 있었다. 곰은 강가에 다다라 사내를 향하여 돌아오라고 울부짖었다.

하지만 사내는 곰의 애원을 외면하고 강을 건넜고, 그것을 보고 있던 곰은 새끼들과 함께 강물에 빠져 죽었다. 이후로 사람들은 사내가 건너온 나루를 고마나루 또는 곰나루[熊津]라고 불렀다 한다.

공주의 북쪽에서 흐르는 금강의 원래 이름인 곰나루에 얽힌 전설이다. 지금의 웅진(熊津)이다. 그런데 이 곰나루의 '곰'은 동물 이름이 아니라, 어원인 '굼'에서 갈라져 나온 말이다. '굼'은 '신(神)'이란 뜻으로, 후대에 '감, 검, 곰, 금, 고마, 개마' 등의 말로 분화되었고, 이를 한자로는 검[儉, (黑, 玄)], 곰[熊], 금(金), 개마(蓋馬), 금마(金馬), 가마[釜], 고모(顧母) 등으로 표기했다. 단군왕검의 '검'이나 단군신화의 '곰'도 여기서 비롯된 것이다. 이 '굼'이 일본으로 건너가서 '가미'가 되었다.

그러니 '곰나루'는 '신성한 나루(강)'란 뜻이다. 그러니 곰나루는 짐승 이름인 곰과는 아무 관련이 없다. '곰'의 원래 뜻인 '신'이란 뜻을 잃어버린 후세 사람들이 '곰'을 짐승 이름인 곰[熊]으로 인식하여 꾸며낸 이야기가 곰나루 전설이다. 곰나루에 얽힌 전설은 아마도 그 이름이 지닌 신성성을 높이기 위하여 후세인이 그렇게 지어낸 것이 아닌가 싶다.

그런데 이 곰나루 전설은 신화학적으로 볼 때, 인간과 곰이 결혼하는 이물교혼(異物交婚)이란 모티프(motif)를 볼 수 있다.

인간과 동물의 결연은 신화적 상징성을 함축하여 설화상에 심심치 않게 등장하는 소재이다. 이와 같은 유형에는 단군신화와 김현감호(金現感虎), 구렁덩덩 신선비 설화 등이 있다. 김현감호 설화는 김현이란 사람이 호랑이 처녀와 사랑을 나누는 이야기고, 구렁덩덩 신선비 설화는 사람과 뱀이 혼인하는 이야기다.

지리산 피아골

다음으로 '지리산 피아골'에 대한 이야기를 살펴보자.

'지리산'이란 지명에 대해 현재 남아 있는 역사물로 가장 오래된 것은, 통일신라 때 최치원이 쓴 쌍계사 진감선사 비문에 등장하는 '智異山'이다. 고려 시대 편찬된 『삼국사기』에는 통일신라 흥덕왕 828년 "당에 들어갔다가 돌아오는 사신 대렴이 차나무 씨앗을 가지고 오니, 왕이 지리산(地理山)에 심게 하였다."는 기록이 보인다. 『삼국사기』의 기타 기사에도 地理山으로 표기되어 있다. 조선 시대에 편찬된 『고려사』에는 오늘날과 같이 智異山으로 표기되어 있다. 고려시대 이후 지리산은 또 다른 이름인 두류산(頭流山)으로 개인 문집이나 유람기 등에 등장한다. 그 후 조선 시대 영남학파들도 '두류산'이라는 이름을 많이 사용했다.

그런데 지리산이란 이름이 생긴 연유에 대한 전해오는 이야기는 다음의 두 가지로 요약된다.

그 첫째는, '어리석은 사람이 머물면 지혜로운[智] 사람으로 달라진다[異]' 하여 智異山이라 하였다는 것이고,

둘째는, 조선 태조 이성계가 왕위를 찬탈하려고 명산에 기도를 드리러 다닐 때, 백두산과 금강산 신령은 쾌히 승낙하였는데 지리산 신령은 승낙하지 않았다. 그래서 지혜(智慧)가 다른[異] 신선이 사는 산이라 하여 지리산[智異山]이라 부르게 되었다고 하는 것이다.

그러나 이들 전설은 다 그 근거가 없는, 말 그대로의 전해오는 이야기다. 기록된 한자 풀이에 갖다 붙인 전설일 뿐이다.

지리산의 '지리'는 원래 '두리'에서 왔다. '두리'는 '두리다(두르다)'가 어근이다. 삥 두르고 있다는 뜻이다. 한자어 '두류산(頭流山)'은 이 '두리' 산을 표기한 것이다. 이 '두리'가 호남지방의 방언인 '디리'가 되고, 이 '디리'가 구개음화를 일으켜 '지리'로 된 것이다. 그러니 지리산이란 이름은 넓게 '빙 둘러 있는 산'이란 뜻이다.

위에서 본 바와 같은 지리산에 대한 지명 전설은 우리말의 본뜻을 잊어버리고, 전해오는 한자의 뜻에 따라 갖다 붙인 이야기일 뿐이다.

피아골이란 이름은, 6·25를 전후해서 아군과 빨치산의 치열한 전투에서 피를 많이 흘린 데서 생긴 것이라고 이야기들 한다. 그러나 이 이야기는 그야말로 허황된 이야기에 지나지 않는다. 왜냐하면, 피아골이란 이름

은 6 · 25 전에도 그렇게 불렀기 때문이다. 피아골의 '피[稷]'는 사람의 피[血]란 뜻이 아니라, 식물 이름인 볏과의 일년초 이름에서 왔다. 피는 논밭이나 습한 땅에서 자라는 잡초로, 옛날에는 구황작물로 재배하였다. 지금은 새의 먹이로 가끔 쓰인다.

피아골은 한 말로 피밭골이 변한 말이다. 여기에는 우리말의 ㅂ>ㅸ>오라는 음운의 변화 법칙이 개입되어 있다. 즉 '피밭골[피받골]>피밭골>피앗골>피아골'로 변화한 것이다.

이것은 그 아랫마을의 한자명이 직전(稷田)임에서 확인할 수 있다. 또 피아골 골짜기를 직전계곡이라고도 한다. 그러니 한국전쟁 등 싸움이 벌어질 때마다 이곳에서 피를 많이 흘려 '피의 골짜기'라는 뜻에서 붙여진 이름이 아니다.

박달재

다음으로 박달재에 대한 이야기를 들어보자.

박달재는 조선조 중엽까지 이등령(二登嶺)이라고 불렀다. 이는 천등산(天登山)과 지등산(地登山)이 연이은 영마루라는 뜻이었다고 한다. 이 박달재에는 비운의 전설이 숨어 있다. 그 사연은 이러하다.

영남에 사는 박달은 과거 합격이라는 청운의 꿈을 안고 한양을 찾아가다, 평동 마을의 한 농가에서 유숙을 하게 되었다. 그런데 박달 도령의 늠름하고 준수한 태도에 그 집의 딸 금봉이는 그만 마음을 빼앗기고 말았다. 박달 도령도 금봉이의 절절하고 연연한 자태에 넋을 잃고 말았다. 뜻과 뜻이 맺어지고 마음과 마음이 이어져, 누가 먼저랄 것도 없이 달빛이 호젓한 밤 두 청춘남녀는 사랑을 맹세하고 장래를 약속하였다.

그러나 이들은 곧 이별하지 않을 수 없었다. 박달 도령이 과거를 보러 떠나야 했기 때문이다. 박 도령은 금봉이가 싸준 도토리묵을 허리춤에 달고, 이등령 아흔아홉 구비를 꺾어 돌며 과거 길에 올랐다.

한양에 도착한 박달은 만사에 뜻이 없고 오로지 자나 깨나 금봉이 생각 뿐이었다. 연연한 그리움을 엮으면서 과거를 보았으나 결과는 낙방이었다. 며칠을 두고 고민하는 날이 계속되었다. 그리움이 내키는 대로 평동을 가자니 낙방의 초라한 모습을 금봉이에게 보일 수 없었다.

한편 금봉이는 박달을 보낸 날부터 성황님께 빌고 빌기를 석 달 열흘, 그러나 박도령의 소식은 끝내 없었다. 금봉이는 아흔아홉 구비를, 그리운 박달의 이름을 부르며 오르고 내리다, 마침내 실신하여 상사의 한을 안고 불귀의 객이 되고 말았다.

박달은 뒤늦게 금봉이의 삼우날 평동에 도착하여 금봉이의 허망한 죽음 앞에서 실의와 허탈감에 그만 의식을 잃고 말았다. 얼마나 지났을까? 눈을 뜬 박달의 앞에 금봉이가 애절하게 박달을 부르며 앞으로 지나갔다. 앞서 가던 금봉이가 고갯마루 정상 벼랑에서 박달을 부르며 몸을 솟구치는 찰나, 박달은 금봉이를 잡았으나 그것은 허상일 뿐 벼랑에서 떨어지는 몸이 되었다.

이러한 전설을 배경으로, 반야월이 작사하고 박재홍이 부른 노래가 '울고 넘는 박달재'다.

천등산 박달재를 울고 넘는 우리 님아/ 물항라 저고리가 궂은비에 젖는구려
왕거미 집을 짓는 고개마다 구비마다/ 울었소 소리쳤소 이 가슴이 터지도록

부엉이 우는 산골 나를 두고 가는 님아/ 돌아올 기약이나 성황님께 빌고 가소
도토리묵을 싸서 허리춤에 달아주며/ 한사코 우는구나 박달재의 금봉이야

박달재 하늘 고개 울고 넘는 눈물 고개/ 돌부리 걷어차며 돌아서는 이별 길아
도라지꽃이 피는 고개마다 구비마다/ 금봉아 불러보나 산울림만 외롭구나

그러나 이렇게 애틋한 사랑의 얘기를 담고 있는 박달재 전설은 말 그대로 전설일 뿐 사실이 아니다. 박달재의 박달을 한 도령의 이름으로 각색한 이야기일 뿐이다.

여기의 '박달'은 우리말 '붉달'에서 온 것이다. '붉달'의 '붉'은 '밝다'의 어근이다. 그리고 '달(達)'은 산 혹은 들을 가리키는 우리 옛말이다. 그러니 박달은 '밝은 산'이란 뜻이다. 단군조선을 세운 단군왕검의 단(檀)은 흔히 '박달나무 단' 자로 읽고 있는데, 이는 박달(붉달) 즉 밝은 산[白山]을 의미한다. 우리 민족은 '밝음'을 지향한 겨레다. 단군신화의 태백산(太白山)도 '한붉뫼'란 우리말을 한자로 적은 것이다. '한'은 '큰'이란 뜻이니 이는 '크게 밝은 산'이란 의미다. 고구려 동명왕(東明王)의 동명은 '새붉'을 표기한 것이고, 신라 박혁거세(朴赫居世)의 '박혁'도 '붉'을 표기한 것이며, 원효(元曉)의 이름 또한 '새붉(새벽)'이란 뜻이다. 단군신화에 나오는 백악산(白岳山)도 역시 '한붉뫼'를 한자로 적은 것이다. 신라 건국설화에 보이는 광명이세(光明理世)는 '밝음으로써 세상을 다스린다'는 뜻이다. 이처럼 '붉'은 우리 민족의 가치 지향점이었다.

그러니 박달재는 아마도 아득한 옛날 우리 민족의 시원과 함께 하늘에 제사를 올리던 성스러운 곳이라 생각된다. 박달은 결코 사람 이름이 아니다. 밝은 산이란 이름인 '박달'을 과거 보러 가는 도령 이름으로 바꾸고, 이에 곁들여 금봉이라는 처녀와의 사랑 이야기로 꾸민 것이다.

이상에서 우리나라 지명에 얽힌 몇 가지 전설을 살펴보았다. 그런데 대부분의 전설들이 실제의 땅이름이 갖는 의미와는 아무런 관련이 없는, 가공적 이야기임을 알았다. 이것은 본래의 지명이 갖는 의미가 시대를 내려오면서 그 지역 사람들에게 잊힌 것이 일차적 이유가 될 것이다. 후대로 내려오면서 지명의 본뜻은 잃어버리고 전설이 주는 의미가 주인 자리를 차지하게 된 것이다.

이와 같이 본래의 지명이 갖는 의미와 관련이 없다고 해서, 지금 우리가 물려받고 있는 전설의 가치가 떨어지는 것은 결코 아니다. 왜냐하면, 거기에는 우리의 역사가 배어 있고 선인들이 영위했던 삶의 고뇌가 서려 있으며, 올바른 사회가 요구하는 윤리가 숨 쉬고 있는가 하면, 우리가 바라는 꿈이 녹아 있기 때문이다.

조상들은 그러한 이야기를 지명 전설로 정착시켜서, '이렇게 좋은 일을 후세 사람들은 본받아야 하느니라' 하는 교훈을 나타내려 한 것이다. 여기에 지명 전설이 갖는 유의성이 있다.

충청남도 천원군 병천면 개목고개[狗項嶺]는 술 취한 주인이 쓰러져 있는 곳에 불길이 옮겨 오는 것을 보고, 개가 제 몸에 물을 적셔 와 불을 꺼서 살렸다는 의견설화(義犬說話)의 근거지이며, 충청남도 서산군 부석면 대두리의 말 무덤은 전쟁에서 죽은 주인의 옷을 말이 물고 와서 죽은 곳이라는 내력이 있는데, 이들 설화는 다 동물의 의로운 행동을 만물의 영장인 인간이 본받아야 한다는 뜻을 담고 있는 것이다.

이와 같이 지명 전설은 소중한 가치를 지닌 또 하나의 무형문화재다. 소중히 보존하고 되새겨야 할, 조상들의 입김이 서린 가치 높은 유산이다.

제 2 부

우리말의 어휘

가름하다 / 갈음하다

'가름하다'와 '갈음하다'는 혼동하기 쉬운 말이다.

'가름하다'는 '가르다'에서 전성된 명사 '가름'에 '하다'가 붙어서 된 말이다. 그래서 '가름하다'는 '쪼개거나 나누어 따로따로 되게 하다, 승부나 등수 따위를 정하다'의 뜻이다. '판가름하다'와 거의 같은 뜻으로 쓰인다. 예를 들면 '이번 경기는 선수들의 투지가 승패를 가름했다고 해도 과언이 아니다.'처럼 쓰인다.

반면에 '갈음하다'는 '갈다'의 명사형 '갈음'에 '하다'가 붙어 된 말로서 '다른 것으로 바꾸어 대신하다'의 뜻으로 쓰이는 말이다. 이를테면 '여러분과 여러분 가정에 행운이 가득하기를 기원하는 것으로 치사를 갈음합니다.'와 같이 쓰인다.

'가름하다'와 '가늠하다'를 혼동하는 경우도 더러 있는데, '가늠하다'는 '목표나 기준에 맞고 안 맞음을 헤아려 보다, 사물을 어림잡아 헤아리다'의 뜻이다. '가늠하다'는 짐작 또는 대중이란 뜻으로 쓰인다.

각하 / 귀하

폐하는 황제를 칭하는 말이다. 폐(陛)는 섬돌 즉 높은 곳에 이르는 계단을 가리키는 말이니 폐하는 '섬돌의 아래'라는 뜻이다. 중국 자금성의 섬돌을 본 사람이면 다 알겠지만, 궁전의 섬돌이 엄청나게 길다. 신하는 섬돌 아래에 서고 황제는 섬돌 위쪽에 앉는다. 섬돌 위에 있는 황제에게 아뢸 때는 직접 임금에게 주상(奏上)하지 않고, 섬돌 아래에서 호위하는 근신(近臣)을 통하여 주상하였는데, 폐하란 말은 바로 이래서 생긴 말이다. 임금에게 직접 말하는 것은 공경에 어긋난다고 생각한 것이다. 결국 '폐하'는 '섬돌의 아래'에서 임금에게 말씀을 올린다는 뜻이다.

우리나라 왕은 살았을 때 전하(殿下)라고 불리었다. 이는 중국 황제의 폐하(陛下)보다 한 단계 낮은 제후격의 호칭이다. 폐하는 궁전 뜰 저편 섬돌[陛] 아래서, 전하는 전각의 계단 아래서 부른다는 의미다. 높을수록 멀리 떨어져서 아뢴다는 뜻이 담겨 있다. 우리나라는 고종이 대한제국을 선포하고 황제가 된 후에 비로소 폐하라고 불렀다. 선조 때의 문장가요, 의협남(義俠男)인 임제(林悌)가 죽음에 이르러 주위 사람들이 슬퍼하자, "황제라고 칭하지도 못하는 소국에 태어나 죽는 것이 뭐 그리 슬픈 일인가."라고 토로한 이야기는 유명하다.

왕세자는 더 낮춰 저하(邸下)라고 했다. 각하(閣下)는 대신 즉 장관급을 부르던 호칭이었고, 합하(閣下)는 정일품 벼슬아치를 높여 부르던 호칭이다. 이러한 예에 비추어 보면, 오늘날 대통령에게 각하를 붙이는 것은 사실상 격에 맞지 않다고 하겠다.

어떻든 존칭에 하(下) 자가 들어간 것은 윗사람에게 직접 맞대는 것이 불공(不恭)스럽다 하여 이를 피함에서 유래한 것이다. 이러한 유습은 예하(猊下), 성하(聖下), 좌하(座下), 귀하(貴下), 궤하(机下), 안하(案下), 족하(足下) 등에 남아 있다. 예하는 고승의 경칭으로 쓰는 말인데 직명이나 법명 아래 쓴다. 불교에서 각 종파의 으뜸 되는 어른을 '종정(宗正) 예하'라 일컫는 것은 그 예이다. 예(猊)는 사자라는 뜻인데, 부처를 사자에 비긴 데서 유래한 것이다. 그래서 부처님의 설법을 사자후(獅子吼)라 하고, 부처님이 앉는 자리를 사자좌(獅子座)라 한다.

성하는 가톨릭에서 교황을 높이어 이르는 말이다. 궤하, 안하는 책상 아래란 뜻으로 상대편을 높이어 편지 겉봉 따위의 상대편 이름 밑에 쓴다. 좌하, 귀하도 같다. 족하는 비슷한 연배 사이에서 상대편을 높이어 쓰는 말이다.

강추위

'강추위'는 두 가지 뜻이 있는 동음이의어다. 일 음절 한자어 접사 '강(强)-'과 '추위'가 합해진 '강(强)추위'와 순우리말인 '강추위'는 소리와 모양은 같으나 그 뜻이 다르다. 많은 사람들이 '심한 추위'라는 뜻으로 쓰는 '강추위'는 접사 '강(强)-'이 쓰인 '강(强)추위'일까? '강추위'일까?

접사 '강(强)-'은 일부 명사 앞에 붙어 '매우 센, 무리함을 무릅쓴' 등의 뜻을 나타낸다. '강추위, 강타자, 강펀치, 강행군' 등에 쓰인 것이 그러한 예다. 반면에 순 우리말 접두사 '강-'은 '억지의, 부자연스러운, 호된'의 뜻을 나타내는 것으로 '강추위, 강주정, 강다짐' 등이 있고, '그것만으로 이루어진'의 뜻을 가진 '강보리밥, 강조밥' 등이 있다.

'강(强)추위'는 '눈이 오고 매운바람이 부는 심한 추위'를 뜻하며, 다음과 같이 쓰인다

눈보라를 동반한 강추위가 몰아닥쳤다.
거친 바람과 강추위 속에서 하루를 버텼다

반면 순우리말인 '강추위'는 '눈도 오지 않고 바람도 불지 않으면서 몹시 매운 추위'를 뜻한다.

싸락눈 한 알 날리지 않는 강추위만 계속된다.

바람기도 없고 눈도 내리지 않았지만 강추위에 손이 곱아 일하기 쉽지 않다.

순우리말 접사인 '강-'은 몇몇 명사 앞에 붙어 '마른' 또는 '물기가 없는'이라는 뜻을 더한다. 접사 '강-'이 붙은 말로는 오랫동안 비가 오지 않고 볕만 내리쬐는 심한 더위인 '강더위', 마른기침을 뜻하는 '강기침', 물기가 없어 바싹 메말랐음을 뜻하는 '강마르다', 늦가을에 내리는 된서리인 '강서리' 등이 있다.

한자와 우리말이 결합한 '강(强)추위'와 순우리말 '강추위'가 모두 추위를 뜻하기는 하지만, 눈이 오는가 바람이 부는가에 따라 구분해서 사용하는 것이 좋다. 한자어 '강(强)'과 고유어 '강'의 차이는 전자가 '어떤 사실이 함께하는' 것을 나타낸다면, 후자는 '아주 단순하고 단일한'이란 의미가 함축된 듯하다.

이런 뜻으로 쓰는 고유어 '강'은 주로 '깡'으로 발음하려는 경향이 있는 것으로 보인다. '깡기침, 깡추위, 깡보리밥, 깡밥' 등으로 발음하는 것을 볼 수 있다. '깡소주'도 마찬가지다. 안주 없이 먹는 소주를 가리키는 말이다. 어떤 이는 비싼 안주 대신 '새우깡, 감자깡, 고구마깡'과 같은 과자류를 안주로 하여 막 먹는 소주를 가리킨다고도 한다. 그러나 그 말은 그런 뜻에서 나온 말이 아니다. 이 말의 바른 말은 '강소주'다.

같은 값이면 다홍치마

모든 속담이 다 그렇듯이, '같은 값이면 다홍치마'란 속담도 우리의 문화적 배경을 깔고 생성된 것이다. 이 속담의 배경담을 모르는 이는 '같은 값이면 흰 치마보다 붉은 물감을 들인 무색 치마가 낫다'라는 뜻으로 생각하겠지만 실상은 그렇지 않다.

우리나라 부녀자들의 전통적 의상 색깔을 보면, 양갓집 규수는 녹의홍상(綠衣紅裳)이라 하여 녹색 저고리와 다홍색 치마를 입었고, 과부나 기생 등은 청상(靑裳) 즉 푸른 치마를 입었다.

그러므로 이 속담은 '같은 값이면 과부를 데려오기보다는 처녀를 데려오는 것이 낫다'라는 뜻에서 유래한 속담임을 알게 된다.

걔 / 얘

　치과 의원에 들러서 치료를 받던 때의 일이다. 나이를 먹으니 어금니가 닳아서 오목하게 파였다. 파인 곳을 때웠으나 얼마 지나지 않아 떨어지고 해서 또 들른 것이다. 그런데 의사가 이걸 보고 하는 말이 이제 때우지 말고 그냥 두자는 것이었다. 그래서 내가 하는 말이, "자꾸 파이면 신경이 드러날 텐데 그렇게 되면 어쩌느냐?"고 물었다. 그러니 의사가 말하기를 "그렇게 되지는 않습니다. 걔들이 다 요량을 합니다. 안쪽에서 거기를 채웁니다."라고 하였다.

　이 말을 듣고 나는 매우 의아하였다. 여기서 '걔들이'란 말은 분명 '이[齒]'를 가리키는 말인 것 같았다. '걔'는 분명히 '그 아이'의 준말이다. 내 이가 어찌 '그 아이'란 말인가?

　요즈음에 들어, 동물이나 무생물을 가리켜 '걔, 얘'라는 대명사를 쓰는 예가 부쩍 늘었다. 강아지를 보고 걔라고 하고, 청자를 가리키면서 얘라고 하는 것을 텔레비전에서 본 일이 있다. 걔는 '그 아이'의 준말이고, 얘는 '이 아이'의 준말이다. 강아지는 사람이 아니며, 청자도 아이가 아니다.

　　얘들아 오너라 달 따러 가자
　　장대 들고 망태 메고 뒷동산으로

뒷동산에 올라가 무등을 타고
장대로 달을 따서 망태에 담자

저 건너 순이네는 불을 못 켜서
밤이면 바느질도 못 한다더라
애들아 오너라 달을 따다가
순이 엄마 방에다가 달아 드리자

윤석중의 '달 따러 가자'란 노래다. 우리가 어릴 때 신나게 불렀던 동요다. 정말 아름다운 노래다. '어린 시절, '애들아'를 부르며 협동 정신을 길렀고, 장대로 달을 따서 망태에 담는 꿈을 꾸었다.

그 '애들아'의 '애'는 어디 가고, 짐승이나 무생물을 보고 '아이'라고 부르니 어찌 된 일인가. 이치에도 맞지 않을 뿐만 아니라 듣기에도 거북스럽다. 이런 말은 쓰지 말아야겠다.

거덜 나다

벽제하다(辟除-)라는 말이 있다. '지위가 높은 사람이 행차할 때, 구종(驅從) 별배(別陪)가 잡인의 통행을 금하다'라는 뜻이다. 『번역 성종실록』에, "대간이 길을 갈 때에는 좌우에서 벽제하고 조관 3품 이하가 모두 피하는데, 이는 대간을 중히 여기는 것입니다."라는 말이 나온다. 구종(驅從)은 벼슬아치를 모시고 따라다니던 하인을 가리키고, 별배(別陪)는 관서의 특정 관원에게 배속되어 관원의 집에서 부리던 사령인데, 이들은 다 관원의 사노비처럼 취급되기도 한 사람들이다.

고려 시대와 조선 시대에 사복시(司僕寺)라는 관청이 있었다. 궁중의 가마나 말에 관한 일을 맡아보던 관아다. 이 사복시에서 일하는 구종과 별배들을 '거덜'이라 불렀다. 한자로 취음하여 거달(巨達)이라 쓰기도 하였다. 이들은 평소에는 가마나 말에 관한 일을 맡아 보지만, 상관의 행차가 있으면 행렬의 맨 앞에서 잡인의 접근을 막기 위하여 길을 틔우는 역할을 했다. "사또 납신다. 물러서거라."라고 외치면 모두가 엎드려 조아렸다. 곧 벽제를 하였던 것이다. 이에 거덜은 자신이 무슨 높은 사람인 양하면서 호가호위(狐假虎威)하였다. 거덜이 타던 말을 거덜마라 하였는데, 걸을 때에 몸을 몹시 흔드는 말을 가리키기도 하였다. 거덜이 허세를 부리며 몸을 흔들어대는 데서 연유한 말이다.

이 거덜에서 '거덜 나다, 거덜 내다'라는 말이 생겼고, '거들거리다, 거들대다', '거드럭거리다, 거드럭대다'란 말도 생겨났다. '거드럭거리다, 거드럭대다'는 거만스럽게 잘난 체하며 자꾸 버릇없이 굴다라는 뜻이다. '거덜'은 상관이 행차할 때 거드럭거리며 벽제했기 때문에 생겨난 말이다. '거덜거덜'이란 부사나 '거덜거덜하다'란 형용사도 여기서 생긴 말이다. '거덜거덜'은 살림이나 사업 따위가 금방 거덜 날 듯 위태위태한 모양을 나타내는 말이다. '빚더미에 눌리어 살림이 거덜거덜하다'와 같이 쓰인다. 하인의 신분인데도 자신의 처지를 잊고 상관의 뒷심을 믿고 거들거리니 어찌 뒤탈이 없겠는가?

'거덜 나다, 거덜 내다'도 '재산이나 살림 같은 것이 여지없이 허물어지거나 엎어지다, 옷, 신 같은 것이 다 닳아 떨어지다, 하려던 일이 여지없이 결딴이 나다'의 뜻이다. 자기 푼수에 맞지 않거나 격에 어울리지 않게 무리하게 되면, 의도하는 일이 제대로 될 리가 없다. 거덜 나게 마련이다.

검 / 엄 / 움

『삼국유사』 고조선 조에, 그 제목을 고조선이라 쓰고 바로 아래 왕검조
선(王儉朝鮮)이라고 부기하였다. 또 그 내용 첫 부분에 "지금부터 2000년 전
에 단군왕검(壇君王儉)이 있어 아사달에 도읍을 정하고 나라를 열어 조선이
라 불렀다."고 하였으며, 이어서 "환웅이 잠시 사람으로 변하여 그녀와 혼
인하여 아들을 낳으니 단군왕검이라 불렀다."고 하였다.

이들에 쓰인 '왕검(王儉)'이란 무슨 뜻일까? 그냥 '조선왕', 단군왕'이라
하면 될 것인데 왜 '왕' 자 뒤에 '검' 자를 붙여 '왕검조선, 단군왕검'이라
하였을까? 이 '검'은 신이란 뜻의 우리말 '금'을 한자로 표기한 것이다. 그
러니 왕검은 신왕(神王)이란 의미다. 이 '금'은 시간의 흐름에 따라 '김, 검,
곰, 금' 등으로 변하였다. 단군신화에 등장하는 '곰'도 여기에 속한다. '금'
이 일본으로 건너가 '가미'가 되었다. 한자로는 이를 '개마(蓋馬), 금마(金馬),
금(錦), 금(今), 흑(黑), 웅(熊)' 등으로 빌려 적었다. 이 중 '흑(黑), 웅(熊)'은 글
자의 뜻 '검(다)'와 '곰'을 각각 빌려 적은 것이다.

신을 '검'이란 말로 나타낸 것은 알타이어의 Kam에서 유래한다. 이 '검'
은 '검다'의 어원이기도 하다. 검은 것은 아득하고 신비롭다. 무언가 확

실히 보이지 않으면서도 그윽한 그런 사상(事象)이다. 한 말로 검은 것은 유현하다. 그래서 천자문에서도 하늘은 검고 땅은 누르다[天地玄黃]고 하였다. 우리 민족은 멀고 먼 아득한 곳인 '검은 것'을 '검' 즉 신의 관념에서 떠올린 것이다. 그리고 '검다'에서 모음을 교체하여 '감다'란 말을 만들었다. 눈을 '감으면' 검다.

그런데 이 'ᄀᆞᆷ, 검'이 ㄱ과 ㅇ이 호전(互轉)하는 우리말의 특성에 의하여 뒷날 'ᄋᆞᆷ, 엄'이 되었다. 이 'ᄋᆞᆷ, 엄'은 뒤이어 '암, 엄'이 되고, 이 '암, 엄'은 여신을 가리키는 말이 되었다. 여신을 가리키는 '암, 엄'의 '암'은 '암컷'의 어원이 되었고, '엄'은 '엄아' 즉 엄마의 어원이 되었다. '암(컷)'과 '엄(마)'은 동류다. '엄'은 신 중에서도 가장 위대한 여신이다. 그래서 이 세상에서 가장 위대한 신은 엄마다. 또 손가락 중에서 가장 큰 손가락은 '엄지'고, 치아 중에서 가장 중요한 이는 '엄니(어금니)'다. 훈민정음언해에서 ㄱ을 엄소리라 하여 가장 먼저 내세우고 있는 것도 그런 이유에서다.

'암'은 생명 창조의 근원이다. 그래서 이에서 갈라진 '암, 엄, 움' 등은 조선 초기까지만 해도 어감의 차이는 약간 있었으나 아무런 분별없이 같은 어사로 두루 사용되었다. 지금은 이들 어휘가 의미상의 차이를 나타내고 있다. 그러나 그 근본적인 의미에 있어서는 같다. 즉 '암(컷)'은 생명을 잉태하고, '엄(마)'은 아기를 낳고, '움'은 새싹으로 자란다는 점에서 상통한다.

그런데 '움'이란 말은, 앞에서 예로 든 ①'나뭇등걸의 뿌리나 가지에서 새로 돋는 싹'이란 뜻 외에, ②'땅을 파고 위를 거적 따위로 덮어서 추위나 비바람을 막게 한 곳'을 가리키기도 한다. 이 '움'에서 '움누이, 움딸, 움막, 움벼, 움뽕' 등의 말이 파생되었다. 또 '움푹하다, 움쑥, 우물(움물)'이란 말이 이 '움'을 어근으로 하여 생겨났다. 우물은 움에서 나오는 물이다. 곧 우물은 물의 생성처다. 물이 생명을 얻어 태어나는 곳이 우물이다.

움은 ②의 뜻과 관련된 일종의 동굴이다. 동굴 또한 생명을 잉태하는 곳이다. 단군신화에 나오는 곰도 동굴 속에서 햇빛을 보지 않고 쑥과 마늘을 먹고 삼칠일을 견딘 후에 사람이 되었다. 그래서 동굴은 여성의 자궁을 상징한다. 우스갯소리지만 그래서 서양인들도 자궁을 '움(womb)'이라 했을까?

아무렴 어머니는 생명을 창조하는 신이다. 신은 모든 곳에 있을 수 없기에 어머니를 만들었다는 말이 그냥 생긴 것이 아니다.

경(黥)치다 / 경(更)치다

　　호되게 꾸지람을 받거나 단단히 벌을 받는 것을 '경친다'고 한다. 오늘날은 '경칠 놈'과 같이 하나의 관용구로 쓰일 정도로 그 쓰임의 폭이 좁아진 말이다.

　　어떤 이는 이 말을 지난날 하룻밤을 다섯으로 나눈 오경(五更)의 경에서 왔다고 한다. 이경(二更)에는 통행금지를 알리는 인경[人定]을 치고, 오경에는 해제를 알리는 파루(罷漏)를 쳤다. 밤을 새우면서 때에 정확히 맞추어 종을 치는 일은 매우 힘들었기 때문에 '경치다'란 말이 생기게 되었다는 것이다.

　　그러나 그런 주장은 근거가 없다. 경치다의 경은 경(更)이 아니라 경(黥)이다. 경(黥)은 고대에 죄인에게 행하던 형벌의 이름에서 나온 것이다. 경은 죄인의 얼굴에 먹물로 죄명을 새겨 넣는 벌이다. 그 새기는 일을 '경친다'고 했던 것이다. 그러니 '경칠 놈'은 형벌을 받아 이마에 죄목을 문신해야 할 놈이란 뜻이다.

　　그런데 앞에서 말한 시간을 나타내는 '경(更)'과 관련된 속담에 '경점 치고 문지른다'는 것이 있다. 조선 시대에는 시간을 나누고 부르는 방식이 지금과 달랐다. 하루를 12지(十二支)에 따라 자시(子時)부터 해시(亥時)까지 열둘로 나누어 부르고, 그중에 밤 시간은 별도로 초경(初更 오후 7~9시)부터 오경(五更 새벽 3~5시)으로 나누어 불렀다. 경(更)은 지금의 두 시간에 해당하고, 그 경을 다시 다섯 점(點)으로 나누어 불렀다. 밤이 되면 성안의 군사들이 시간에 맞추어 경과 점을 알려 주었다. 경은 북을 쳐서 알리고 점은 징을 쳐서 알렸다, 이런 역할을 하는 군사를 경점군사(更點軍士) 또는 전루군(傳漏軍)이라 했다.

그러면 '경점 치고 문지른다'는 말은 무슨 뜻일까?

이 속담은 경점을 치는 군사가 경점 칠 시간이 아닌데 경점을 치고 나서 자기의 잘못을 깨달아 북이나 징을 문질러 소리가 나지 않게 하려 한다는 뜻으로, 일을 그르쳐 놓고 어찌할 바를 몰라 자기의 잘못을 얼버무리려 하지만 이미 때가 늦었다는 것을 이르는 말이다. 북이나 징을 치고 나서 깜짝 놀라 북면이나 징을 문질러대는 군사의 모습이 그려진다. 상관에게 혼나는 모습도 보인다.

그런데 통행금지를 알리는 인경은 대개 밤 열 시쯤에 보신각에서 스물여덟 번을 치고, 통행금지를 해제하는 파루는 오경 삼 점에 서른세 번을 쳤다. 경점은 궁중의 보루각(報漏閣)에서 쳐 알리고, 인정과 파루는 보신각(普信閣)에서 쳐 알렸다.

골 / 잘 / 울

수에 각각 알기 쉬운 이름을 붙여 조직적으로 명명(命名)하는 방법을 명수법(命數法 numeration)이라 한다. 명수법은 0, 1(하나), 십(열), 백, 천을 기본으로 하고 만, 억, 조, 경을 보조로 하는 방법을 사용한다.

이렇게 셈하여 일, 십, 백, 천, 만, 억, 조, 경(京), 해(垓), 자 (秭), 양 (穰), 구(溝), 간 (澗), 정(正), 재(載), 극(極), 항하사 (恒河沙), 아승기(阿僧祇), 나유타(那由陀), 불가사의(不可思議), 무량수(無量壽)로 올라간다.

그리고 소수에서는 1의 10분의 1을 푼 또는 분(分)이라 하고, 이하 10분의 1마다 이(厘)·호(毫)·사(絲)를 거쳐 허공(虛空), 청정(清淨)에 이른다. 허공은 10의 −20승이고 청정은 10의 −21승이다.

그러니 지금 명수법으로서 가장 큰 수는 무량수고 가장 작은 수는 청정이다.

여기서 작은 수를 가리키는 허공과 청정 그리고 큰 수를 가리키는 항하사 이상의 수는 다 불교에서 유래한 말이다. 허공과 청정은 불교에서 모든 것을 놓아버린 경지를 가리키는 말이다.

그런데 이들 수를 읽을 때 잘못 읽고, 잘못 쓰는 경우가 더러 있다.

이 중 허공을 공허로 쓰는 이가 있는데 이는 일본식이다. 稱(칭)자를 秭 자로 쓰는 것도 일본식이니 맞지 않다. 또 무량수를 무량대수(無量大數)라 하는 사람이 있는데, 이 역시 일본식을 들여와 쓰는 것으로 바르지 못한 것이다.

무량수(無量壽)를 無量數로 적는 것도 역시 틀리게 쓰는 것이다. 이것은 원래 부처의 한량없는 수명이란 데서 나온 말이기 때문이다. 아미타불을 모신 전각을 무량수전이라고 하는 것도 여기서 유래한 것이다. 또 아승기(阿僧祇)를 '아승지'로 읽는 사람이 있으나 이 역시 잘못된 것이다. 이는 한자 祇 자와 祗 자를 혼동해서 생긴 것으로, 祗 자에 '기'라는 음이 없는 것은 아니나, 그것은 어디까지나 속음이라 취할 바가 못 된다. 아승기는 산스크리트 asamkhya를 음역한 것이므로 반드시 그 소리대로 '아승기'라 읽고 阿僧祇로 써야 한다.

그러면 우리말의 명수법을 알아보자.

우리말 하나의 10곱은 열이다. 열의 10곱은 '온'이다. 용비어천가와 월인석보에 다음과 같은 구절이 있다.

　　온 사람 다리샤 [遂率百人 백 사람을 거느리시어]

-용비어천가 56장

　　百寶는 온 가짓 보배라 [백보란 백 가지 보배다]

-월인석보 8장

우리는 이 '온'을 완전하고 충족된 것으로 관념하였기 때문에 '온'은 '모든, 온갖, 완전, 전부'의 뜻을 갖게 되었다.

온 체ㅣ 오로 업스며 [擧體全無 온 몸이 완전히 없으며]

-원각경언해

님아 님아 온놈이 온말을 하여도 님이 짐작하소서 [임아 임아 모든 사람이 온갖 말을 하여도 임이 짐작하소서]

-고시조 정철

지금 쓰고 있는 '온 동네, 온 천지, 온 세상' 등의 '온'이 모두 그러한 예다. 그런데 이 '온'은 한자어 백(百)에 눌려 원래의 의미는 사라졌다.

1000을 가리키던 우리말 '즈믄'도 한자어 천(千)에 밀려 사라지고 말았다.

드리 즈믄 ᄀᆞ르매 비취요미 ᄀᆞᇀᄒ니라 [달이 천 강에 비치는 것 같다]

-월인석보 11장

즈믄 뫼곳 흔갓 제 하도다 [천 산이 허허로이 저마다 많이 솟아 있도다]

-두시언해

만의 우리말은 '골'이다. 이 역시 한자의 위력에 제 자리를 잃고 말았다. 다만 '골백 번'이란 말의 한 자락에 겨우 그 흔적을 남기고 있다.

'억'의 우리말은 '잘'이다. 그러나 이 역시 본래의 뜻은 사라지고 부사 '잘'에 그 흔적만 남아 있다. '잘 한다, 잘 달린다, 잘 먹는다' 할 때의 '잘'이다. '잘 하는' 것은 '많은 것'과 관련이 있다. 짧은 시간에 '많이' 하는 것은 '잘' 하는 것이고 '잘' 하면 점수도 '많이' 받는다. 경상도 말에 '억수로 잘 한다'는 말이 있는데, 이는 '잘'이 많은 수를 뜻한다는 의미를 안고 있다.

   '조'의 우리말은 '울'이다. 하늘의 이전 말은 '한울'이다. '한'은 크다는 뜻이고 '울'은 영역을 뜻하는 말이다. 크고 넓은 영역, 그것이 하늘이다. 지금도 '하늘만큼 사랑한다'는 말을 쓰고 있다. 이는 '울'이 많다는 뜻을 머금고 있음을 암시한다. '울'은 지금 그 의미가 축소되어 '울장, 울타리, (돼지)우리' 등에 그 자취를 남기고 있다. 'We'의 뜻인 '우리'도 여기서 나온 말이다. '우리'는 나를 포함한 많은 영역이란 뜻이다. 어떻든 이 '울'이 크고 많은 영역을 나타내고 있어서 '조'의 흔적을 찾을 수 있다.

   '경' 이상의 수는 어떤 문헌에서도 우리말의 자취를 찾을 수 없다. 아마도 그 이상의 많은 수는 선인들이 실생활에서 필요하지 않았기 때문으로 보인다.

곰보 / 갈보

얼굴이 곰보인 총각이 장가를 못 가서 안달을 하다가 주인집 아줌마의 소개로 얼굴이 제법 그럴싸한 아가씨를 만났는데 알고 보니 갈보였다. 곰보 총각은 장가는 가고 싶고 해서 그녀가 갈보라도 그냥 눈 딱 감고 결혼하기로 약속을 했다.

어느 날 찻집, 공원 등을 돌아다니다가 배가 고파서 식당에 들어갔다. 종업원이 무엇을 주문할 것이냐고 물었다. 아가씨는 갈비탕을, 총각은 곰탕을 주문했다. 그러자 종업원은 "보통이요 특이요?"라고 물었다. 두 사람은 다 같이 '보통'이라고 말했다. 이 말을 들은 종업원이 주방에다 "여기에 갈보 하나, 곰보 하나요."라고 소리쳤다.

곰보 총각이 화가 엄청 나서 "도대체 누가 곰보이고 갈보라는 거야?" 하고 고함을 질렀다. 그러자 종업원이 눈을 똥그랗게 뜨고 하는 말이 "곰탕 보통이 곰보이고, 갈비탕 보통이 갈보인데요?"

인터넷에 떠도는 유모어다.

그러면 곰보와 갈보는 어디서 온 말일까?

천연두는 지난날 가장 무서운 돌림병이었다. 천연두에 걸리면 염증이 매우 심했는데, 얼굴 부위에 그 염증이 나은 흔적이 옴팍하게 남아 있었다. 그것이 곰보다. 지금은 천연두가 사라져서 그런 사람을 볼 수가 없다.

곰보는 '곪다'의 '곪'에 접미사 '-보'가 붙어서 된 말이다. 이때 '곪'의 발음이 '곰'이 되고, '보'는 '뚱보, 먹보, 바보, 심술보' 등에 보이는 접미사 '-보'다.

갈보는 몸을 파는 여자를 일컫는데, 이 말은 19세기에 생긴 말이다. 그런데 갈보의 '보'는 위에서 본 바와 같이 접미사인데, '갈'은 무슨 뜻일까?

갈보의 '갈'은 사람의 피를 빨아먹어서 몸을 상하게 하는 갈(蝎)이라는 해충에서 따온 말이라는 설이 있다. 구한말의 민속학자인 이능화는 자신의 저서 『조선해어화사(朝鮮解語花史)』에서 몸 파는 유녀를 가리켜 '갈보(蝎甫)'라 하는데, 그 뜻은 피를 빠는 빈대라고 하였다.

또 어떤 이는 그 '갈보'라는 말은 '가르보'라는 여자 배우 이름에서 왔다고 하였다. 스웨덴 태생의 미국 여배우 그레타 가르보는 그 미모로 해서 세계 영화 애호가들의 간장을 녹여낸 여배우이다. 그런데 그가 맡은 역 가운데는 갈보 같은 구실도 있었다. 그래서 처음에는 '무슨무슨 영화에서의 가르보 같은 년'이라고 하다가 나중에 '갈보'가 되었다는 주장이다.

그러나 이러한 주장들은 다 민간 어원설에 지나지 않는다.

갈(蝎)은 蠍의 약자인데 전갈을 뜻한다. 전갈은 사람의 피를 빨아먹지도 않으며 빈대를 뜻하는 말도 아니다. 고유어에 '갈'이라는 말이 있는데, 이 '갈'은 작은 나무의 잎을 갉아먹는 해충이다. 떼로 몰려 나뭇잎을 갉아 먹기 때문에 삽시에 나무가 말라 죽는다. 기생하여 본체를 갉아먹는 것은 갈보와 비슷하다. 그러나 이 '갈'은 긴소리로 내는 말이다. 그런데 '갈보'의

'갈'은 짧은소리이기 때문에 그 '갈'이라고 할 수가 없다.

그리고 배우 이름인 가르보가 줄어서 갈보가 되었다는 것도 허탄스럽기 짝이 없다.

그러면 갈보의 '갈'은 무엇일까? 이 '갈'은 '갈다'의 어간이다. '갈다'는 '바꾸다'의 뜻이다. '갈보'는 이 사내 저 사내 바꾸어 상대하는 여자다. '보'는 바보, 심술보처럼 명사 뒤의 접사로 쓰인 경우도 있지만, '먹보, 울보, 째보, 뚱보, 먹보'처럼 용언의 어간과 잘 결합하는 성질이 강하다. 즉 '먹다, 울다, 째다, 뚱뚱하다, 먹다'의 어간이 그것들이다. 먹보는 먹기를 잘하고, 울보는 울기를 잘하는 것처럼 갈보는 이 사람 저 사람 갈기(바꾸기)를 잘한다. 갈보는 갈기를 잘하는 여자이기 때문에 갈보다.

그런데 '보'를 여성의 성기 '보지'를 가리킨다고 하는 설이 있으나 이는 마땅치 않아 보인다. 왜냐하면 '보지'의 '보'를 따서 이루어진 합성어가 보이지 않기 때문이다.

공화국(共和國)

대한민국은 민주공화국이다. 숭엄한 대한민국 헌법 1조다. 대한민국의 주권은 국민에게 있고, 모든 권력은 국민으로부터 나온다.

우리는 2차 세계대전 이후에 민주화와 산업화를 함께 이룬 지구상의 유일한 국가라고 자랑한다. 그러나 우리 국민 중에는 이 공화국이라는 말의 정확한 뜻을 모르는 이가 더러 있다.

공화(共和)라는 말은 두 사람 이상이 화합하여 공동으로 정무를 펼쳐 나간다는 뜻이다. 왕정(王政)과 대립되는 말이다. 공화의 청체를 가진 나라를 공화국(共和國)이라 하는데, 공화국이란 말은 영어의 Republic을 번역한 말이다. 동양에서는 이러한 공화국의 정체가 없었기 때문이다. 그때까지 동양은 대체로 왕정 체제를 유지하고 있었다. 이 말은 라틴어 Res publicus에서 온 말인데, '공공(公共)의' '공중(公衆)의' '국민의 것(people's thing)'이란 뜻이다.

동양에서 이 단어가 공화로 번역된 때는 네덜란드와 교역을 하고 있던 일본 에도시대였다. 당시 학자들은 네덜란드 서적을 번역하면서 Repubilc이란 단어를 어떻게 번역해야 할지를 고민하였다. 왕이 다스리지 않는 정체(政體)라는 것을 어떤 단어로 번역해야 할지 몰랐다. 동양 역사에는 그런 전례가 없었기 때문이다.

그래서 중국 고전을 샅샅이 뒤졌는데, 오스키 반케이(大槻磐溪)라는 학자가 사마천(司馬遷)의 『사기(史記)』 주 본기(周本紀)에서 공화라는 말을 찾아냈다. 바로 주나라 10대 임금인 여왕(厲王)이 폭정을 일삼다가 백성에게 쫓겨났을 때, 나라를 주공(周公)과 소공(召公) 두 재상이 다스렸는데, 바로 그 두 사람이 함께(共) 합심해(和) 다스렸다고 해 공화라고 했다는 것이다.

그런데 이 공화라는 말은 오스키 반케이의 가르침을 받은 지리학자 미츠쿠리 쇼고(箕作省吾)가 1845년 네덜란드 지리학 서적을 번역한 『곤여도지(坤輿圖識)』에 처음 사용된 후 일반화됐다.

우리나라는 민주공화국이다. 우리가 목숨 걸고 세운 공화국이다. 어느 누구도 이 정체를 건드릴 수는 없다.

곶감 겹말 하기

'곶감 겹말 하기'란 어구는, 같은 말을 되풀이할 때 핀잔 삼아 쓰는 말이다. 그런데 우리는 이 말의 근원을 알지 못하고 사용하는 경우가 많다. 그래서 이 말의 내력에 대해 주위에 있는 몇 분께 물어봤다.

어떤 이는 그 말은 '곶감 젖말 하기'의 와전이라는 것이다. 그 말의 뜻은 '젖을 먹거나 곶감을 먹던 어린 시절을 회상하기'란 뜻으로, 천진난만했던 유년 시절을 회고한 데서 유래했다는 것이다. 어린 시절 이야기는 자꾸자꾸 반복해도 재미있다는 데서 중언부언의 의미를 띄게 되었다는 설명이다.

참으로 그럴듯한 이야기다. 또 인터넷에는 이런 이야기도 떠돈다.

곶감은 접(100개)이라는 개수로 수량의 단위를 따지는데, 개수로 센 후에 양을 재는 도구인 말(斗)로 그것을 헤아리면, 계산만 더 복잡해지므로 '곶감 접말하기'란 말이 생겨났다는 것이다. 수량을 '접' 즉 개수로 계산했는데, 또 말(斗)로써 다시 한번 양을 재니 번잡스러워 중언부언할 때 이 말을 쓴다는 것이다.

이러한 풀이는 상당한 고민 끝에 내린 해석으로 보이지만, 왠지 피부에 선뜻 와 닿지 않는다는 느낌을 떨칠 수 없다.

그런데 필자는 얼마 전에, 한 40여 년 전의 신문에서 '건시(乾柿)나 곶감이나 백구두나 흰 구두나'라는 구절을 읽게 되었다. 그게 그것이라는 뜻이었다. 그런데 '건시나 감이나'란 속담이 있는 것으로 보아, 이 '건시(乾柿)나 곶감이나'란 말 또한 널리 쓰인 것으로 보인다. 건시는 곶감의 한자 말이니, 결국 같은 말을 겹으로 쓴 것이다. 즉 곶감 겹말을 한 것이다. 이 말이 지금은 잘 사용되지 않지만 지난날에는 널리 쓰였음을 알 수 있다.

더욱 중요한 것은 '건시나 곶감이나'라는 관용구 다음에 바로 이어서, '곶감 겹말하기'란 말을 덧붙여 쓰는 경우가 많다. 다시 말하면, '건시나 곶감이나 곶감 겹말 하기지.'와 같이 쓴다. '건시나 곶감이나'라고 하여 같은 말(겹말)이라는 것을 말한 후에, 다시 이를 강조하기 위하여 바로 이어 '곶감 겹말 하기지'를 덧붙여 쓰는 것이다.

앞에서 예를 든 '건시(乾柿)나 곶감이나 백구두나 흰 구두나'란 어구에서는, '건시(乾柿)나 곶감이나'를 강조하기 위하여 '곶감 겹말 하기' 대신 '백구두나 흰 구두나'를 끌어와 사용했다. 같은 말을 거듭하는 이른바 동어반복의 기법은 원래 강조하는 데 그 목적이 있는 것이니, 같은 말을 반복하고 나서 또 그것을 거듭 강조하려는 의도다.

요약하면, '건시(乾柿)나 곶감이나'란 말은 속담처럼 힘을 얻어 널리 쓰인 관용구다. 이와 같이 익어진 말 뒤에다 다시 한번 그것을 강조하기 위하여, 앞에서 쓴 '곶감(건시)'이 겹말로 쓰인 것을 강조하기 위하여, '곶감 겹말 하기지'를 덧붙여 쓰게 된 것이다. 이것이 '곶감 겹말 하기'의 유래다.

광복

8·15는 광복절이다. 일본의 압제로부터 벗어난 날이다. 1945년 8월 15일, 나라를 되찾은 날을 기념하는 기쁨의 날이다.

그런데 우리는 이날을 현재 광복(光復), 해방(解放), 독립(獨立) 등 세 가지를 뒤섞어 부르고 있다. '일제로부터 해방된 날이다'란 말을 쓰기도 하고, 광복의 기쁨을 펼치는 당시의 군중들이 들고 나왔던 플래카드에도 '해방'이라 쓰여 있다. 또 독립문, 독립 기념관 같은 말도 쓰이고 있다. 그런데 광복, 해방, 독립이란 세 어휘는 각각 그 개념이 다르다.

이에 대해서 진태하는 이렇게 말했다.

'해방', 곧 '해방하다'는 그 주체와 대상이 있어야 하는 말이다. 주어와 목적어가 있어야 한다. 누가 누구를 해방했다는 뜻이 되어야 한다. 그런데 이런 경우 '한국이 한국을 해방하다'라는 말은 어법적으로 될 수 없다. 따라서 주체가 '미국'이라고 한다면 부단히 항일(抗日)한 주체성을 상실한 말이니, 우리로서는 절대로 쓸 수 없는 수치스러운 말이 된다. '독립'은 예속의 역사가 전제된 말이다. 흔히 말하는 '을사조약'을 고종황제가 친히 '을사늑약(乙巳勒約)'이라고 분명히 밝혔듯이, 우리는 불법 침략에 의해 주권을 강탈당했을 뿐이다. 미국이 영국에 예속된 상태에서 독립된 것처럼, 일본에서 독립된 나라가 아니라 개국 이래 독립국이므로, 결코 우리 스스로 '독립'이란 말을 써서는 안 된다.

'광복'은 침탈당한 주권을 항거에 의해 되찾는다는 뜻의 말이니, 1945년 8월 15일은 명실상부한 '광복'이란 말로만 통일해 써야 한다. 구체적으로 예를 들면, 광복절, 광복군, 광복회 같은 말을 해방절, 해방군, 해방회라고 할 수 없는 것만 봐도 그렇다. 반드시 '광복'만이 타당한 말이다.

따라서 '독립기념관'도 '광복기념관'으로 고쳐야 한다. 1945년 8월 15일에 일본에서 독립된 나라임을 기념한다는 왜곡된 역사를 우리 스스로 만들어 쓰고 있음은 통탄을 금할 수 없다.

광복의 원래 뜻은 '이전의 일을 다시 일으킨다'는 뜻이다. 이날을 '독립'이라고 하면 우리는 이전에 독립된 일이 없는 민족이 된다. 그러나 우리는 유사 이래 수천 년간 독립된 나라였을 뿐만 아니라, 일본이 우리의 마음에도 뜻에도 없는 강권으로 우리를 약탈했을 뿐이다. 광복은 그전에 우리가 가졌던 주권을 다시 찾아 일으키는 일이다. 그러므로 광복이다.

그리고 일제시대, 일정시대, 왜정시대, 식민지시대 등의 말도 피침의 역사에 초점을 둔 잘못된 말을 쓰지 말고 마땅히 항거의 역사에 초점을 둔 '항일시대(抗日時代)', 더욱 합당한 말은 '항일기(抗日期)'로 써야 한다. 지금 사용하고 있는 '일제강점기'란 말도 피침의 역사에 초점을 둔 말이니 다시 한번 생각해 볼 일이다.

구두쇠

　'구두쇠'라는 말은 19세기 중반까지의 문헌에서는 발견되지 않는다. 이 말이 처음으로 등장하는 문헌은 1895년에 간행된 『국한회어(國漢會語)』라는 책이다. 이 책은 한국어를 한자나 한문으로 풀이한 대역사전이다. 그 후 조선총독부에서 편찬한 『조선어사전』과 문세영이 편찬한 『조선어사전』에 등장하고 이후로 모든 사전에 실려졌다.

　이 '구두쇠'의 어원에 대해서는 다음과 같은 이야기가 전해온다.

　어느 부자가 구두를 오래 신기 위해 대장간에 가서 구두 굽 밑에 쇠를 박아서 신었는데, 그 소리가 요란하여 그 부자를 '구두쇠'라고 불렀다는 것이 그것이다. 즉 구두의 굽이 닳지 않도록 하기 위해 쇠를 박고 다닐 정도로 돈을 아끼는 사람을 '구두쇠'라 부른다는 것이다. 그러니까 신고 다니는 구두에 '쇠[鐵]'란 말이 연결된 것이라는 것이다.

　우리가 어릴 때(4, 50년대)만 해도 구두에 징을 박고 다니는 이가 많았다. 그래서 구두쇠란 말은 바로 이 징에서 온 것이라고 생각했다. 구두의 뒤 굽을 닳지 않게 아끼는 것이 구두쇠와 같다는 생각 때문이다.

　그러나 이러한 설명은 아무래도 적절치 못한 것 같다. 왜냐하면 '구두' 는 일본어에서 온 말인데, 이것이 우리나라에 들어온 시기는 1910년대이기 때문에, 이미 1895년에 보이는 '구두쇠'의 어원이 될 수는 없기 때문이다.

그러면 이 말은 어떻게 해서 생긴 말인가? 우선 구두라는 말부터 살펴보자.

'구두쇠'의 '구두'는 '굳다'의 어간 '굳-'과 연관이 있다. '구두쇠'를 '굳짜'라고도 하는 것이나, '굳다'란 단어에 '인색하다'는 의미가 있기 때문이다. '굳다'에는 '돈 같은 것이 헤프게 없어지지 아니하고 자기의 것으로 계속 남다' 또는 '재물을 아끼고 지키는 성질이 있다'라는 뜻이 있다.

책을 친구가 빌려주어서 책 살 돈이 굳었다.
잠깐 고생하고 나오면, 재산은 굳는 거라는 생각인지 모르지만……

등과 같이 쓰인다.

그리고 '구두쇠'의 '-쇠'는 남자를 낮추어서 말할 때 쓰는 접미사다. '마당쇠, 돌쇠, 덜렁쇠, 먹쇠' 등이 그것이다. '변강쇠전'의 주인공 '변강쇠'의 '-쇠'도 같다. 이들 '-쇠'를 한자로 쓸 때는 '쇠(釗)' 자를 썼다.

이로 보아 '구두쇠'는 '굳 + 우 + 쇠'로 분석된다. 그런데 여기의 '-우'가 문제다. '마당쇠'는 '마당'이라는 명사 뒤에 바로 '-쇠'가 붙어 이루어졌고, '먹쇠'는 먹다의 어간 '먹' 뒤에 '-쇠'가 왔다, 그런데 '구두'는 명사나 동사 어간이 아니어서 그 해석에 어려움이 있다. '굳쇠'이어야 하는데, '구두쇠'이기 때문이다.

이 '우'를 한자 '黃(황)'을 '누를 황'으로 읽지 않고 통상 '누루 황'이라고 읽는 것과 같은 '우'로 해석하는 주장이 있다. 즉 '누르+우'가 '누루'가 되는 현상과 같다는 것이다. 또 어떤 이는 '굳-(固)'에 접사 '(으)쇠'가 붙어 이것이 '굳으쇠 > 구두쇠'가 되었다고도 한다. 그러나 '으쇠'가 접사라는 데는 무리가 있는 듯하다.

　아마도 '굳우'는 어간 '굳-'에 관형사형 어미 '-을'이 붙어 '굳을쇠'가 되었다가, 이것이 '-을>-으>-우'와 같은 변화를 거친 '굳우'가 곧 '구두'가 되고, 여기에 '쇠'가 붙어 구두쇠가 된 것으로 보인다.

구렁이 제 몸 추듯

'구렁이 제 몸 추듯'이란 속담이 있는데, 자기가 스스로 자신을 자랑하는 것을 이를 때 쓴다. 이 속담을 처음 대하는 이는 인도 등지에서 코브라 뱀의 춤을 다루는 장면을 연상할지도 모르겠다. 그러나 이것은 그런 데서 유래한 것이 아니다. 이 속담은 원래 '굴원(屈原)이 제 몸 추듯'이란 말이 바뀌어 이루어진 것이다. '추듯'이란 말은 '자랑하듯'이란 뜻이다. 그러니 이 속담을 말 그대로 풀이하면, '굴원이 제 스스로를 자랑하듯'이란 뜻이다.

그러면 이러한 속담이 왜 생겨났을까?

굴원은 초나라의 대부로, 직언을 하다가 정적들의 모함을 받아 쫓겨난 사람이다. 뒷날 나라가 망하자 그는 멱라수에 몸을 던져 자살하였다. 그가 지었다는 어부사에 이런 구절이 있다.

어부가 굴원에게 왜 추방당했느냐고 물으니, 굴원이 대답하기를, "온 세상이 다 탁한데 나만 홀로 맑고, 뭇 사람이 다 취했는데 나만 홀로 깨어있는 까닭으로 추방을 당했소."라 했다. 이에 어부가 말하기를, "성인(聖人)은 만물에 얽매이거나 막히지 않고, 능히 세상을 따라 옮겨 가는 것인데, 세상 사람들이 다 혼탁하면 왜 그 진흙을 휘저어 물결을 일으키지 않으며,

뭇사람이 다 취했으면 그 술지게미를 먹고 남은 탁주를 같이 마시지 않았소." 하였다.

　세상과 타협하지 못하고 자화자찬만 하는 굴원을 보고 어부가 탓하는 내용이다. 충언 때문에 죽은 그의 고결함을 너무 애석히 여긴 나머지, 거꾸로 그를 원망스러워 하고 있는 것이다. 너무 강직해서 아까운 사람이 죽고 말았다는 세인들의 안쓰러움을, 어부의 입을 빌려 나타내고 있는 것이다. 다시 말하면, 공연히 자기 혼자서만 절조를 지키려다 억울하게 죽은 그를 애처로이 여겨, 굴원이 자신을 믿고 너무 뽐내어 그렇게 되었다는 식의 역설적인 속담을 지어낸 것이다.
　이래서 생긴 '굴원이 제 몸 추듯'이 시대를 내려오면서 '구렁이 제 몸 추듯'이란 말로 바뀐 것이다.

구르는 돌은 이끼가 안 낀다

'구르는 돌은 이끼가 안 낀다'는 속담은 우리나라에도 있고 영국에도 있다.

그런데 그 의미에 있어서는 양자가 서로 다르다. 우리나라에서는, 돌도 한자리에 가만히 있으면 이끼가 끼듯이, 사람이 활동이 없으면 폐인이 된다는 뜻으로 쓴다. 그러나 영국에서는, 한 곳에 자리 잡지 않고, 자꾸 옮겨 다니면 이익이 없다는 뜻으로 사용한다. 그 쓰임이 정반대다.

우리는 이끼를 나쁜 관념으로 떠올리지만, 저쪽 사람들은 좋은 개념으로 받아들인다. 문화의 차이다. 그러므로 'A rolling stone gathers no moss.'를 번역할 때는 직역할 것이 아니라, '새는 앉는 곳마다 털 빠진다' 정도로 의역하는 것이 옳을 듯하다.

외국에서 들어온 속담이나 격언은 그 본래의 뜻이 우리가 받아들이는 의미와는 다른 경우가 많다.

'예술은 길고 인생은 짧다'라는 말도 그러하다. 이 말은 '의학의 아버지'라 불리는 그리스의 히포크라테스가 한 말이다. 그런데 우리는 이 말을 보통 예술가의 생명은 짧지만, 그가 창조한 작품의 생명은 오래다란 뜻으로 사용한다. 그러나 이 말의 원래 의미는 그런 것이 아니다.

이 경구의 라틴어는 'Ars longa, vita brevis'이다. 영어로 옮기면 'Art is long, life is short'이 된다. 그가 말한 'art'는 '기술'을 의미하는바, 원래의 경구 전체는 이렇다.

"The art is long, life is short, opportunity fleeting, experiment dangerous, judgment difficult."

이는 "의술은 길다, 생명은 짧다, 기회는 빨리 지나간다, 실험은 불확실하다, 판단은 어렵다."는 뜻이다. 곧 '익혀야 할 의술은 많은데 익힐 시간은 짧다. 기회는 빨리 지나가고 실험은 위험하다. 그러니 판단은 어렵다'가 된다.

즉 익혀야 할 의술(기술)은 깊고 많은데, 인생은 유한하여 그것을 익힐 시간은 짧다는 것이다.

"아는 것이 힘이다."란 말도 또한 그렇다. 이 말은 경험론의 창시자 베이컨이 한 말이다. 일반적으로 이 말은 무지에서 벗어나기 위해서 배워야 한다는 뜻으로 사용한다. 그러나 이 말의 원뜻은 그런 것이 아니다.

베이컨은 학문의 목적을, 인간 생활을 개선하고 풍족하게 하는 데 있다고 보았다. 그는 학문을 목적으로 보는 것이 아니라 수단으로 보아, 지적 생활의 즐거움을 찬양하기보다는 지식이 실생활에 미치는 효용성을 더욱 중시하였다.

그리고 인간은 우주의 주인으로서, 자연을 지배해야 한다고 주장하였다. 그러므로 인간이 자연을 지배하려면 자연의 이치를 알아야 한다. 알지 못하면 자연을 지배할 수가 없다. 그래서 아는 것은 곧 자연을 지배하는 힘이 된다는 의미로 이 말을 한 것이다. 이때의 '아는 것'이란 단순한 무지의 상대적 개념이 아니다.

군(君)

군(君)은 원래 고려·조선 시대에 왕자나 왕의 종친·외척 및 공신에게 내리던 작호다. 대군은 정비의 몸에서 출생한 적장자를 가리키는 데 대하여, 군은 왕의 서자 혹은 대군의 적장자, 적장손이나 공이 있는 신하에게 붙여졌다. 품계는 2품이었다.

지금은 아랫사람을 친근하게 부르거나, '하게' 할 자리에 쓰여 그 사람을 조금 높여 부르는 이인칭 대명사로 쓰이는 말이다.

그런데 어느 연속극에, 나이 든 변호사가 그 회사의 젊은 직원에게, "○○ 군, 상무님이 원망스럽지 않습니까?"라는 말을 하는 것을 보았다. 그 변호사는 극이 끝날 때까지 계속 그런 말투를 쓰고 있었다.

이때의 '군'은 의존 명사로 쓰여, 친구나 아랫사람을 친근하게 부르거나 이르는 말이다. "김 군 어디를 그리 급히 가나?"와 같이 쓰인다. 그런데 연속극 속의 그 변호사는, 부를 때는 '○○ 군'이라 해 놓고 뒤에는 '않습니까'로 높이고 있으니 문장의 호응이 맞지 않는다. 이때는 '○○ 군'을 '○○ 씨'로 바꾸든가, '않습니까'를 '않은가'로 바꾸어 말해야 한다.

이와 비슷한 일이 결혼식에서도 일어나는 것을 볼 수 있다. 주례가 신랑 신부에게 혼인 서약을 받을 때가 그렇다. 주례가 "신랑 이도령 군과 신부 성춘향 양은 오늘부터 삶을 다하는 날까지 어떠한 경우라도 서로 사랑하고 …… 남편과 아내로서의 도리를 다할 것을 굳게 맹세합니까?"라고 물으면, 신랑과 신부는 차례대로 '예' 하고 대답을 한다. 이때도 앞에서 말한 연속극의 경우와 비슷하다. 앞에서는 '신랑 이도령 군'이라 해 놓고, 끝에는 '맹세합니까'라 하여 높이고 있으니 앞뒤가 맞지 않는다.

결혼식은 주례가 불특정 다수의 하객들 앞에서 식을 진행하는 것이므로, 비록 신랑 신부가 자기 아들이나 딸처럼 개인적으로 잘 아는 사이라 하더라도, 공적인 자리이므로 높임말을 사용해야 한다. 더욱이 지금은 성 감수성이 매우 높은 시대이므로, 주례는 신랑 신부에게 모두 '군, 양' 대신에 '씨'라고 부르는 것이 적절할 것 같다.

그랭이

우리나라 건축물에 나타난 가장 큰 특징의 하나는 그랭이 기법이다.

그랭이는 우리나라 고유의 건축 기법의 하나인데, 사전에도 올려져 있지 않은 단어다. 그랭이는 자연석 기단 위에 다른 구조물을 놓을 때, 자연석의 곡면에 맞추어 위에 놓는 구조물의 표면을 정교하게 깎아 접합부를 밀착시키는 방법이다. 즉 울퉁불퉁한 자연석의 주춧돌 위에 기둥을 세울 때, 주춧돌의 표면을 기둥에 맞춰 평평하게 깎는 것이 아니라, 주춧돌의 요철에 맞추어 기둥의 아랫면을 깎아내는 기법이다. 울퉁불퉁한 주춧돌의 자연미를 그대로 살리는 방법이다.

이 기법은 우리나라 건축물의 전반에 적용되었다. 불국사의 석축 하부와 석가탑의 기단부도 이 기법이 사용되었다. 쉽게 말하면 그랭이는, 아랫부분의 자연미를 살려 윗부분을 거기에 맞게 다듬는 것으로, 이렇게 함으로써 자연미도 살리고, 아래에서 떠받치는 안정감도 획득할 수 있다. 불국사의 석축이 그간의 지진에도 크게 훼손되지 않은 것은 이 그랭이 기법 때문이다.

분황사 모전탑 석축

불국사 석축
아랫돌의 곡면에 맞추어 윗돌을 깎아 맞추었다.

그리고 고창의 고인돌이 수천 년 동안 지탱할 수 있었던 것도 바로 이 그랭이 때문이라 한다. 자연의 질서에 맞게 다듬는 것이 오랜 생명을 가질 수 있는 방법이라는 것을 우리 조상들은 일찍이 알고 있었다.

금도(襟度)

정치인들이 자주 사용하는 말 중에 '금도'라는 말이 있다. 상대방 국회의원이 지나친 말을 했을 때 주로 사용한다.

어느 야당 시장이 대통령을 탄핵해야 한다고 하자, 이에 맞서 어느 여당의원이 "대통령을 돕지는 못할망정 좌파 시민단체 대표인 양 선도하는 건 금도를 넘어선 정치 선동이자 국정 흔들기"라고 반박하였다.

또 어느 남자 국회의원이 여자 국회의원에게 회의 도중 "내가 그렇게 좋아요?"라는 말을 하자, 여자 의원의 같은 당 소속 의원이 나서서 "금도를 상습적으로 넘는 사람을 의원으로 둘 정도로 국민이 허용하지 않는다."며 해당 의원의 의원직 사퇴를 거듭 요구했다

노무현 정부 시절에 우리 정부가 북한의 뜻을 물어 유엔(UN)의 북한 인권 결의안 표결에서 기권하도록 했다는 논란이 있었던 때가 있었다. 이와 관련하여 당시 여당 대표는 "이 문제는 매우 중대하고 심각한 사안으로, 사실상 북한의 인권탄압에 동조하며 북과 내통한 것"이라고 말했다.

이에 대해 야당의 어느 분은 여당 대표를 향해 "내통이라… 대단한 모욕이네요. 당 대표란 분이 금도도 없이"라고 반박했다.

그런데 이 금도라는 말이 정치권에서 이렇게 자주 쓰이니, 요즘은 언론에서도 덩달아 곧장 쓰고 있다.

위의 예에서 쓰인 '금도'라는 말은 '넘지 말아야 할 경계선'이란 뜻으로 사용하고 있다. 이 말을 쓰는 사람들은 아마도 금도라는 말이 금지한다는 뜻의 '禁' 자와 길을 뜻하는 '道' 자로 된 말이라 생각하여 쓰는 듯싶다. 그러나 그러한 말은 없다.

이런 경우의 금도는 襟度라는 말이 있을 뿐이다. 襟 자는 옷깃이란 뜻이다. 옷깃이 가슴을 가리는 부분이므로 '가슴'이라는 뜻도 가지게 되고, 가슴은 마음이 담겨 있는 곳이라 하여 '마음'이란 뜻을 갖게 되었다. 度 자는 정도의 의미를 지닌 글자다. 그래서 금도는 '남을 받아들이는 도량(度量)' 즉 '남을 포용할 수 있는 넓은 마음'을 뜻하는 말이다. "그는 지도자다운 금도를 지녔다." "정치권에서는 좀 더 넓은 시야와 관용과 금도를 가지고 문제를 해결해야 한다."와 같이 쓰인다.

그러므로 지금 정치권이나 언론에서 쓰고 있는 금도라는 말은 이 말의 뜻을 모르고 아주 잘못 쓰고 있는 것이다.

기념(紀念) / 기념(記念)

紀念(기념)과 記念(기념) 중 어느 것이 맞느냐에 대한 논쟁이 시끄럽다. 우리는 통상적으로 紀 자는 '벼리 기'로 읽고, 記 자는 '기록할 기'로 읽는다. 그런데 두 글자에 모두 '기록하다'는 공통적인 뜻이 있어서 혼란을 불러오는 것 같다.

그런데 중국 사전인 『사해(辭海)』에는 紀念은 올라 있고 記念은 올라 있지도 않다. 일본의 모로하시 데쓰지(諸橋轍次)가 쓴 『대한화사전(大漢和辭典)』에는 紀念은 記念의 속용(俗用)이라고 적혀 있다. 紀念은 옳지 않다는 것이다. 이로 보아 전통적으로 중국은 紀念, 일본은 記念을 관용한 것으로 보인다.

우리나라의 경우를 보면, 문세영의 『조선어사전』에서는 기념을 '紀念 · 記念' 두 가지를 다 쓰고 있는데, 기념비, 기념일, 기념물 등의 단어는 모두 '紀念'으로 적고 있다.

한글학회 『중사전』에서는 두 가지를 같은 뜻으로 쓰인다 하였고, 이희승의 『국어대사전』에서는 紀念은 '오래도록 사적을 전하여 잊지 아니함'이란 뜻이라 풀이하고 기념물, 기념 대회, 기념식, 기념일, 기념행사 등 모두를 紀念으로 적었다. 記念은 '기억하여 잊지 아니함'이란 뜻이라고 풀이는 해 놓고 그 용례는 하나도 들지 않았다. 신기철 · 신용철의 『새우리말큰사전』에서는 紀·記를 다 같이 쓰는 것으로 되어 있다.

그런데 지금 국어원의 『표준국어대사전』에서는 '기념'에 紀念·記念을 다 같이 쓰고 있다. 그래서 기념이란 말이 단일어로 쓰이는 경우는 전부 紀·記를 같이 쓰게 되어 있다. '기념 논문, 결혼 기념, 출판 기념, 기념 대회, 기념 촬영, 기념 강연회, 기념 공연, 기념 무대, 기념 문집, 결혼 20주년 기념' 등과 같이 기념이 독립된 하나의 단어로 쓰일 때는 紀·記를 같이 쓰게 되어 있다. 그리고 '기념되다, 기념하다' 등도 '-되다, -하다' 같은 접사가 붙어서 하나의 단어가 되었기 때문에 역시 그러하다. '길이 기념(紀念·記念)되어야 할 거룩한 희생정신', '어떤 뜻에서라도 기념(紀念·記念)되는 일이다'와 같이 쓴다. '3·1절은 꼭 기념(紀念·記念)되어야 할 국경일이다', '생일은 한 생명이 태어난 것을 기념(紀念·記念)하고 축하하는 날이다' 등과 같이 쓰면 된다.

그런데 '기념관, 기념물, 기념비, 기념식, 기념일, 기념패, 기념우표, 기념주화, 기념행사' 등의 말은 '紀念-'으로 쓰고 있다. 그러니 전통적으로 써오던 紀念이란 글자로 쓰고 있다.

요약하면 '기념'이나 '기념하다, 기념되다' 또는 '기념 공연, 기념 무대'와 같이 단일어로 쓰인 경우는 紀念·記念 어느 쪽을 써도 되고, '기념관, 기념물, 기념식, 기념일'과 같이 두 개의 말이 하나의 단어로 굳어진 말들은 紀念으로 쓰면 되겠다.

어떻든 간에 '紀' 자는 '기념'이 들어가는 어떤 말에라도 쓸 수 있으니 그렇게 알고 쓰면 큰 잘못이 없겠다.

그런데 여기서 한 가지 짚고 넘어가야 할 것은, 일반인들이 '기념(紀念·記念) 무대'는 띄어 쓰고 '기념(紀念)행사'는 붙여 쓰는 이런 차이점을 확실히 구별하여 적기란 쉽지 않다는 점이다. 이런 점을 국어원에서는 살펴서 혼란을 초래하는 일이 없도록 해야 하겠다.

참고로 紀 자에는 '벼리, 실마리, 통하다'의 뜻이 있으므로 기원(紀元), 본기(本紀), 기강(紀綱), 기년(紀年), 기서(紀序), 기전체(紀傳體), 기통(紀統), 기행문(紀行文) 등으로 쓴다는 점을 알아 두면 좋겠다. 그래서 단기, 서기는 檀紀, 西紀로 적는 다. 또 『삼국사기』는 三國史記지만 그 안의 신라 본기, 고구려 본기, 백제 본기는 本紀로 적는다.

한 가지 덧붙이면, 일본의 양대 역사서인 고사기와 일본서기는 각각 古事記와 日本書紀로 적었다. 그래서 양대 역사서에 실려 전하는 고대 가요를 합해서 부를 때 기기가요(記紀歌謠)란 말을 쓴다.

기린

어느 신문 기사에 '태평성대를 상징하는 기린'이라는 구절이 있었는데, 그 아래에는 아프리카의 커다란 기린 서너 마리의 사진이 설명과 함께 실려 있었다. 설명의 글에는, "기린은 상서로운 조짐의 동물이다."라고 적혀 있었다.

그러나 상서로운 조짐의 동물은 아프리카에 사는 목이 긴 그 기린이 아니다. 실재하는 동물이 아니라 용이나 봉황처럼 상상의 동물이다. 성군에 의해 왕도가 행해지면 나타난다는 동물로서, 몸은 사슴, 이마는 이리, 꼬리는 소, 굽은 말과 비슷하고 뿔 하나가 있다고 한다.

살아 있는 풀을 밟지 않고 생물을 먹지 않으며, 몸에서 오색 빛을 낸다고도 한다. 수컷을 기(麒), 암컷을 린(麟)이라 한다. 재주가 뛰어난 젊은이를 가리키는 기린아(麒麟兒)란 말도 물론 여기서 나왔다.

이름이 같다 하여 아프리카에 사는 기린을 보고, 상서로운 상상의 동물인 기린과 혼동해서는 곤란하다.

까치설

까치 까치 설날은 어저께고요
우리 우리 설날은 오늘이래요

이것은 윤극영이 지은 동요 '설날'이다. 그런데 왜 설 하루 전날을 까치설이라고 했을까?

학자들은 섣달그믐을 예전부터 작은설이라 한 점을 주목했다. 여기에서, 작다(小)는 뜻을 가진 옛말 '앛'에 '설'이란 명사가 붙어 '앛설'이 되고, '앛설'이 '아츠설'을 거쳐 '아치설'이 된 것이다. 이 '아치설'이 다시 '까치설'이 됐다.

국어사전에도 '아츠조금'이란 표제어가 있다. 조수(潮水) 간만의 차이로 따져 초이레와 스무이틀을 이르는 말이다. 아침에 밀려들었다가 나가는 바닷물이 가장 낮은 때이다. 이것을 북한 지역에서는 '아치조금'이라 하지만, 일부 경기 지방에서는 '까치조금'이라 한다.

'아치'가 '까치'로 바뀐 것은, 그 뜻을 알 리 없는 사람들이 소리가 비슷한 '아치'를 '가치'로 발음했기 때문이다. '가치'는 까치의 중세 우리말이다. 까치는 반가운 손님의 내방을 알려주는 새다. 그래서 '아치설'이 설날

이미지와 잘 맞는 '까치설'로 바뀐 것이다.

  '아치설'에 쓰인 '아치'의 참뜻을 잊고, 그 어원과 결부하여 그것과 우연하게도 음상이 유사한 '까치'를 떠올려 그것으로 '아치'를 대신한 것이다.

  '아치'가 '까치'로 변한 단어에는 '까치고개, 까치밭, 까치산' 등과 같은 지명이 있다. 이들 지명의 대부분은 까치설과 마찬가지로 해당 지형지물이 작은 규모여서 붙여진 이름이다. '까치고개'는 고개가 작아서, '까치산'은 작고 낮은 산이어서 붙여진 지명이다.

꼬마

‘굼’은 신을 뜻하는 말이다. ‘곰, 고마, 검, 개마, 가미’ 등은 여기서 갈라져 나온 말이다. 단군신화에 나오는 곰, 단군왕검의 검은 다 신의 딴 이름이다. 개마고원의 개마, 일본어의 가미도 같다.

흑색을 가리키는 검다와 눈을 감다의 ‘감 / 검’도 여기서 나온 말이다. 눈을 감으면 검고, 검은 것은 아득하고 그윽한 현묘함이다. 신이 있는 곳이 그러한 곳이고, 또 그러한 경지다.

신은 높이 받들어야 할 대상이기 때문에, 고마는 공경의 뜻도 가지게 되었다. 1576년에 간행된 『신증유합(新增類合)』에 ‘공경할 경(敬)’, ‘공경할 건(虔)’, ‘공경할 흠(欽)’ 자를 다 ‘고마 경’, ‘고마 건’, ‘고마 흠’으로 음과 훈을 달아 놓은 것은 이 때문이다. 그래서 ‘고맙다’는 말도 여기에서 생겨난 것이다. 고맙다는 ‘곰+압다’로 된 말이다. 신은 공경해야 하고, 고마워해야 할 존재이기 때문이다.

신은 북쪽이고, 양의 반대이기 때문에 뒤쪽이다. 그래서 ‘고마’는 뒤쪽을 가리키는 뜻을 갖는다. 고려 속요 「동동(動動)」에 ‘덕으란 곰빈예 받줍고’란 구절의 ‘곰’은 뒤에의 뜻이고, 배[船]의 뒤쪽을 고물이라 하는 것도 이와 같다.

첩을 '고마'라고 한 것은 바로 이 뒤란 뜻과 관련이 있다. 첩은 뒤에 얻은 마누라이기 때문이다.

그리고 정실은 큰마누라라고 하고 첩은 소실 즉 작은마누라라고 한 데서, 고마는 작은 것을 가리키는 뜻을 가지게 되었다. 오늘날 꼬마라는 말은 여기에서 유래한 것이다. 작은 것은 다 귀여운가 보다.

난장판

난장판이란 말이 시끌벅적한 과거 시험장에서 유래되었다고, 보통 이렇게 이야기들 한다.

과거 시험을 보는 곳에는 전국에 사는 선비들이 몰려들어 매우 시끌벅적하고 어수선했다. 특히 나라가 어지러웠던 조선 후기에는 과거장 또한 질서가 없고 엉망이었다. 서로 좋은 자리를 차지하려고 다투는 일도 다반사였고 사람이 상하거나 죽기까지 했다. 그래서 여러 사람이 어지럽게 뒤엉켜 떠들어대는 과거판의 모습을 가리켜 난장판이라 하였다.

『표준국어대사전』에도, '과거를 보는 마당에서 선비들이 질서 없이 들끓어 뒤죽박죽이 된 곳'이라 풀이되어 있다.

그러나 이것은 바른 이야기가 아니다. 난장판은 말 그대로 난장(亂場)에서 벌어지는 행태에서 비롯된 말이다. 난장이란 오일장과 같은 정기적 장이 아닌, 특수한 장이라는 뜻이다. 난장은 물자가 다량으로 생산되는 지역이나 인근 지방의 생산물이 많이 집산되는 곳에서 열리게 되는 임시로 열리는 장이다. 특수지역 및 특수산물이 한꺼번에 많이 생산되는 지방에서 열리는 부정기적인 장이다. 이때 난장을 여는 것을 '난장을 튼다'라고 한다. 난장은 하루 동안만 열리는 정기적인 장과는 달리 때로는 물자가 생산되는, 또는 집하되는 기간에 따라 짧게는 10일, 길게는 2개월까지 열리기도 하였다.

난장은 지방의 경기 부양과 번영을 도모하기 위하여 열리는 수도 있고, 지방의 흉액을 예방하기 위하여 열리기도 하였다. 즉 흉년·산사태·화재·지방관의 죽음·호환(虎患)·유행병 등의 사례가 자주 발생하여 폐촌의 위기가 생길 때, 여기에 대한 벽사의 행사로 난장을 트는 것이다.

또 별신굿이 벌어지는 곳에도 난장이 섰다. 난장을 여는 것을 '난장 튼다'고 했는데 영남의 일부 지방에서는 '벨신한다'는 말을 쓰고 있다. 그런데 이 '벨신한다'는 말이 곧 '별신굿을 한다'는 말에서 나온 것이다. 그러니 이것을 보아도 별신굿이 열리면 난장이 따라서 열렸음을 알 수 있다. 지금은 별신굿이 길어야 3,4일 정도밖에 열리지 않지만, 옛날에는 몇 달씩 오랜 기간 행해졌다. 그야말로 그 지역의 축제가 된 것이다. 그래서 이 행사 기간에는 자연 난장이 서서 갖가지 물건들이 늘어서고 온갖 잡패들이 모여들었다.

난장에는 정기적 시장과는 비교도 되지 않을 만큼 물량이 많았고, 종류도 다양하여 고양이 뿔과 중의 상투도 살 수 있다는 속언이 나올 정도였다. 난장에는 장사꾼만 모이는 것이 아니고 인근 지방인은 물론 보부상이나 먼 곳의 사람까지 구경하러 모여들었다.

그뿐 아니라, 연예인, 복술쟁이 투기꾼, 도박꾼, 건달패, 싸움패, 사기꾼, 요식업자, 창녀 등과 난장굿을 벌이는 무당도 모여들어 소비를 조장하고 유흥적 낭비를 유발시켰다. 이와 같이 난장에는 각지에서 각계각층의 사람들이 모여들어, 각자 자기의 이익추구에만 전념하였기 때문에 질서 있는 지연적 유대성은 깨지고, 사회규범이 파괴되어 비속하고 파렴치한 언행이 난무했으며, 폭행 사기 등이 흔하게 행해지고 노름판 싸움판이 벌어졌다. 그야말로 엉망진창이었다. 이리하여 '난장판'이라는 속어가 생겨나 무절제 · 무질서 · 풍기문란 등을 뜻하는 말로 사용되었다.

그러니 난장판이란 말이 과거 시험장에서 유래한 것이 결코 아니다. 원래 난장판에서 행해진 무질서와 다툼의 행태가, 후대에 과거장에서도 벌어지는 경우가 생겼으므로, 원래의 것이 그쪽에 비유되어 그런 말이 나오게 된 것이라 볼 수 있다.

남신의주 유동 박시봉 방(南新義州柳洞朴時逢方)

'남신의주 유동 박시봉 방'은 백석(白石)이 쓴 유명한 시인데 잠깐 읽어 보자.

어느 사이에 나는 아내도 없고, 또,
아내와 같이 살던 집도 없어지고,
그리고 살뜰한 부모며 동생들과도 멀리 떨어져서,
그 어느 바람 세인 쓸쓸한 거리 끝에 헤매이었다.
바로 날도 저물어서,
바람은 더욱 세게 불고, 추위는 점점 더해 오는데,
나는 어느 목수네 집 헌 샅을 깐,
한 방에 들어서 쥔을 붙이었다.
이리하여 나는 이 습내 나는 춥고, 누긋한 방에서,
낮이나 밤이나 나는 나 혼자도 너무 많은 것 같이 생각하며,
딜옹배기에 북덕불이라도 담겨 오면,
이것을 안고 손을 쬐며 재 위에 뜻 없이 글자를 쓰기도 하며,
또 문 밖에 나가지도 않고 자리에 누워서,
머리에 손깍지 베개를 하고 굴기도 하면서,
나는 내 슬픔이며 어리석음이며를 소처럼 연하여 새김질하는 것이었다.

내 가슴이 꽉 메어 올 적이며,

내 눈에 뜨거운 것이 핑 괴일 적이며,

또 내 스스로 화끈 낯이 붉도록 부끄러울 적이며,

나는 내 슬픔과 어리석음에 눌리어 죽을 수밖에 없는 것을 느끼는 것이었다.

그러나 잠시 뒤에 나는 고개를 들어,

허연 문창을 바라보든가 또 눈을 떠서 높은 천장을 쳐다보는 것인데,

이때 나는 내 뜻이며 힘으로, 나를 이끌어 가는 것이 힘든 일인 것을 생각하고,

이것들보다 더 크고, 높은 것이 있어서, 나를 마음대로 굴려 가는 것을 생각하는 것인데,

이렇게 하여 여러 날이 지나는 동안에,

내 어지러운 마음에는 슬픔이며, 한탄이며, 가라앉은 것은 차츰 앙금이 되어 가라앉고,

외로운 생각이 드는 때쯤 해서는,

더러 나줏손에 쌀랑쌀랑 싸락눈이 와서 문창을 치기도 하는 때도 있는데,

나는 이런 저녁에는 화로를 더욱 다가 끼며, 무릎을 꿇어 보며,

어느 먼 산 뒷옆에 바위 섶에 따로 외로이 서서,

어두워 오는데 하이야니 눈을 맞을, 그 마른 잎새에는,

쌀랑쌀랑 소리도 나며 눈을 맞을,

그 드물다는 굳고 정한 갈매나무라는 나무를 생각하는 것이었다.

이 시는 평안도 사투리가 많이 쓰여 있어서 내용을 이해하자면 우선 그 말들을 이해해야 한다. 그에 속하는 몇 가지 말들을 풀이하면 다음과 같다.

삿 : 삿자리. 갈대를 엮어서 만든 자리.

쥔을 붙이다 : 주인집에 셋방을 얻어 살다.

딜옹배기 : 아가리가 벌어진 작은 질그릇.

북덕불 : 짚이나 풀, 겨 따위가 뒤섞여 엉클어진 뭉텅이에 피운 불.

굴다 : 구르다.

나줏손 : 저녁 무렵, '나주'는 '저녁'의 평안 방언.

섶 : 옆.

정한(靜-) : 맑고 깨끗한.

이 작품 속의 주인공은, 아내와 부모 그리고 동생 등 가족들과 헤어져 외로이 떠돌이 생활을 하다가, 어느 목수네 집에 셋방을 얻어 살면서 절망감과 무력감 속에서 나날을 보낸다. 지나온 삶을 돌아보며 반성하다가 지금의 절망적 상황을 운명적으로 인식하고, 굳고 깨끗한 갈매나무를 생각하고 그와 같은 새로운 삶을 살아야겠다는 새 삶의 의지를 다짐하는 내용으로 되어 있다.

이 시의 제목 '남신의주 유동 박시봉 방'은 '남신의주 유동'에 사는 '박시봉 씨네'라는 의미다. 이것은 편지 봉투에 쓰는 발신인의 주소다. 고향을 떠나 유랑하는 주인공이 자신이 세 들어 사는 집을 발신인으로 하여 자신의 형편을 알리고 있는 형식이다.

그런데 여기서 한 가지 유의해야 할 사항이 있다. '박시봉 방(朴時逢方)'의 '방'이 '방(room)'을 뜻하는 '房(방)' 자가 아니라 '곳(처소)'을 뜻하는 '方(방)' 자라는 것이다. '房(방)'을 얻어 산다는 의미가 아니다. 이때의 '方' 자는 우리가 흔히 읽는 '모 방'이 아니라, '편지에서 어떤 사람(세대주) 이름 아래 붙이어, 그 집에 거처하고 있음을 가리키는 말'이란 뜻이다. 그러므

로 '朴時逢 房', '洪吉童 房'이 아니라, 반드시 '朴時逢 方', '洪吉童 方'이라
써야 한다.

내 일 바빠 한데 방아

우리 문헌에 나타난 우리나라 최초의 속담은 무엇일까?

그것은 『삼국유사』에 전하는 '내 일 바빠 한댁 방아'라는 속담이다. 이 속담은 원래는 '내 일 바빠 한댁 방아'였는데, 후대로 내려오면서 지체 높은 대갓집[大家宅]을 뜻하는, '한댁'이 바깥을 뜻하는 '한데'로 바뀌어 전해지고 있다.

이 속담은 『삼국유사』 욱면비염불서승(郁面婢念佛西昇) 조에 실려 있는데 그 개략은 이러하다.

경덕왕 때 강주(康州)에 사는 아간(阿干) 귀진(貴珍)의 집에 욱면(郁面)이란 계집종이 있었다. 그녀는 미타사(彌陀寺)에 염불하러 가는 주인을 따라가, 마당에서 열심히 염불을 했다. 그런데 주인이 이를 못 마땅히 여겨, 늘 곡식 두 섬을 주어 하룻저녁에 다 찧게 하였다. 염불을 못 하게 하기 위한 조치였다. 그러나 욱면은 그 일을 서둘러 끝내고 염불에 참여하곤 했다. 그녀는 더욱 정진하기 위하여 뜰의 좌우에 긴 말뚝을 꽂아 세운 뒤, 두 손바닥을 뚫어 노끈으로 꿰어 그 말뚝에 매어 두고 합장하였다.

그러던 어느 날, 하늘에서 "욱면 낭자는 당(堂) 안에 들어가서 염불하라."

는 소리가 들리므로 중들이 그렇게 조처했는데, 그 후 얼마 되지 않아 욱면은 몸을 솟구쳐 법당의 천장을 뚫고 나가 부처로 화하였다.

'내 일 바빠 한댁 방아'라는 속담은 이래서 생긴 것이다.

이 속담은 '내 앞에 닥친 일이 매우 바쁜데, 그것을 해결하기 위해서, 내키지는 않지만 어쩔 수 없이 남의 일(방아)부터 먼저 해 주어야 한다'는 뜻으로 쓰인다. 지금 우리가 쓰고 있는 '내 일 바빠 한데 방아'라는 속담은 여기서 유래한 것이다.

노을 / 내

'내'라는 말을 『표준국어대사전』에서는, '물건이 탈 때에 일어나는 부옇고 매운 기운'이라 뜻풀이를 하고 있다. 그러나 이는 다소 부족한 풀이 같다. '내'는 안개처럼 먼 산 주위를 가로 덮고 있는 부연 기운을 아울러 뜻하는 말이다. '이내'라고도 하는데, 한자어로는 남기(嵐氣), 남연(嵐煙), 남취(嵐翠)라고 한다.

왕유의 시에, "석양에 푸르스럼한 산빛이 홀연히 남기를 머금었네.[夕陽彩翠忽成嵐氣]"라는 구절이 있다. 조헌(趙憲)의 시조에도 이 '내'란 말이 나온다.

池塘에 비 샌리고 楊柳에 닉 씨인제
沙工은 어듸 가고 븬 빅만 미엿는고
夕陽에 싹 일흔 굴며기는 오락가락 ᄒ노매

연못에는 비가 뿌리고 버들에는 내가 끼었는데, 사공은 어디 가고 빈 배만 매였는고. 석양에 짝 잃은 갈매기만 오락가락하는구나.

여기서의 '내'는 비 올 때 부옇게 끼는 안개다. 그러므로 '내'는 부옇고 매운 기운을 가리키는 말이 아니다. 연기처럼 부연 산기운이나 안개 따위를 가리키는 말이다. 윤선도의 「어부사시사」 중 봄을 노래한 시조에도, '漁村 두어 집이 닛속에 나락들락'이란 구절이 있고, 율곡의 시조에도 '平蕪에 닌 거든이 遠近이 글림이로다'란 구절이 있다. 그러므로 '내'는 단순한 연기란 뜻이 아니다.

노을은 아침저녁으로 해가 뜨거나 질 때, 하늘이 벌겋게 물드는 현상을 가리킨다. 줄여서 '놀'이라고도 한다. 그런데 놀과 내는 전혀 다른 말인데, 왠지 혼동하는 예가 많다. 둘 다 공중에 생기는 기운이란 공통점 때문일까?

우리 선인들도 이 둘을 혼동한 흔적이 보인다. '내'를 나타내는 한자에 애(靄)란 글자가 있는데, 자전의 뜻풀이를 보면, '내'와 '노을'을 함께 적고 있다. '내'와 '노을'을 혼동한 것이다. 어느 유명가수가 부른 노래에도, '비 오는 낙동강에 저녁노을 짙어지면'이란 구절이 있다. 이 또한 내와 노을을 혼동하고 있다. 비가 오는데 불그스름한 저녁노을이 나타날 리가 없기 때문이다. 이는 필시 비 오는데 낀 안개 즉 '내'를 노을로 혼동해서 표현한 것임에 틀림없다.

능지처참

대역죄(大逆罪)를 범한 자에게 과하던 최대 극형을 능지처참[陵(凌)遲處斬]이라고 한다. 능지처사(陵遲處死)라고도 한다. 그런데 우리가 이 말을 흔히 쓰면서도 세부적인 의미를 잘 알지 못한다. 사전에는 머리, 몸, 손, 팔다리를 도막 쳐서 죽이는 형벌이라고 되어 있다.

'능지'는 '언덕 능(陵)' 자와 '더딜 지(遲)' 자를 쓴다. 능지는 글자 그대로 '언덕이 천천히(점차) 낮아지다'란 뜻이다, 사물이 차차 쇠퇴해짐을 이른다. 능이(陵夷)라는 말과 같다. 그러니까 능지처참은 한꺼번에 갑자기 죽이지 않고, 천천히 죽이는 것이다. 언덕을 천천히 내려오듯[陵遲] 고통을 서서히 최대한으로 느끼면서 죽어가도록 하는 잔혹한 사형이다. 대개 팔다리와 어깨, 가슴 등을 잘라내고 마지막에 심장을 찌르고 목을 베어 죽였다. 고통을 최대한 주면서 죽이는 형벌이 능지처참이다.

또 많은 사람이 모인 가운데 죄인을 기둥에 묶어 놓고 포를 뜨듯 살점을 베어내되, 한꺼번에 많이 베어내서 출혈 과다로 죽지 않도록 조금씩 베어 참을 수 없는 고통 속에서 죽음에 이르도록 하는 형벌이었다. 대역죄나 패륜을 저지른 죄인 등에게 가해진 극형이다.

심장이 찔리는 것을 죄인이 보지 못하고 죽으면 사형집행인이 죽음을 당하였다고도 한다. 그만큼 사형수가 고통을 많이 받고 죽게 하기 위한 참형 방법이었던 것이다. 이 능지처참은 원나라 때부터 시행되었고 우리나라에서는 공민왕 때부터 시행되었다.

다르다 / 틀리다

   일상생활에서 흔히 혼동하여 잘못 쓰는 말 중에 '다르다'와 '틀리다'가 있다.

   '다르다'는 '같지 않다', 또는 '생각이나 언행 따위가 예사롭지 않은 점이 있다'는 뜻이다. 즉 '의견이 서로 다르다, 모양은 달라도 값은 같다'와 같이 쓰인다. '같다'와 상대되는 뜻이다. 그리고 농구 선수가 멀리서 공을 던져 골에 넣었을 때 '선수라서 던지는 기술이 역시 다르다'거나 '이 회사에서 만든 제품은 무엇이 달라도 달라'와 같이 예사롭지 않다는 의미로 쓰인다. 또 '딴 까닭이 있는 것이 아니라', '다른 무엇이 아니라'의 뜻으로 말머리에 쓰이는 경우의 '다름이 아니옵고, 다름이 아닌, 다름이 아니오라' 등으로 쓰인다.

   '틀리다'는 '계산이나 일 따위가 어긋나거나 맞지 않다, 사이가 벌어지다, 감정이나 심리 상태가 나빠지다' 등의 뜻을 지닌 말이다. '맞다'와 상대 되는 말이다.

   이와 같이 '다르다'와 '틀리다'는 다른 단어인데도 '다르다'라고 해야 할 때 '틀리다'라고 하는 경우가 많다. 주의해서 써야 하겠다.

   우리는 민주주의 국가다. 민주주의는 각기 다른 것을 인정하고 통합하는 제도다. 다른 것을 틀리는 것으로 간주해서는 안 된다. 다른 것을 다른 것으로 인정하고 무조건 그것을 틀리는 것으로 치부하는 것은 옳지 않다. 붕당정치로 빚어졌던 조선 시대의 사화(士禍)도 근본 원인은 '다른 것'을 '틀린 것'으로 보았기 때문에 일어난 것이라 할 수 있다. 정권 탈취를 위하여 상대방을 인정하지 않고 죽여 버리는 폐악을 저지른 것이다. 이러한 사악은 또 다른 사악을 가져온다.

닫집

전각 안의 불상을 모신 위에는 집 모양의 작은 건축물이 천장에 매달려 있는데, 이를 보통 닫집이라고 하는바 그 장식이 매우 화려하다. 궁궐 정전의 어좌 위에도 이와 같은 작은 집 모형을 만들어 걸었는데, 이 또한 닫집이라고 부르며 한자로는 당가(唐家)라고 한다.

이 닫집의 생성 유래에 대해서는 두 가지 설이 있다. 인도의 일산(日傘)설과 불교의례의 변화에서 온 것이란 설이 그것이다.

일산은 산개(傘蓋), 보개(寶蓋) 등으로도 불리는데, 이것은 한 말로 햇빛을 가리기 위한 양산이다. 인도는 더운 기후 때문에 일찍부터 양산을 쓰는 문화가 발달했다. 왕이나 귀족들이 밖으로 나들이할 때는 하인들이 커다란 일산을 받쳤다. 이러한 문화가 불교에 수용되어 인도의 탑과 불상 위에는 산개가 있다. 이 일산의 양식이 변하여 닫집이 되었다는 것이다. 또 궁전의 당가도 불교의 영향으로 생성되었다고 주장한다.

그런데 이와는 달리 불교 자체의 의례 양식이 변하여 닫집이 형성되었다는 주장이다. 부처를 중앙에 모셨던 고대 불전에서는 금당이 부처님 집이었으므로 닫집이 필요 없었다. 그러나 예불의례가 금당 바깥을 도는 요잡(繞匝) 중심이었다가, 차츰 금당 안으로 들어가 절하는 것으로 바뀌면서 마루가 깔리고 불단이 뒤로 밀리면서, 금당 안에 부처님의 집을 별도로 만들기 시작한 것이 닫집으로 정착하였다는 것이다.

고구려 고분벽화의 주인공 머리 위에 양산이 받쳐져 있는 것을 볼 수 있고, 인도의 불교와 힌두교 사원의 신상 위에는 화려한 보개(寶蓋)가 씌워져 있는 것으로 보아 앞의 설이 더 설득력이 있는 것 같다. 닫집은 모양에 따라 보궁형(寶宮形), 운궁형(雲宮形), 보개형(寶蓋形)으로 나눈다.

보궁형은 공포를 짜 올려 건물처럼 만든 화려하게 만든 닫집으로 가장 흔하게 볼 수 있다. 공포 아래에는 짧은 기둥이 달려 있는데 이를 헛기둥[虛柱]이라고 한다. 대표적인 예로 영주 부석사 무량수전과 안동 봉정사 극락전의 닫집이 있다.

대구 석가사 대웅전 보궁형 닫집

운궁형은 공포(栱包)를 사용하지 않은 간결한 구조로 되어 있고, 불상 위 천장에 구름, 용, 봉, 비천 등을 장식하고 있는 구조다. 대표적으로 경산 환성사 대웅전과 서산 개심사 대웅전, 봉선사 금당의 닫집에서 볼 수 있다.

화순 유마사 대웅전 운궁형 닫집

보개형은 천장 일부를 감실처럼 둥글게 속으로 밀어 넣은 형태인데 고대 불전에서 많이 보인다. 대표적으로 강진 무위사 극락전과 봉정사 대웅전에서 볼 수 있다. 보개형은 닫집이라고 하기보다는 보개천장으로 불리며 천장의 한 종류로 분류하는 경우가 많다. 그러나 의미와 역할은 닫집과 같다.

안동 봉정사 대웅전 보개형 닫집

그러면 '닫집'이란 단어의 의미에 대해 알아보자. 닫집이란 말의 어원에 대해서는 종래 여러 가지 설이 있어 왔다.

닫집이 '닫힌 집' 또는 '닫는 집'이라는 주장이 있다. '보통 사람들이 접근하기 어려운 닫는 구조의 닫힌 집'이라는 해석이다. 그런데 닫집을 이렇게 해석하면 부처님이 거주하는 곳이 폐쇄적인 공간이란 뜻을 지님으로써, 중생과의 거리를 단절시키는 결과가 빚어지는 모순을 가져온다.

이 외에 '두드러진 집'이라는 뜻의 '돋집'에서 유래되었다는 설과, '위에 달아맨 집'이란 뜻의 '달집'에서 왔다는 설이 있다.

그러나 닫집은 그러한 데서 온 말이 아니다. 닫집은 '닫+집'으로 이루어진 말인데, '닫'은 '따로'의 옛말이다.

고어에서 '닫 나다'는 '따로 나다'의 뜻이며, '닫 내다'는 '따로 내다', '닫 담다'는 '따로 담다', '닫 혜다'는 '따로따로 생각하다'의 뜻이다. 그러므로 닫집은 '집 안의 집'으로서 '따로' 있는 또 하나의 집이란 뜻이다.

대포

대포는 큰 잔 또는 큰 잔으로 마시는 술을 가리킨다. 또 별 안주 없이 큰 그릇에 따라 마시는 술을 가리키기도 한다. 보통 '대포 한잔하고 가자'라는 말을 우리는 자주 쓴다. 그런데 이 대포라는 말이 무기의 하나인 대포(大砲)에서 왔다고 하는 설이 있다.

커다란 탄환을 멀리 내쏘는 화기(火器)를 뜻하는 대포(大砲)에서 크다는 뜻을 빌려와서 다른 뜻으로 쓰게 된 것이라고 한다. 크다는 것을 강조해서 쓰는 왕대포라는 말도 거기서 나왔다고 주장한다.

또 국어원의 『표준국어대사전』에서는 그냥 고유어로 처리하였다.

그러나 이 말은 '바가지'를 뜻하는 한자 '匏(바가지 포)'가 붙은 한자어 '大匏(대포)'에서 유래한 것으로 보인다. 지난날 보부상들이 등짐을 지고 이 장 저 장 돌아다니며 물건을 팔다가 일을 마치면, 고단한 몸을 이끌고 가족 생각을 하며 대폿술 한잔으로 회포를 풀었다. 이런 자리를 통해서 그들은 우의를 다졌는데 이것을 일러 대포지교(大匏之交)라 했다.

『삼국사기』에 이 대포와 관련 있는 기록이 나온다.

지마왕(祗摩王)이 사냥을 마치고 한기부(漢岐部)를 지날새 이찬 허루(許婁)

가 잔치하여 대접하였다. …… 왕이 허루에게 일러 가로되, 이곳 지명이 대포(大庖)인데 공이 여기에 성찬과 미주(美酒)를 베풀어 즐겁게 잔치하니, 마땅히 공을 주다(酒多)에 임명하여 이찬의 위에 있게 하리라. 주다는 후에 각간(角干)이라고 일렀다.

이 기록이 전설이라 하지만 술과 관련된 의미 심상한 대목이 있다. 허루가 '미주'를 대접한 곳이 '대포'인데 그를 고맙게 여겨 '주다'라는 벼슬을 내렸다는 것이다. 이 기록을 보면 '대포'라는 말이 그때도 쓰였던 것이 아닌가 하는 생각이 든다.

또 세조와 신숙주에 얽혀 전해오는 이야기에도 이 박과 술에 관련된 것이 있다.

세조(世祖)는 여진족을 토벌하러 함경도로 떠나는 체찰사(體察使) 신숙주를 편전에 불러 놓고 궁벽(窮僻)을 타고 오르는 박 덩굴을 가리키며, 저 덩굴에 박이 여물 때까지 오랑캐를 평정하겠는가 하고 물었다. 신숙주가 전승(戰勝)하고 돌아왔을 때 그 덩굴에 달덩이 같은 박이 여물었다. 세조는 그 박으로 대포를 만들어 막걸리를 가득 붓고 한 잔 술에 입을 번갈아 대며 취하도록 마셨다고 한다.

이 이야기는 물론 후대에 누가 지어낸 이야기겠지만, '대포'라는 말이 '박'과 유관한 말이라는 것만은 넌지시 나타내고 있는 것이라 생각한다.

독화법(讀畵法)

우리 조상들은 그림을 감상하는 것을 '그림을 본다'고 하지 않고 '그림을 읽는다'고 하였다. 왜냐하면 그림에 깃들여 있는 소재의 의미를 파악해야 했기 때문이다. 이를테면 모란은 부귀를 뜻하고, 게[蟹]는 급제를 뜻한다는 그런 의미가 그 속에 포함되어 있는 것이다.

많은 사람들이 모란에 향기가 없다고 알고 있는 것은 『삼국유사(三國遺事)』에 기록된 '선덕여왕의 영민했던 세 가지 일화[善德王 智機三事]'의 내용을 잘못 알고 있기 때문이다. 모란은 향기가 없기 때문에 나비가 그려져 있지 않다는 것이다. 그러나 이것은 선덕여왕이 당시의 독화법(讀畵法)을 몰랐기 때문에 빚어진 일이다. 그리고 모란은 향기가 없지도 않다.

『삼국유사』에 보면 당나라 초에 당 태종 이세민(李世民)이 빨강색, 자주색, 흰색의 모란꽃 그림과 함께 각각 그 종자를 한 되씩 보냈는데, 이를 본 선덕여왕이 신하들에게 그 씨앗을 심으면 반드시 향기가 없는 꽃이 필 것이라고 했다.

그래서 그 씨앗을 정원에 심어서 꽃을 피웠더니 과연 예언과 같았다. 신하들이 어떻게 알았느냐고 묻자 선덕여왕이 말하길, 당 태종이 보낸 그림엔 나비가 없어서 향기가 없다는 것을 알았다고 하면서, 이것은 당 태종이

나에게 배우자가 없음을 조롱한 것이라고 하였다.

당나라 때부터 모란꽃에 나비를 그리지 않는 법식이 있었다. 왜냐하면 나비를 뜻하는 蝶(접) 자와 80세를 뜻하는 耋(질) 자가 음이 'dié'로 같아서, 나비는 질수(耋壽) 즉 80세를 뜻한다. 그래서 나비를 모란과 함께 그려 넣게 되면 모란꽃이 부귀, 나비가 질수를 뜻하기 때문에 부귀질수(富貴耋壽)의 뜻이 되어, '80세까지만 부귀를 누려라'란 의미가 되기 때문이다. 영원한 부귀가 아니라 80세로 제한되기 때문이다.

등용문

어느 학교에 등룡실(登龍室)이란 현판을 단 교실이 있었다. 입학시험에 합격하기를 바라는 마음에서, 등용문이란 말을 본떠서 지은 이름이겠지만, 이것은 잘못 지은 것이다.

등용문(登龍門)은 등용(登用)되는 문이 아니라, 용문(龍門)에 오른다[登]는 뜻의 말이기 때문이다. 용문은 황하 상류의 한 급류의 이름이다. 이곳은 물살이 매우 세어, 힘 좋은 잉어도 이 급류를 거슬러 오르기가 어렵다. 만약 급류를 거슬러 이 용문만 오르면 용이 된다는 전설에서, 뜻을 이루어 크게 영달한다는 직접적인 계기를 이르는 말이 되었다.

그전에는 이 말을 '등룡문'이나 '등용문'으로 표기하기도 했다. 또 발음도 [등용문]과 [등뇽문] 두 가지를 다 허용했다. 그러나 새 맞춤법과 발음법에서는 등용문이라 표기하고 [등용문]이라 발음하는 것을 올바른 것으로 규정하였다.

그 이유는 접두사처럼 쓰이는 한자가 붙어서 된 말이나 두 개의 단어가 결합하여 된 합성어의 경우, 두음법칙을 뒤의 단어에 적용한다는 규정에 따른 것이다. 역이용(逆利用), 연이율(年利率), 열역학(熱力學) 청요리(清料理) 등과 같이 적는 것이다. 곧 '등(登)' 뒤의 단어 '룡문(龍門)'을 두음법칙에 따라

'용문'으로 한 것이다.

[등용문]이란 발음은 새 표준 발음법에서 6·25[유기오], 3·1절[사밀쩔], 송별연[송벼련]처럼 'ㄴ'이나 'ㄹ'이 덧나지 않는 것을 표준으로 정했다. 즉 'ㄴ'이 덧나는 [등농문]이 아니라 [등용문]으로 발음하도록 한 것이다.

'등용문'의 반대말은 '점액(點額)'이다. 글자 그대로 풀이하면, 이마에 점을 찍는다는 뜻인데, 시험에 낙제한 것을 가리킨다. 용문을 오른 물고기는 용이 되지만, 그렇지 못한 물고기는 이마를 부딪쳐 시퍼런 점 즉 멍만 들고 되돌아간다는 고사에서 나온 것이다.

따라지

우리말 중에 '-아지'가 붙는 말들이 있다. '송아지, 강아지, 망아지'처럼 새끼나 작고 귀여운 것을 이야기하는 것들이 있다. 또 '꼬라지(꼴+아지), 싸가지(싹+아지), 따라지(딸+아지)'와 같은 말들도 있다.

이 '아지'는 고어에 '아기, 혹은 짐승의 어린 것'을 가리키는 말이었다. 이 '아지'는 '앗·앚·앛·앛' 등으로 쓰인 말로서 '작은 것[小]'을 뜻하는 말이다. '아시, 아ᅀ'는 아우의 고어다. 아우는 작기 때문에 생긴 말이다. 작은설을 뜻하는 '아츤설', '아치설' 작은 산을 뜻하는 '아차산', 아침을 뜻하는 일본어 '아사' 등도 다 그러한 예다. '아사'는 하루의 첫 부분으로 시작하는 '작은 것'이기 때문이다. 또 작은아버지를 뜻하는 '아제, 아지' 등도 그러하다.

'따라지'라는 말이 있다. 그리고 삼팔따라지라는 말도 쓴다.

이 말을, 동사 '따르다'에서 나온 '딸'에 '아지'가 붙어서 된 말이라고도 하고, 딸과 '아지'가 붙은 것으로 보고 남존여비 사상이 반영된 것이라고도 한다. 따라지는 항상 남을 따라 하고 남에게 의지해서 구차하게 살아가는 존재라는 뜻이라는 것이다. 그것이 확장되면서 보잘것없는 존재들을 가리키게 되었다고 한다.

그러나 이 말은 그런 데서 생긴 말이 아니다. '딸'이 '따라'가 줄어진 말이라고 했는데 이것은 어법적으로 불가하다. 또 남존여비 사상이 담긴 '딸'에서 왔다는 것도 이상하다.

'따라지'는 원래 '몸집이 작아 보잘것없는 사람'을 가리키는 말이었다. 사전에도 그렇게 적혀 있다. 이것이 노름판에 흘러 들어가 '한 끗'을 가리키는 말이 된 것이다. '한 끗'은 작기 때문이다.

이 따라지와 같은 말에 '딸보'라는 말이 있다. 딸보는 속이 좁고 너그럽지 못한 사람을 뜻한다. '딸딸이'는 자명종이나 전종에서 종을 때려 소리를 내는 작은 쇠 방울을 가리킨다. 그러니까 '딸딸이'는 작은 방울이다. 따라지는 바로 '작다'는 의미를 가진 '딸보, 딸딸이'에 보이는 '딸'에 '아지'가 붙어 이루어진 말이다.

1·4후퇴 때 38선을 넘어 남한으로 내려온 사람들은 자신을 스스로 '삼팔따라지'라고 불렀다. 이들은 가진 것이 없거나 적은 사람들이었다. 그래서 '따라지'인데, 38선을 넘어온 넉넉지 못한 사람들이었기 때문에 삼팔따라지였다.

땡추

　땡추는 한자어 당취(黨聚)가 변한 말이다. 당취는 원래 '떼거리'라는 뜻이다. 이 말이 조선 시대에 민가(民家)를 돌면서 동냥을 하던 탁발승(托鉢僧)에 대한 속칭(俗稱)으로 쓰이게 되었는데 그 연유는 이러하다.

　조선 시대는 억불숭유 정책을 강력하게 실시하였다. 이에 따라 스님들은 서울 도성 안의 출입이 금지되고 마침내는 천민의 신분으로 떨어졌다. 이런 정책에 시달려, 산속으로 피해 간 승려들은 몰락한 양반계층이나 실정(失政)에 불만을 품은 선비 등과 떼거리를 지어 민란(民亂)을 꾀하거나 돌아다니며 유언비어를 퍼뜨렸다. 특히 1504년(연산군 10) 승과(僧科)가 폐지되고 도승(度僧 승려 자격증인 도첩을 받은 승려) 제도가 없어지면서 전국적으로 가짜 중이 급증하였다.

　이들은 보통 10~20여 명씩 한패가 되어 사찰을 돌아다니면서 수행과 학업에 열중하는 승려들을 괴롭히고 먹을거리 등을 약탈하는 등 한낱 부랑배 집단이 되었다. 이들은 지역 단위나 전국적 조직도 갖고 있어서 조선 후기 가열화한 민중봉기 등에도 관여하였다. 지리산 땡추 출신인 김단야(金丹冶), 금강산 땡추이던 이충창(李忠昌) 등이 그 대표적인 예이다. 이들을 당취승(黨聚僧)이라 하였다.

　이 당취가 변하여 중답지 아니한 중을 가리키는 '땡추'라는 말이 되었다. 땡추는 '땡추중'의 준말이다. '땡추절'이란 말도 있는데, 그것은 땡추중들만 있는 절을 낮잡아 이르는 말이다.

마산상고 나왔나

계산이 틀리거나 맡은 일을 제대로 정확하게 처리하지 못하는 사람을 가리켜, 흔히 "마산상고 나왔나?"라는 말을 쓰는 경우를 간간이 본다. 마산 상고가 전국의 상고 실력 대회에서 꼴찌를 한 일이 있어서, 이런 말이 생 겨났다고 하는 사람도 있다.

그러나 사실은 이와 전혀 다르다. 마산상고는 이 지역의 명문고인데, 어 느 해에 큰 화재가 발생하여 졸업생들의 호적부라 할 수 있는 생활기록부 가 전부 소실되었다.

그런데 세상인심은 고약한 것이어서, 마산상고 출신이 아닌 어중이떠중 이 같은 못난이까지, 모두가 마산상고 출신이라고 우겨댔다. 호적부가 없 어졌으니 모두가 일류가 되고 싶었던 것이다. 실제 마산상고 출신은 그렇 지 않은데, 이 가짜 출신은 실력이 부족한 까닭에 매사에 실수 투성이었으 므로, 이러한 말이 생겨나게 되었다.

마음이 가난한 자

외국어를 우리말로 번역할 때는, 우리의 정서에 맞게 번역해야 한다. 영어에는 피동형이 많지만, 우리말은 주로 능동형이다. 그러므로 영어의 피동형을 옮길 때, 곧이곧대로 번역하면 문장이나 말이 껄끄럽게 된다.

우리의 정서와 의식에 맞게 번역하는 것도 매우 중요하다. 특히, 종교의 경전은 한 자 한 구가 다 신자들의 양식이 되는 말씀이 되기 때문에 더한층 신중을 기해야 한다.

성경에 "마음이 가난한 자는 복이 있나니 천국이 저희 것임이요"라는 구절이 있다. 이것은 아마도 영어 성경의 "Blessed are the poor of spirit for theirs is a kingdom of heaven"을 직역한 것으로 보인다.

마음이 가난하다는 것은 어떤 것을 말함일까? 우리는 마음이 가난하다 하면, 마음가짐이 인색하고 여유롭지 못한 것을 가리킨다. 그러나 여기서의 'The poor'는 탐욕의 마음을 내지 않는 사람을 뜻한다. 표층적 의미로만 번역한 탓으로, 원래의 뜻과는 정반대가 되고 말았다. 문화의 차이를 고려하지 않기 때문이다.

그런데 중국 성경은 비교적 원뜻에 맞게 번역되어 있다.

"虛心的人 有福了 因爲天國是他們的"라 번역하여 놓았다. 마음을 비운 사람은 복이 있다는 뜻이다. 우리도 이와 비슷한 말로 바꾸는 것이 좋겠다.

번역은 뜻뿐만 아니라 어법에도 맞아야 한다.

성경에 "진리가 너희를 자유케 하리라"란 구절이 있다. '자유케'란 말이 어법상 매끄럽지 못하다. '자유케'가 되려면 '자유하게' 즉 '자유하다'라는 말이 있어야 하는데 그런 말은 없다. 이 말은 '자유롭게'로 바꾸면 어떨까 싶다.

또 세례 요한이란 말도 바르지 못한 말이다. 요한은 세례를 주는 사람 곧 세례자다. 예수에게도 세례를 행한 사람이다. 그러므로 세례 요한이 아니라, 세례자 요한이라 해야 한다. '세례 요한과 사도 요한'이란 글귀도 가끔 보는데 이 또한 잘못된 것이다. '세례자 요한과 사도 요한'이라 해야 맞다.

의상 대사 「법성게」에 "파식망상필부득(叵息妄想必不得)"이란 구절이 있다. 이것을 대부분 직역하여 "망상을 안 쉬려고 해도 안 쉴 길 바이 없네"로 번역하고 있다. 여기에 나오는 息자를 '쉬다'란 뜻으로 번역하여, 무슨 말인지 종잡을 수 없는 문장이 되고 말았다. 여기서의 息자는 '쉬다'의 뜻이 아니라, 그 반대에 가까운 '자라다'의 뜻이다. 곧 "망상이 자라기 어려우니 다시는 (망상을) 얻지 않는다."는 뜻이다.

마파람에 게 눈 감추듯

이몽룡이 거지 차림으로 춘향 집에 나타나니 춘향 모는 기가 막힌다. 몽룡이 배가 고프다며 밥 한술을 달라고 한다. 이에 향단이가 먹던 밥에 풋고추, 절인 김치, 단 간장에 냉수를 가득 떠서 가져오자, 어사또 반겨 하며 "밥아, 너 본 지 오래구나. 하고 마파람에 게 눈 감추듯 먹어 치운다." 춘향전에 나오는 이야기다.

'마파람에 게 눈 감추듯'이란 속담은 음식을 매우 빨리 먹어 치움을 비유하여 이르는 말인데, 이때의 마파람은 남풍을 가리키는 순우리말이다. '마'는 남쪽을 뜻하는 뱃사람들의 말이고, 여기에 '바람'이 더해진 말이 마파람이다. 마파람이 불면 대개 비가 오게 마련이어서 게가 겁을 먹고 눈을 급히 감는 데서 생긴 것이라 한다.

향가 서동요에 나오는 동경(東京)이란 말을 양주동은 '새벌'이라 역독하였다. '동(東)'의 고유어는 '새'이기 때문이다. 동쪽에서 부는 바람을 '샛바람'이라고 하는 것은 그러한 연유다.

서풍은 '하늬바람' 또는 '갈바람이라고 한다. '하늬바람'은 농촌과 어촌에서 두루 불린 말이고, '갈바람'은 어촌에서 주로 불린 이름이다.

그리고 남서풍은 '늦하늬바람', 북서풍은 높하늬바람, 북동풍은 '높새바람', 동남풍은 '된마파람'이다. 지금은 이러한 우리말들이 '남동풍, 북동풍' 등과 같은 한자 말에 밀려 점차 사라지고 있다. 정말 안타까운 일이다.

몇 가지 알아 두면 좋은 우리말 바람 이름을 보이면 다음과 같다.

가수알바람: 서쪽에서 불어오는 바람

건들바람: 초가을에 선들선들 부는 바람

고추바람: 살을 에는 듯이 몹시 찬바람. 매운바람

날바람: 무엇이 빠르게 날아가는 결에 요란한 소리를 내며 나는 바람

노대바람: 나무뿌리가 송두리째 뽑히고 건물에 손해를 주며 풍랑이 대단히
　　　　 심한 상태

살바람: 좁은 틈으로 들어오는 찬바람, 봄철에 부는 찬바람

색바람: 초가을에 선선히 부는 바람

옆바람: 돛단배의 돛을 낚아채듯 불어 배를 움직이게 하는 바람

왜바람: 일정한 방향 없이 마구 부는 바람

재넘이: 산에서 내리 부는 바람. 산바람

맞아 맞아

요즈음 방송의 대사나 광고 문구에서 '오 예(Oh yeah)'란 말을 자주 듣는다. 과자 이름에도 '오 예'가 있다. 이런 설익은 외국어를 남발하는 것은 결코 바람직한 일이 아니다.

그러나 저쪽 사람들이 이 말을 흔하게 쓰는 그 태도만은 우리도 본받을 만하다. 왜냐하면, 그들은 상대방의 말을 들을 때 '오 예'를 연발하면서, 상대방에게 자신이 경청하고 있다는 신호를 보내는 말이기 때문이다.

말이란 자기의 사상과 감정을 상대방에게 전하는 기호 체계다. 음성과 문자가 그 주된 수단이지만, 응대(應對), 몸짓, 표정, 시선 등도 그에 못지않게 중요하다.

대화할 때, 상대방의 말을 깊이 들어 주고 적절한 응대를 해 주는 것은, 직접적인 발화만큼 중요하다. 서양 사람들은 이런 것에 매우 뛰어나다. 상대방의 말을 들으면서 연방 고개를 끄덕이고, '으음, 오 예'를 연발한다. 내가 당신의 말을 주의 깊게 들어 주고 있다는 응대를 보내는 것이다. 이에 비하면, 우리나라 사람들은 다소 무미한 감이 없지 않다. 묵묵히 듣는 것을 미덕으로 알고 있는 전통문화에 기인한 것이라 생각된다.

다음은 어떤 이가, 한국어를 아는 미국인과 첫 대면을 하면서 느낀 것을 쓴 내용이다.

그는 내 생각을 아는지 모르는지 별것 아닌 내 작은 이야기에도 미소를 띤 채 고개를 끄덕이며 연신 '맞아, 맞아'라고 맞장구쳤다. 어쩌다가 좋지 않은 내용을 이야기할 때면 얼굴을 찡그리며 걱정스러운 표정으로 '맞아, 맞아' 했다.

아! '맞아, 맞아' 그거였다. 짧은 시간에 낯선 이와의 거리를 좁히는 데 결정적 힘을 발휘한 것이 '맞아'라는 단어였다. 나는 태어나서 육십 년 넘게 살면서 '맞아'라는 우리말에 얼마나 인색했던가. 상대방 이야기에 관심을 갖고 있으며 인정한다는 뜻이 담긴 말 '맞아', 이렇게 쉽고 예쁜 말을 왜 그리도 무심코 흘려 넘겼던가. 우리말의 아름다움을 왜 하필 외국인으로부터 발견했는지 다소 부끄럽기도 했다.

'맞아, 맞아' 하며 말끝마다 응대해 주는 외국인의 태도에 대해서 크게 감동했다는 것이다. 적절한 맞장구는 묘약이다. 언젠가 김수환 추기경이 가르멜 수녀원에서 강연을 했다. 수녀들의 리액션이 일품이었다. '오오!', '네에!', '어쩌면'…. 강연이 끝난 후 김 추기경은 이렇게 말했다. "수녀들이 하도 맞장구를 잘 치니 그만 내가 의도하지 않았던 속 이야기까지 다 하게 되고…. 얼떨결에 다음 방문까지 약속하고 말았지 뭐야." 하였다.

담화에서 표정도 매우 중요한 요소다. 적절하지 못하면 상대방의 오해를 불러일으킬 수도 있다. 남 앞에서 노래를 부르는 것도, 전달이라는 측면에서 보면 하나의 언어라고 할 수 있겠는데, 가수가 슬픈 내용의 가사를 부르면서 청중을 향하여 웃는 모습을 보인다면, 이는 분명 잘못된 것이다.

또 청중을 마주하면서, 멋인 양 짙은 색안경을 끼고 노래하는 사례도 더러 있는데, 이것도 역시 표정을 잘못 관리하고 있는 것이다. 눈은 마음의 창이라 했듯이, 눈은 중요한 감정의 표출구다. 가수는 이 눈을 통하여 청중들에게 그 노래의 질감을 전달해야 하는데, 그 중요한 눈을 가리고 하니, 그 참맛을 전달할 수가 없다. 또 예의에도 어긋난다. 평소에 끼지 않던 색안경을 끼고, 자기 집에 온 손님을 맞이한다면 누가 좋다 하겠는가?

이러한 경우는 글쓰기에도 적용된다. 어떤 작가가 슬픈 내용의 글에다가 자기의 웃는 사진을 함께 게재한 것을 본 일이 있다. 아래위가 맞지 않다. 조사(弔辭)를 읽으면서 웃는 격이다.

시선 또한 중요하다. 인사나 악수하면서 시선을 상대방에게 주지 않고 딴 곳을 향한다면, 진실성을 의심받게 된다.

며느리밑씻개

지난날에는 시어머니와 며느리 사이라 하면, 올케와 시누이 사이란 말과 함께, 사이가 좋지 않은 관계를 비유하는 말로 쓰이었다. 시어머니는 두려운 존재고 며느리는 미운 대상이었다.

이러한 과거의 풍습은 언어 현상에 그대로 반영되어 있다. '때리는 시어미보다 말리는 시누이가 더 밉다'는 속담도 그러한 배경에서 생겨난 것이다.

'며느리 발뒤축이 달걀 같다'는 속담도 있다. 탈 잡을 것이 없는데, 공연히 트집을 잡아서 억지로 허물을 지어낸다는 뜻으로 쓰는 속담이다. 발꿈치가 달걀 같으면 참으로 예쁜데도 불구하고, 그것을 오히려 흠으로 본다는 말이니, 며느리를 얼마나 밉게 보았는지를 알 수 있다. '며느리 샘에 발꿈치 희어진다'는 속담도 이와 비슷하다. 여자가 참을성 없고 투기가 아주 심함을 이르는 말이다. 며느리를 많이 샘해서 며느리 발꿈치가 하얘졌다는 것이다. 며느리 발꿈치가 흰 것도 샘의 대상이다.

'며느리 시앗은 열도 귀엽고 자기 시앗은 하나도 밉다'는 속담도 있다. 아들이 첩을 얻는 것은 좋아하면서도, 제 남편이 첩을 얻어 시앗을 보게 되면 못 견디어 한다는 말이다. 나아가, '며느리 상청에서도 떡 웃지짐이

제일'이라는 속담도 있다. 죽은 며느리를 위하여 베푸는 상청(喪廳)에서도 떡 위에 놓여 있는 지짐이에 신경을 쓴다는 뜻으로, 며느리 죽은 데는 정신을 쓰지 않고 먹는 데만 정신이 팔리어 체면 차리지 않고 맛있는 것만 골라 먹는다는 뜻이다. 웃지짐이란 제상에 올리는 떡 위에 얹는 지짐떡을 가리킨다.

'며느리밑씻개'란 풀이 있다. 이 풀은 여뀟과의 일년생 덩굴식물로, 줄기에 가시가 있어서 다른 물체에 잘 붙고, 스치면 매우 따가움을 주는 식물이다. 그런데 밑씻개는 뒤를 본 뒤 밑을 씻어내는 물건을 통틀어 이르는 말이다. 이 따가운 가시 풀로 며느리의 밑을 닦는다면 어떻게 되겠는가? 며느리가 오죽 미우면, 그 가시 풀에 며느리의 밑을 씻게 하는 이름을 붙였겠는가. '며느리배꼽'이란 풀이름도 마찬가지다. 여뀟과의 한해살이풀로, 줄기에 가시가 있어 다른 것에 잘 붙으며, 잎은 어긋나고 긴 잎자루가 잎에 다소 올라붙어서 배꼽처럼 보이는 풀이다. 이런 못생긴 배꼽 모양의 풀을 '며느리배꼽'이라 이름 붙였다.

'며느리고금'이란 말도 마찬가지다. 고금은 한방에서 말라리아를 이르는 말이다. 말라리아는 주로 삼일 열, 사일 열이라 하여 삼일 혹은 사일 만에 한 번씩 열이 나면서 심하게 앓는 병인데, 며느리고금은 하루도 거르지 않고 매일 앓는 학질을 말한다. 매일 앓는다 하여 축일학(逐日瘧)이라고도 한다. 며느리가 미우니 하루도 빠짐없이 거르지 말고 앓아라는 뜻이다.

며느리발톱이란 말도 이런 연유에서 붙여진 이름이다. 며느리발톱은 새 수컷의 발 뒤쪽으로 튀어나온 발톱 같은 돌기를 가리키는데, 옳은 발톱도 아니고 보기에도 싫게 붙어 있는 것이다. 며느리는 군더더기 같은 존재라는 의미다

면앙정(俛仰亭)

면앙정(俛仰亭)은 전라남도 담양군 봉산면 제월리에 있는 정자 이름이다. 전남 기념물 제6호로 지정되어 있는 정자로, 조선 중종 때의 학자 송순(宋純)이 만년에 벼슬을 떠나 후학들을 가르치며 한가롭게 여생을 보냈던 곳이다. 그가 41세 되던 해에 고향인 이곳으로 내려와 지었다고 하는데, 면앙정 삼언가(三言歌)를 지어 정자 이름과 아울러 자신의 호로 삼았다. 그는 이 정자의 풍취를 시조로 이렇게 나타내었다.

십 년을 경영하여 초당삼간 지어내니
반간은 청풍이요 반간은 명월이라
강산은 들일 데 없으니 돌려두고 보리라

그는 또 면앙정과 관련하여 자연탄상(自然歎賞)의 명작 가사 면앙정가를 지었는데 뒷날 송강의 성산별곡(星山別曲)에 많은 영향을 끼쳤다. 정감의 표현이나, 국어의 자유자재한 묘사가 뛰어나 일찍이 조선 선비들의 많은 찬사를 받았다.

그런데 송순이 세운 이 정자의 면앙정이란 이름에 대하여 다시 한번 생각해 볼 필요가 있다. 이때까지 부른 면앙정이란 이름은 글자를 잘못 읽은 것이기 때문이다. 뜻을 모르고 붙인 이름을 그대로 답습하여 써 온 잘못된 이름이다. 결론부터 말하면, 면앙정이 아니라 부앙정이라 해야 맞다.

그러면 부앙(俛仰)이란 무슨 뜻인가를 살펴보자.

부앙(俛仰)은 부앙(俯仰)과 같은 말로서 '(아래를)내려다보고, (위를)우러러본다'는 뜻이다. 맹자는 군자가 지니는 세 가지 즐거움 중 하나를 '우러러 하늘을 쳐다보아 부끄러움이 없고, 내려다보아 땅에 부끄럽지 않은 것'이라 하였다.[仰不愧於天 俯不怍於人] 이는 내려다보고 쳐다본다는 부앙(俯仰)의 몸가짐을 강조한 말이다. 하늘과 땅에 부끄러움이 없이 살겠다는 의미를 드러낸 것이다.

'俛'자는 '숙일 부, 힘쓸 면'으로 읽는 글자다. 머리를 숙인다는 뜻으로 쓰일 때는 '면'이 아닌 '부'로 독음해야 하는 글자다. '俛仰'은 고개를 숙여 땅을 내려다보고, 고개를 들어 하늘을 우러러본다는 뜻이니, 이때의 俛 자는 분명히 '면'이 아닌 '부'로 읽어야 하는 것이다. 다시 말하거니와, 俛仰(부앙)은 俯仰(부앙)과 같은 말이다. 즉 俛(부)는 俯(부)와 음도 같고, '숙인다'는 뜻도 같은 글자다. 만약 이 '부앙'을 '면앙'이라 읽으면, '힘써 우러러본다'는 뜻이 되어 무슨 말인지 종잡을 수가 없을 뿐만 아니라, 그런 말 자체가 없다.

면앙정 현판

송순은 바로 맹자에 나오는 俯仰(부앙) 즉 俛仰(부앙)을 따서 俛仰亭(부앙정)이란 정자를 짓고 겸하여 호로 삼았다. 그래서 '부앙'의 정신을 기리고 펴려 하였으며, 俛仰亭歌(부앙정가)라는 가사도 지었다. 그의 그러한 뜻은 앞에서 말한 삼언가(三言歌)에도 잘 나타나 있다. 이 삼언가는 지금 부앙정에 편액으로 걸려 있다.

삼언가 편액

굽어보면 땅이요	俛有地
우러르면 하늘이라	仰有天
그 사이에 정자 세우니	亭其中
호연한 흥취 일어나네	興浩然
바람과 달을 부르고	招風月
산과 내를 옆에 끼고	揖山川
명아주 지팡이 의지하여	扶藜杖
한평생을 보내려네	送百年

"굽어보면[俛] 땅이요 우러르면[仰] 하늘이라."는 이 삼언가의 내용은

정자에 붙어 있는 부앙정기(俛仰亭記)에도 쓰여 있다. 즉 "숙이면 땅이 있고, 우러르면 땅이 있다.[俛焉而有地也 仰焉而有天也]"는 구절이 그것이다. 이로 보아 俛仰(부앙)이 俯仰(부앙)의 뜻임은 분명하다.

한서(漢書)에도 이러한 뜻의 부앙(俛仰)이란 말이 있고, 또 한신(韓信)이 젊었을 때 굴욕을 참고 불량배들이 시키는 대로, 그들의 사타구니 아래로 기어 나왔다는 고사의 부출과하(俛出胯下)도 바로 이런 뜻으로 쓰인 글자다.

그러므로 '俛仰亭'은 면앙정이 아니라 부앙정이라 해야 옳다. 이렇게 읽어야 이 정자의 주인공 송순이 생시에 뜻한 바와도 일치한다. 곧 하늘과 땅에 부끄럽지 않은 삶을 살고자 했던 그분의 뜻과 합치된다.

언어는 사회성이 있어서 어느 날 갑자기 한 사람의 힘으로 바꾸기는 힘들겠지만, 틀린 것은 언젠가 바르게 고쳐야 한다.

명정(銘旌)

명정은 장사지낼 때 죽은 사람의 신분을 밝히기 위해 품계·관직·성씨 등을 기재하여, 상여 앞에서 길을 인도하고 하관(下棺)이 끝난 뒤에는 관 위에 덮어서 묻는 기(旗)를 가리킨다.

정명(旌銘) 또는 명기(銘旗)라고도 한다. 명정은 일정한 크기의 붉은 천에 흰 글씨로 쓴다. 요즘은 편의상 검은 글씨로 쓰기도 한다. 바탕천은 가세에 따라 비단을 사용하는 사람도 있고, 흰 종이에 붉은 물을 들여서 사용하는 서민층도 있다. 규격은 너비 2자, 길이는 9자이며 분가루나 은물 등 흰색으로 글씨를 쓴다.

그 내용은 '學生慶州金公之柩(학생경주김공지구)'와 같이 쓴다. 그런데 요즘은 이름을 중시하는 관습에 따라 '學生慶州金公吉童之柩(학생경주김공길동지구)'로도 쓴다. 구(柩)는 '널, 관'이란 뜻이다.

명정에 쓰이는 작위는 임명된 관직 중 가장 큰 것을 쓰며, 부인은 남편의 직위에 따라 책봉된 직위를 쓴다. 생존시에 벼슬을 하지 못한 사람에게는 남자는 처사(處士)·학생(學生)이란 말을 쓰고, 여자는 유인(孺人)이란 말을 붙인다. 유인의 '孺'는 원래 '屬(속)'의 뜻으로 남편에게 종속(從屬)되어 있다는 뜻인데, 제후의 아내를 夫人(부인)이라 하고 대부의 아내를 孺人(유인)이라 하였음에 연원한다. 뒤에 9품의 문무관 아내의 품계를 이르다가,

그 후 벼슬이 없는 사람의 아내를 가리키는 통칭이 되었다.

그리고 왕이나 왕대비, 왕비, 왕세자 등에는 구(柩) 대신에 재궁(梓宮 榟宮)이라 쓴다. 이때의 梓와 榟는 다 같이 가래나무를 가리키는 같은 글자다. 이는 원래 제왕의 관은 가래나무로 만든 데서 유래한 것이다. 어느 대통령의 명정에도 재궁이라 쓴 것을 화면으로 보았다. 재궁이란 말은 후대로 내려오면서 임금의 능을 가리키는 말로도 쓰인다.

그런데 이 재궁이란 말을 국립국어원의 『표준국어대사전』에는 '자궁의 원말'이라 올려놓고 자궁이 쓰임말이라 적혀 있다. 이것은 잘못된 것이다. 앞에서 말했듯이 '자'는 원음이요, '재'는 현실음이다. 그러므로 재궁이 쓰임말이요, 자궁은 재궁의 원말이다. 그러니 『표준국어대사전』의 설명은 거꾸로 된 것이다.

얘기가 나온 김에 梓 자의 쓰임에 대하여 한 가지 덧붙이고자 한다. 梓는 본음이 '자'인데 현재는 변음인 '재'로 주로 쓰인다. 컴퓨터에도 '자'에는 나오지 않고 '재'에만 실려 있다. 책을 출판하는 것을 '상자'라 하지 않고 '상재(上梓)'라고 하는 것도 그런 시속을 따른 것이다. 상재는 가래나무 판에 올린다는 뜻이다. 옛날에 책을 낼 때, 주로 가래나무를 판목으로 하여 글을 새긴 데서 유래한 말이다.

그러나 고향의 집이나 고향을 가리킬 때는 상재라 하지 않고 원래 음대로 상자(桑梓)라 한다. 이는 시경에 출전(出典)을 둔 말로, 옛날에는 집 담 밑에 뽕나무와 가래나무를 심었기 때문에 생긴 말이다. 상자지향(桑梓之鄕)은 조상의 무덤이 있는 고향을 이른다.

무학(無學) 대사

요즈음 우리는 미세먼지 때문에 생활에 큰 어려움을 겪고 있다. 거의 매일 마스크를 껴야 할 판이다. 이를 걱정하는 어느 교수의 글에 다음과 같은 구절이 있었다.

세계적으로 분지에 있는 도시들의 대기오염이 특별히 심각하다. 서울도 마찬가지다. 동서남북이 낙산, 인왕산, 남산, 북악산으로 둘러싸여 있고, 그 바깥을 또 한 번 용마산, 덕양산, 관악산, 북한산이 에워싼 한양을 조선 도읍지로 천거한 무학 대사의 무학(無學)이 못내 아쉽다. 그의 풍수지리는 외풍을 막는 데만 급급했지 먼지를 걷어낼 바람은 생각하지 못했다.

서울이 산으로 둘러싸인 분지이기 때문에, 바람이 막혀서 먼지가 잘 빠져나가지 않는다는 것이다. 이곳을 조선의 도읍지로 정한 무학 대사의 무학(無學)이 못내 아쉽다는 것이다. 아마도 그는 무학 대사의 '무학'을 배운 것이 없다는 뜻으로 사용하고 있는 것으로 보인다. 그런데 '무학'은 그런 뜻도 있지만, 불교에서의 무학은 삼도(三道)의 마지막 단계로 수행을 끝내고 다시 더 배울 것이 없는 최고의 단계를 가리킨다. 견도(見道)·수도(修道)

의 단계를 거쳐 이를 수 있는 무학도(無學道)의 줄어진 말이다.

무학 대사는 조선 태조의 왕사(王師)로서, 태조와 한담을 나누던 중 태조에게, 부처의 눈에는 모든 것이 부처로 보이고, 돼지의 눈에는 모든 것이 돼지로 보인다는, 위트 있는 말을 했다는 일화로 잘 알려진 고승이다.

그의 속성은 박씨이고 이름은 자초(自超)인데 호가 무학이다. 1392년(태조 원년)에 태조의 부름을 받아 왕사가 되어, 이듬해에 수도를 옮기려고 지상(地相)을 보러, 계룡산과 한양 등지를 돌아다녔다.

그런데 이 무학이란 말에는, 앞에서 본 것처럼 두 가지 뜻이 있다. 배움이 없다는 것과 더 배울 것이 없다는 뜻이 그것이다. 후자의 뜻으로 쓰이는 무학은 아라한(阿羅漢) 곧 나한(羅漢)과 같은 말이다. 나한은 가장 높은 깨달음의 경지에 오른 성자를 말한다. 즉 무학은 진리를 깨달아 인제 더 배울 것이 없다는 뜻이다.

무학 대사의 법호도 이러한 후자의 뜻이다.

*삼도: 성문이나 보살이 수행하는 세 단계로 견도, 수도, 무학도이다. 견도는 처음으로 지혜를 얻어 번뇌와 미혹을 벗어나 진리를 보는 단계이며, 수도는 감정이나 의지로부터 일어나는 온갖 번뇌의 속박을 벗어나려고 되풀이해서 수행하는 단계이며, 무학도는 수행을 끝내고 다시 더 배울 것이 없는 최고의 단계로 무학과라고도 한다.

물도 말을 알아듣는다

가락국의 왕 수로가 하늘에서 내려오는 이야기가 『삼국유사』 가락국기에 실려 있다.

구지봉에서 또 소리가 들려왔다.

"하늘이 나에게 명령하신 것은 이곳을 다스리고 나라를 새롭게 하여 임금이 되라 하였다. 너희들은 모름지기 이 산봉우리 꼭대기를 파내면서,

거북아 거북아
머리 내어라
내어놓지 않으면
구워 먹겠다

라고 노래를 부르며 춤을 추면, 대왕을 맞이하여 기뻐 춤추게 되리라."

아홉 우두머리들이 그 말대로 기뻐하면서 노래하고 춤을 추니, 얼마 후 자주색 줄을 타고 붉은 보자기에 싸인 상자 하나가 내려왔다. 그것을 열어

보니 황금색 알 여섯 개가 있었는데 해처럼 둥글었다. 12일이 지난 이튿날 아침에 무리들이 다시 모여 상자를 열어 보니, 알 여섯이 모두 사내아이로 화하여 있었는데 용모가 심히 빼어났다. 이들이 자라서 수로는 대가락국의 시조가 되고 나머지 다섯 사람도 각각 돌아가서 다섯 가락의 임금이 되었다.

우리가 익히 알고 있는 옛 노래 구지가와 그 배경 설화다.

그런데 여기서 우리가 새겨보아야 할 사항이 하나 있다. 그것은 노래를 부르니 하늘에서 알이 내려왔다는 것이다. 만약 구지가란 노래를 부르지 않았으면 알이 내려오지 않았을 것이란 얘기가 된다. 노래의 힘 즉 말의 힘에 의하여 하늘에서 임금이 내려오는 신이한 일이 생긴 것이다. 고대인들은 이와 같이 말에 신비한 힘이 있는 것으로 믿었고, 노래를 통해서 재앙을 물리치거나 원하는 바를 성취하려고 하였다.

말에는 과연 영적인 힘이 있을까?

일본의 에모토 마사루(江本勝)는 『물은 답을 알고 있다』라는 책에서 '물도 사람의 말을 알아듣는다'고 주장해 세상을 놀라게 했다.

그는 물을 두 개의 컵에 따르고 한쪽 컵에는 '사랑합니다', '감사합니다' 등 긍정과 칭찬을 담은 글을 붙이고, 다른 한 컵에는 '미워해', '짜증나' 등의 부정적인 글귀나 말을 붙여 두었다. 그랬더니 그 결과는 놀라웠다. 긍정적인 말을 붙인 컵의 물은 결정체가 아름다운 정육각형 모습을 나타냈다. 이른바 육각수가 된 것이다.

그런가 하면, 부정적인 말을 붙인 컵의 물은 결정체가 온통 찌그러져 나타났다. 이 실험의 결과는 결국 물은 사람이 사용하는 언어나 문자를 이해하고 반응한다는 사실을 보인 것이다. 마사루의 연구는 물이 인간의 언어를 인식하는 유기체임을 입증한 동시에, 우리 인간이 어떻게 언어를 사용하며 살아가야 할 것인가를 제시했다고 할 수 있다.

사람의 말이나 글을 알아듣는 것은 비단 물뿐만이 아니었다. 우리가 매양 먹는 '밥'도 말을 알아듣는 것으로 나타났다. 밥도 역시 마사루의 물 실험과 같이 깨끗한 유리병 두 개에 각각 밥을 넣고 한쪽에는 '감사합니다'를, 다른 한쪽엔 '짜증나'를 써서 붙여 두었다. 그랬더니 '감사합니다'를 써 붙인 밥에는 곰팡이가 조금 피긴 했으나 대체로 밥이 상하지 않았다. 하지만 '짜증나'를 써 붙인 밥에는 까맣게 곰팡이가 피어나고 부패해서 보기에 흉했다는 것이다.

이와 같이 우리가 무생물이라고 하는 것들에도 말의 힘이 미친다. 말에는 영적인 힘이 있다. 또 말이 사람을 만든다고 한다. 성공한 사람은 매사에 긍정적이고 감사하다는 말을 많이 쓰고, 실패하는 사람은 부정적이고 불만에 찬 말을 많이 쓴다고 한다.

독한 말을 할 때는 독이 뿜어져 나온다고 한다. 나쁜 말을 하면 남에게는 물론 그 독으로 위해를 끼치겠지만, 그 이전에 먼저 자신에게 그 독이 묻는다고 생각하면 끔찍하다는 생각이 든다.

미련

미련(未練)이란 말은 생각을 딱 끊을 수 없음, 또는 그런 마음을 뜻하는 말이다. "미련을 두는 것은 미련한 짓이다."라는 말도 있다.

그런데 이 미련(未練)을 미련(未戀)으로 생각하는 사람들이 있다. 그것은 아마도 연애와 관련이 있을 때 주로 쓰기 때문에 생긴 것이 아닌가 한다. 그러나 이미 헤어진 연인을 잊지 못하는 것을 뜻하는 미련(未戀)이라는 말은 없다.

미련이란 말이 생각을 끊을 수 없음을 뜻하는 것은 이 말의 연(練)자 때문이다. 이때의 연은 상기(喪期)의 소상(小祥)을 가리킨다. 소상은 사람이 죽은 지 일 년 만에 지내는 제사다. 그 후 한 해가 지나면 대상(大祥)을 지낸다. 이것을 지내면 상기를 마친다.

미련은 아직 소상도 안 되었다는 뜻이다. 상기가 끝나려면 소상, 대상을 그쳐야 하는데, 아직 소상도 마치지 않았으니, 돌아가신 어버이 생각이 간절할 수밖에 없다. 생각을 끊을 수 없는 것이다. 이것이 곧 미련이다.

미역국 먹다

　'미역국 먹다'란 말은 시험에 떨어졌다는 뜻으로 쓰는 말인데, 미역이 미끌미끌하다는 것에서 유래된 말이라고 아는 이가 많다. 그러나 이 말은 그런 데서 나온 것이 아니라, 그 연원이 매우 깊은 말이다.

　이 말은 한말 일제가 국권 침탈의 일환으로 실시한 군대 해산과 관련하여 생긴 말이다.

　통감 이토는 헤이그 밀사 파견을 구실로 삼아 고종을 퇴위시키고, 1907년 7월 31일에는, 융희 황제로 하여금 군대 해산에 관한 칙어를 내리게 한 뒤, 8월 1일을 기하여 군대 해산식을 거행하였다. 이날 참령 박성환이 자결로써 항거의 뜻을 보이자, 전국 각처에서 군인들이 무장 항쟁에 돌입하여 그 후 5년이나 계속되었다.

　이와 같이 군대 해산은 엄청난 파장을 던져 준 사건이었다. 나라를 빼앗기는 위기감을 실감케 하는 일이 아닐 수 없었다. 그래서 사람들은 군대 해산(解散)이란 말의 해산을, 동음이의어인 아이를 낳는 산고의 해산(解産)이란 말을 따와서, 해산(解産)하면 먹는 미역국을 먹어야 할 일이라고 빗대면서 가슴을 아파하였다. 국권을 지키지 못하고 실패한 고통을, 해산(解産)의 고통으로 여기면서, 아울러 미역국을 떠올린 것이다.

방정식

신라의 신문왕 때 지금의 대학과 같은 국학을 세웠다. 공자와 맹자를 가르치는 철학과와 수학을 가르치는 명산과(明算科)를 두었다. 이 명산과를 나오면 산관(算官)이 되었다. 이 산관은 세금을 매기거나 성을 쌓을 때 거기에 가서 일을 했다. 이들이 배우는 교과서는 삼개(三開), 철경(綴經), 구장산술(九章算術), 육장산술(六章算術) 등이었는데, 그중 구장산술의 제8장이 방정(方程)이다.

학생 시절에 방정식을 공부하면서 아무도 방정이란 말의 뜻을 가르쳐 주지 않았다. 방정이란 말은 서양 사람들이 쓰던 용어를 번역한 것일 거라고 어렴풋이 생각했을 따름이다. 산관 제도는 삼국시대 때부터 조선 시대까지 계속 이어져 왔다. 이 방정이란 말은 우리 선인들이 삼국시대 때부터 사용하던 말임은 꿈에도 몰랐다.

등식을 성립시키는 값을 방정식의 근이라 하고 근을 구하는 것을 '방정식을 푼다'고 한다. 방정식 $3x + 4 = 16$에서 $x = 4$ 일 때 등식이 성립하므로 근은 4이다. 방정식은 양편이 대등해지는 식이다. 곧 방정의 방(方)은 '대등하다'는 뜻이고 정(程)은 '법(法)'이라는 뜻이다. 방정식은 곧 양편이 대등해지는 법식(法式)이란 뜻이다.

나는 대학을 졸업할 때까지 가분수(假分數)와 대분수(帶分數)를 과분수(過分數)와 대분수(大分數)인 줄 알았다. 부끄러운 일이지만, 아무도 그 뜻을 가르쳐 주지 않았다. 가분수는 가짜 분수가 아니라, 머리(분자)가 지나치게 [過] 큰 분수인 줄 알았고, 대분수는 진분수가 자연수를 띠고 있는 분수가 아니라, 자연수를 지니고 있는 큰[大] 분수인 줄 알았다.

백말띠

60갑자는 천간(天干)과 지지(地支) 곧 간지(干支)가 결합하여 이루어진다. 천간은 甲 乙 丙 丁 戊 己 庚 辛 壬 癸의 10간으로 되어 있고, 지지는 子 丑 寅 卯 辰 巳 午 未 申 酉 戌 亥의 12지로 되어 있다.

천간은 각각 방위와 색을 나타내는 의미를 갖고 있고, 지지는 방위와 그에 따른 동물을 상징하는 뜻을 품고 있다. 이를 간략히 표로 보이면 이러하다.

천간	방위	색
甲 乙	동쪽	청
丙 丁	남쪽	적
戊 己	중앙	황
庚 申	서쪽	백
壬 癸	북쪽	흑

지지	방위	동물
子	북	쥐
丑	북북동	소
寅	북동동	범
卯	동	토끼
辰	남동동	용
巳	남남동	뱀
午	남	말
未	남남서	양
申	남서서	원숭이
酉	서	닭
戌	북서서	개
亥	북북서	돼지

그런데 용을 상징하는 辰이 천간과 만날 수 있는 경우는 戊, 庚, 壬, 甲, 丙의 다섯이다. 이를 천간의 색과 어우르면 戊辰은 황룡, 庚辰은 백룡, 壬辰

은 흑룡, 甲辰은 청룡, 丙辰은 적룡의 해가 된다.

그리고 말을 상징하는 午가 천간과 만날 수 있는 경우는 庚午, 壬午, 甲午, 丙午, 戊午의 다섯이다. 이를 천간의 색과 어우르면 庚午는 백마, 壬午는 흑마, 甲午는 청마, 丙午는 적마, 戊午는 황마의 해가 된다.

2012년, 임진년은 흑룡의 해인데, 매우 길하다고 하여 떠들썩하다. 임진년에 출산하려고 하는 사람들이 많다고도 한다. 흑룡은 모든 것을 뜻대로 이룬다는 여의주(如意珠)를 물고 있다는 속설에 기인한다.

그런가 하면, 경오년 즉 백말띠 해에 태어난 여자는 팔자가 거세다고 하여 꺼리는 습속이 있다. 이는 일본의 어느 소설에 등장하는 여주인공이 백말띠인데, 그 여인의 처지가 불운한 줄거리로 되어 있는 데서 그 연원이 있다고 하는 설이 있다. 그러나 그러한 이야기는 근거가 희박하다. 일본의 일개 소설의 스토리가 우리 민간에 그렇게 큰 힘으로 퍼져, 널리 인식되어 굳어질 수는 없다고 생각되기 때문이다.

그러면 그 주된 연유는 무엇일까?

그것은 백말이 고래로 왕이나 장수, 귀인이 타는 고귀한 동물이기 때문이다. 지금도 '백마 탄 왕자'란 말이 관용어로 쓰이고 있고, 이육사의 시에도 '백마 타고 오는 초인'이란 구절이 있는 것은 다 그 뿌리를 같이 한다. 이렇게 귀한 말을 여자가 탄다는 것을, 지난날에는 생각조차 할 수가 없었다.

남존여비가 하나의 도덕률로 자리 잡았던 시대에, 여자가 이런 백마를 탄다는 것은 가당치도 않을 뿐만 아니라, 집 안에 갇혀 있어야 마땅한 존재로 인식되던 여자에게는 오히려 걸림돌이 될 수밖에 없었다. 이와 같이, 여자가 백마를 탄다는 것은 금기 사항이 되었기로, 백말띠 여자는 팔자가 거세다는 습속이 생기게 된 것이다.

보조개 / 메아리

'보조개'는 볼과 조개가 합해져 생긴 말이다. 문세영의 『조선어사전』에도 볼조개가 실려 있다. 볼조개의 ㄹ이 탈락하여 보조개가 된 것이다. ㄷ, ㅈ 앞에서 ㄹ이 탈락하는 일반적인 현상이 적용된 것이다. 『훈몽자회』에도 頰(협) 자를 풀이하여 '보조개 협'이라 적고 있다.

그런데 언제부터인가 볼우물이란 말이 보조개보다 더 널리 쓰이고 있다. 볼우물이 순수한 고유어로 되어 있고, 또 언어란 게 원래 세력을 얻으면 자리를 굳히기 마련이니, 쓰는 것을 굳이 나무랄 일은 아니지만, 이 볼우물이란 말은 일본어 에쿠보(えくぼ, 笑窪)의 직역으로, 근자에 생겨난 말임을 알고나 써야겠다. 에쿠보(笑窪)는 글자 그대로, 웃을 때 생기는 움푹 파인 곳이란 뜻이다. 이로 보면 보조개가 볼우물보다 더 참한 말이라 하겠다.

이와 같이 일본말을 우리말로 껍데기만 바꾼 말은 의외로 많다. '도토리 키 재기'나 '원숭이도 나무에서 떨어질 때가 있다'는 속담도 그러한 예이다. 주식투자를 크게 하는 사람을 가리켜 '큰손'이라 하는 것이나, 젖을 가리키는 아이 말인 '찌찌'도 다 일본말을 가져와 형식만 바꾸어 쓰고 있는 것이다.

메아리는 '뫼사리>뫼ᅀᅡ리>뫼아리>메아리'로 변한 말이다. 국어 음운 변화 법칙인 ㅅ>△>ㅇ의 변화 과정을 적용하면, 뫼ᅀᅳ리의 이전 형태는 뫼사리로 재구할 수 있겠다. 뫼는 산의 고유어요, 사리는 사뢰다와 관련지을 수 있다.

옛 편지글에서 윗사람에게 사뢴다는 뜻으로 쓰인 상사리[上白是]란 말이 이를 뒷받침해 준다. 그러므로 메아리는 '산이 사뢰는 소리'라는 뜻을 머금고 있는 예쁜 우리말이다.

그런데 근자에는 메아리보다 산울림이라는 말이 더 널리 쓰이는 듯하다. '산울림'이라는 동아리나 상호를 주위에서 더 많이 볼 수 있기 때문이다. 산울림도 예쁜 말이기는 하지만, 이 말은 일본어를 직역한 말이라는 것쯤은 알고 써야겠다. 일본어의 야마나리(やまなり, 山鳴リ)를 글자 그대로 번역한 것이다. 이 말은 글자 그대로 산이 운다는 뜻인데 화산의 분화 따위로 인한 산울림을 말한다. 일본은 화산, 지진이 많아서 산이 울리는 소리가 잦아, 이를 산울림이라 하는 것이다.

여기에서 보듯, 우리말의 메아리와 일본어의 산울림은 전혀 다른 것이다. 종전에는 쓰이지 않던 이 말이, 일제강점기 때 나온 『조선어사전』에 실려 있음을 보아도 잘 알 수 있다. 그러니 메아리가 산울림보다는 더 결이 고운 말임을 알고 쓰는 것이 좋겠다.

봄 여름 가을 겨울

언어학 용어에 기초어휘(basic vocabulary)라는 것이 있다. 기초어휘는 일상
생활에서 공통으로 쓰이는, 빈도가 가장 높은 어휘로서 한 국민이 정상적
인 언어생활에 필요하다고 생각되는 기본적인 말이다. 예를 들면 하늘, 땅,
사람, 집, 물, 밥, 아버지, 어머니, 아들, 딸, 얼굴, 가슴, 배, 손, 발, 다리, 눈,
코, 입 등이 이에 속하는 어휘다.

기초어휘는 밖에서 들어오는 문화에 관한 단어에 비하여, 시간이 가도
잘 변하지 않는다. 즉 차용어(借用語)는 시간이 감에 따라 빨리 변하거나 없
어지기도 하지만, 기초어휘는 잘 변하거나 없어지지 않는다. 그만큼 일상
생활에 밀착되어 있고 뿌리가 깊기 때문이다.

인간은 언어를 통해 사유하고 인식하기 때문에, 기초어휘를 살펴보면
그 언어를 사용하는 집단의 사고체계를 알 수 있다.

그러면 기초어휘 중에서도 어떤 것이 가장 원초적일까? 그것은 사람마
다 의견이 다를 수 있겠지만 우리를 둘러싸고 있는 시공간적 세계에 대한
어휘와, 원초적 개념이 배어 있는 성기에 대한 어휘가 그 일차적 대상이라
생각된다.

그럼 먼저 시간적 기본어휘인 계절을 나타내는 봄, 여름, 가을, 겨울의

어원부터 보기로 한다.

봄의 어원은 '볻'인데 신라어는 '볼'이다. ㄷ이 ㄹ로 유음화한 것이다. 이 '볼'은 일본어 봄의 어원인 [pal]과 같다. 이 '볻'은 '씨/씨앗'을 뜻하는 말이다. 이 '볻'에 명사를 만드는 접미사 '옴'이 붙어서 된 말이 '봄'이다. '그러니 봄이란 말은 '씨'를 뿌리는 계절이라는 의미다.

여름은 태양을 뜻하는 '날[日]'과 같은 계열인 '녈'에 명사화 접사 '음' 이 결합된 것이다. 중세어로는 '녀름'이다. 그러니 원래는 태양과 관련된 '뜨겁다, 덥다'의 뜻을 지닌 말이다. 이 뜨거운 철에 농사와 관련이 있는 열매가 열리므로 '녈다'가 생겨났고, 여기서 농사와 열매를 뜻하는 녈음> 녀름>여름이란 말이 생겼다. 용비어천가 첫머리의 '곶 됴코 녀름 하ᄂᆞ니' 에 나오는 바로 그 말이다. 그러니 여름은 열매를 가꾸는(농사짓는) 계절이 란 의미다.

가을은 '끊다'는 의미를 가진 'ᄀᆞᆺ다'의 어근 'ᄀᆞᆺ'에 접사 '올'이 붙어서 된 말이다. ᄀᆞ슬>ᄀᆞᆯ슬>ᄀᆞ올>가을로 변해 왔다, 경상도에서는 아직까지도 '가실'이란 말을 쓰고 있다. 가을은 어원에서 보는 바와 같이, '곡식을 끊어 거둔다'는 의미다.

겨울은 '있다/계시다'의 뜻인 '겻'에 명사화 접사 '을'이 합친 '겨슬'에서 왔다. 경상도에서는 아직까지 '겨실'이 구개음화된 '져실'이란 말이 쓰이고 있다. 겨울은 농사일이 끝나고 집에 '있다'는 뜻이다.

이에서 보듯, 우리말의 계절에 대한 기본어휘는 농사일과 관련되어 있 다. 봄이면 씨 뿌리고, 여름에는 많은 결실을 거두기 위하여 힘쓰고, 가을 이면 부지런히 낟알을 끊어 거두며, 겨울에는 일을 마치고 집에 있으면서 쉰다는 뜻을 공유하고 있다.

부럼

　부럼은 정월 보름날에 부스럼을 다스리기 위해 먹는 밤, 호두, 은행, 땅콩 등을 이르기도 하고, 그런 견과류를 먹는 풍습을 가리키기도 한다. 이 풍속을 다른 말로 '부스럼(부럼) 깨물기'라고도 하고 '부럼 먹는다'고도 한다. 보름날 아침에 부럼을 먹으면서 '부스럼 깨자'라고 외치며 일년 내내 부스럼 없기를 기원하였다.

　이를 보면, 지난날 부스럼이 얼마나 사람들을 괴롭혔는가를 알 수 있다. 임금이 종기로 죽는 일까지 있었으니 일반인들이야 오죽했으랴. 변변한 약이 없던 그 시대에는 부스럼이 큰 골칫거리였다. 50년대만 하더라도 부스럼 없는 아이가 거의 없을 정도였다. 머리부터 발끝까지 부스럼투성이의 아이도 많았다. 부스럼을 예방하기 위해 부럼을 먹는 것은 그럴 만한 이유가 있었던 것이다.

　그런데 보름에 부럼을 먹는 것은 보름과 부럼이라는 두 말이 지닌 음의 유사성에 기인한 것 같다. 그리고 부럼도 부스럼과의 소리 유사성에서 유래된 것으로 보인다. 지금도 부럼을 부스럼의 뜻으로 쓰는 이가 있어서, 사전에도 부럼은 부스럼의 잘못이라고 적혀 있음을 봐도 그것을 알 수 있다.

　부스럼의 옛말은 브스름이다. 브스름은 '붓다'의 고어 '븟다'에서 온 말이다. 부스럼이 나면 붓기 때문이다. 그리고 브스름은 우리말의 음운 변화 법칙인 ㅅ>ㅿ>ㅇ의 과정을 거쳐 변해 왔다. 즉 브스름>브ᅀᅳ름>브으름으로 변해 왔다. 이 브으름이 브름으로 줄어지고, 이 말이 부럼으로 바뀌게 된 것이다.

그런데 여기서 큰 의문이 드는 것은 부스럼을 깨는 데 왜 하필이면 부럼 즉 견과류를 먹었느냐는 것이다. 먹기 좋은 딴 음식을 다 제쳐두고 왜 그 먹기 어려운, 껍질이 단단한 견과류를 택해 먹었을까?

이를 상고하기 위하여 부럼에 대한 옛 기록을 문헌에서 찾아본다.

우리나라의 세시 풍속에 대한 대표적 기록인, 홍석모(洪錫謨)의 『동국세시기(東國歲時記)』에는 부럼을 작절(嚼癤)이라 하고, 김매순(金邁淳)의 『열양세시기(洌陽歲時記)』에는 교창(咬瘡)이라 하였다. 또 유만공(柳晩恭)이 1843년에 편찬한 『세시풍요(歲時風謠)』에서는 '작옹(嚼癰)'이라 적고 있다. 이는 모두 부스럼을 깨문다는 뜻이다.

그런가 하면 이와는 좀 다른 내용의 기록이 보인다. 1882년에 간행된 김려(金鑢)의 『담정유고(薄庭遺藁)』에는 "호두와 밤이 어금니를 단단하게 하니, 오이처럼 부드럽게 부럼을 깨무네."라는 시구가 보이며, 양뇌아(養牢牙)라는 말도 보인다. 양뇌아는 이를 튼튼하게 기른다는 뜻이다. 또 홍석모(洪錫謨)의 『도하세시기(都下歲時紀)』 속시(俗詩)에는 고치지방(固齒之方)이란 말이 보이는데, 이는 '이를 튼튼하게 하는 처방'이란 뜻이다.

또 『동국세시기』의 다른 곳에는 "의주(義州) 풍속에 젊은 남녀들이 새벽에 엿을 깨무는 것을 치교(齒交)라고 한다."는 기록이 있다. 여기의 치교는 '이 내기'로써 누구 이가 튼튼한지를 겨룬다는 뜻이다.

이러한 기록을 통해서 볼 때, 부럼은 민간에서 부스럼 예방과 이를 단단하게 하는 처방이란 두 가지 목적으로 행해졌음을 알 수 있다. 그러면 이 두 가지 생소한 목적이 처음부터 아울러 행해졌을까? 그렇지는 않을 것이다. 미루어 생각건대, 고치지방(固齒之方) 즉 이를 튼튼하게 하려는 습속이 부스럼 예방보다 앞서 행해졌을 것이다. 왜냐하면, 이를 가꾸는 것이 생존이라는 구극적 면에서 볼 때 부스럼 문제보다 훨씬 앞서기 때문이다. 이의 건강은 생존에서 가장 중요한 요소다. 이가 건강해야 먹이를 잘 섭취할 수 있기 때문이다. 그러려면 단단한 껍질도 잘 부수고 그 안에 있는 내용물을 쉽게 섭취할 수 있어야 한다. 이것은 아득한 원시시대 때부터 인류가 가졌을 원초적 본능에 속한 것이라 할 수 있다. 그러니 부럼의 풍습은 먼 옛날에 시작된 것이라 하겠다.

사돈 / 사부인

고려 예종 때 여진족을 물리친 원수 윤관은 부원수 오연총과 자녀를 혼인시켰다. 두 사람은 시내를 사이에 두고 살았는데, 어느 날 두 사람은 집에 술이 익었기로, 각각 술을 들고 상대편을 대접할 생각이 나서 집을 나왔다.

그러나 마침 큰물이 져서 시내를 건널 수가 없기로, 양쪽 그루터기[査(사)]에 앉아, 한쪽이 술을 권하는 시늉을 하면, 한쪽에서는 돈수(頓首 : 머리가 땅에 닿도록 하는 절)를 하면서, 잔을 받는 시늉을 하며 주거니 받거니 하였는데, 그루터기[査]에서 돈수(頓首)했다는 데서 사돈(査頓)이란 말이 나왔다고 한다.

그러나 이 말은 근거 없는 하나의 민간 어원설(fork etimology)에 지나지 않는다. 사돈은 만주어 사둔(saddun)에서 온 말이며 사돈은 취음 표기다.

텔레비전 드라마를 보면 안사돈끼리 서로 사부인(査夫人)이라고 부르는 것을 볼 수 있다. 그러나 이것은 부적합한 말이다.

사돈은 결혼한 자녀의 양가 부모들끼리 맺은 관계를 일컫는 말이다. 밭사돈과 밭사돈끼리, 안사돈과 안사돈끼리는 서로 사돈이라 불러야 한다. 사부인은 밭사돈이 상대편 안사돈을 지칭할 때 쓰는 말이다. 안사돈이 상대편 밭사돈을 지칭할 때는 사돈어른이나 밭사돈이라 하면 된다.

상대편 사돈의 웃어른은 사장어른이며, 아랫사람은 사하생(査下生)이다. 사하생끼리는 사형(査兄)이라 불러야 한다.

또 사형들끼리 서로 사돈이라고 호칭하는 것을 가끔 보는데 이것도 예에 매우 어긋난 것이다. 사돈은 자기의 자녀를 장가보내고 시집보낸 당사자들끼리 부르는 호칭인데, 사하생들은 그런 관계를 맺지 않았기 때문에, 서로 사돈이라고 호칭하는 것은 절대 맞지 않다.

지난날에는 밭사돈과 안사돈은 내외가 심하여 얼굴을 마주할 수가 없었다. 이러한 당시의 관습 속에서, 밭사돈이 상대편 안사돈을 조심스럽게 높여 부르는 호칭이 사부인이다. 사부인은 안사돈이 안사돈을 이르는 호칭이 아니다.

사돈은 결혼한 자녀의 부모 항렬에서 부르는 호칭이다. 아들과 딸을 서로 주고받은 부모들끼리만 사돈이다. 사돈은 나이의 차이와 관계없이 대등한 한 항렬이다. 사돈의 부모나 자식은 사돈이 아니다.

드라마를 보면 사돈과 사하생 간에, 또 양가의 사하생끼리도 전부 사돈이라 부르는데, 이는 참으로 잘못된 것이다. 그런데 이 사형이란 말은 바깥사돈 사이에, 상대편을 높이어 일컫는 말로도 사용한다는 것을 유의해야 한다.

그리고 사돈댁의 사하생을 지칭할 때는 '사하생 총각(도령), 사하생 처녀(아가씨)'라 한다.

또 사돈에는 겹사돈과 곁사돈이라는 말이 있는데 이것도 잘 구별해서 써야 한다. 겹사돈과 곁사돈은 음이 비슷하여 혼동하는 수가 많다. 겹은 중복이란 뜻이고 곁은 옆이란 말이니, 겹사돈은 거듭해서 사돈을 맺은 것이고, 곁사돈은 사돈과 자리를 나란히 하는 동급의 사돈을 가리킨다. 그러니 두 말은 전혀 다른 말이다.

즉 겹사돈은 아들을 장가들이어 사돈이 되었는데, 또 같은 집으로 딸을 시집보내어 사돈 관계가 이루어진 경우와 같은 것을 이른다. 그런데 실제로 이와 같은 겹사돈의 관계가 이루어지는 경우는 거의 없다.

곁사돈은 친사돈과 같은 서열(항렬)에 있는 사람에 대한 지칭이다. 사돈의 형제자매나 형제자매의 사돈이 모두 곁사돈이 된다. 곁사돈이란 말은 어디까지나 지칭이요, 호칭은 아니다. 부를 때는 그냥 사돈이라 하면 된다.

사쿠라 / 쿠사리 / 사바사바

우리는 일본을 통하여 근대화의 물결을 많이 받아들였고, 또 일제강점기를 통하여 일본의 문물 그중에서도 언어에 많은 영향을 받았다. 우리가 광복한 이후 일본말의 잔재를 없애는 데 노력을 기울여 많은 말을 순화하였다. 그러나 그 폐해는 엄청나서 아직도 우리가 그것을 쓰고 있는 말이 많다.

앞으로 이런 말을 순화해야겠지만 대중들이 많이 쓰고 있어서 『표준국어대사전』에 올라 있는 말 몇 가지를 더듬어 보기로 한다. 이왕 쓰려면 그 말 뿌리를 바르게 알고 쓰는 것이 맞다는 생각이 들기 때문이다.

중고등학교 다닐 때 미술 시간에 쓰던 물감 이름이 '사쿠라'였다. 물론 일본 제품이었다. 광복 직후 우리나라는 기술이 없어서 옳은 수채화 물감이 없었기 때문에 물감과 붓을 모두 일본 제품을 썼다. 그것을 쓰면서도 민족적인 자괴감과 더불어 일본의 간악성이 번득번득 떠올랐다.

그 당시에는 벚꽃이 일본 국화인 줄 알았다. 사실 벚꽃은 일본의 국화가 아니다. 국화가 일본 왕실의 상징으로 되어 있을 뿐 공식적인 국화는 없다. 그런데 광복 직후에 벚꽃나무를 마구 베어내기도 했다. 벚꽃이 일본의 국화라고 잘못 생각했던 것이다. 사실 왕벚나무는 우리나라가 자생지라는 것을 그 후 알게 되었다.

벚꽃은 필 때도 아름답지만 질 때도 아름답다. 꽃말도 삶의 덧없음과 아름다움이다. 일제히 화려하게 꽃망울을 터트렸다가 그 아름다움에 취한 사이 눈 내리듯 순식간에 진다.

벚꽃을 뜻하는 일본말은 사쿠라(櫻)인데 우리나라로 건너오면서 전혀 다른 뜻으로 쓰게 되었다. 『표준국어대사전』에도 '다른 속셈을 가지고 어떤 집단에 속한 사람, 특히 여당과 야합하는 야당 정치인을 이른다'고 되어 있다. 그리고 이 말을 '사기꾼, 야바위꾼'으로 순화한다는 것을 밝히고 있다. 그런데 '사쿠라'를 이러한 말로 바꾼다면 과연 지금의 '사쿠라'가 지닌 어감을 나타낼 수 있을까 하는 의문이 든다. 우리의 뇌리에는 '사쿠라' 하면 우선 일본 사람이 떠오른다. 일제강점기에 우리를 이간질시키고 간괴한 꾀로 우리를 괴롭히던 그 이미지가 자신도 모르게 떠오르는 것이다.

그런데 흔히 알려진 것과 달리 정치 용어 사쿠라는 벚꽃(櫻)이 아니라, 말고기를 뜻하는 일본말 사쿠라니쿠(櫻肉)에서 유래된 것이다. 말고기는 색깔이 벚꽃 같은 연분홍색이어서 소고기와 비슷하다. '양 머리를 걸어놓고 개고기를 판다'는 양두구육(羊頭狗肉)이란 말의 일본식 표현인 셈이다. 소고기로 둔갑한 말고기를 속아서 샀을 때 일본인들은 사쿠라니쿠라고 한다. 곧 사기를 당하고 야바위꾼에게 속았다는 뜻이다.

'쿠사리'는 『표준국어대사전』에 '면박(面駁), 핀잔'으로 순화한다고 되어 있다. 쿠사리는 일본어의 '구사루(くさる)'에서 온 말이다. 그런데 쿠사리가 일본어 구사리(くさり)에서 왔다고 주장하는 사람이 있으나 그것은 옳지 않다. 구사리는 쇠사슬[鎖]이나 이야기, 음곡 등의 한 단락을 뜻하는 말일

뿐, 우리가 지금 쓰는 '핀잔, 꾸지람' 등의 의미는 없기 때문이다. 그러므로 우리가 쓰는 쿠사리는 구사리에서 온 것이 아니다.

쿠사리는 일본어 '썩다'의 뜻인 '구사루(腐)'에 어원을 둔 말이다. 구사루의 명사형 '구사리'는 '썩은 것'을 가리키는 말이다. 이 구사리가 우리에게 들어와서 거센소리인 쿠사리가 되었는데, "쿠사리 먹었다." 하면, "썩은 음식을 먹었다."는 뜻이 되어 심한 꾸중이나 불쾌한 질책을 들었다는 의미가 실리게 된 것이다.

'사바사바'도 『표준국어대사전』에 올라 있다. 언중들이 그만큼 많이 쓰고 있기 때문일 것이다. 사바사바라는 말이 속세를 뜻하는 불교 용어 '사바(娑婆)'에서 왔다는 주장이다. 사바세계의 무질서와 추태, 옳지 못한 수단과 방법을 '사바사바'로 표현했다는 것이다.

'사바사바'는 뒷거래를 통하여 떳떳하지 못하게 은밀히 일을 조작하는 짓을 속되게 이르는 말인데, 이런 것을 속세에 비유한다면 아마도 사바세계에서 일어나는 모든 일이 사바사바가 될 것이다. 아무래도 이러한 주장은 무리가 있다. 그래서 『표준국어대사전』에도 일본어에서 왔다고 되어 있다. 그렇다면 일본어의 연원은 무엇일까?

일본말에서 '사바'는 고등어를 뜻한다. 고등어가 지금은 흔하지만 일제 강점기엔 꽤 비싼 생선이었다. 그래서 무엇을 청탁할 때 유용하게 씌었다. 고등어 한 손을 들고 청탁을 하면, 반기며 일을 잘 처리해주었다는 것이다.

일본어에는 또 '고등어를 세다'라는 뜻의 말도 있다. 고등어를 셀 때 잘 속였기 때문에 이 말은 '수량을 속여 이익을 탐하다'는 뜻의 숙어가 되었다고 한다.

사태 살

　사태는 소의 오금에 붙은 살이다. 그러므로 '사태를 사 왔다, 사태로 국을 끓이다' 등과 같이 '사태'로 쓰면 되는데, 흔히 '사태 살'이란 말을 쓰는데 그런 말은 없다. '사태'라는 말은 원래 '샅의 고기'라 하던 것이 자연스럽게 '사태고기'가 되어 나온 순수한 우리말로, 소 다리의 '샅'에 붙은 고기를 가리킨다.

　사태는 쇠고기 부위 중 국거리용으로 소비자들이 가장 많이 찾는 부위인데, 소의 앞다리와 뒷다리의 오금에 붙은 살이다. 양지와 같이 힘줄이나 막(膜)이 많이 섞여 질기지만 반면에 기름기가 적어 담백하면서 깊은 맛이 난다. 한국 음식으로는 국, 찌개. 찜, 불고기 등에 이용한다,

　'샅'은 곧 두 다리의 사이를 가리킨다. 이 '샅'의 낮춤말이 '사타구니'다.

　그래서 씨름할 때 두 다리 사이에 끼워 손잡이로 사용하는 바를 '샅바'라 한다. 어떤 이는 이것을 한자 '끼울 삽(揷)' 자를 써 삽바라고 하는데 이는 잘못이다. 또 바지의 샅에 대는 좁은 폭을 '샅폭'이라 한다. 옛날에 기저귀를 '샅갓'이라 했다.

　'샅샅이'란 말도 또한 같다. '샅'은 두 다리나 두 물건의 사이를 가리킨다. 이러한 의미의 '샅'을 반복함으로써 조금이라도 틈이 있는 곳을 가리

키게 되었다. 구석구석이란 말과 같은 뜻으로 쓰인다.

사이를 뜻하는 '삿'이란 말도 이 '샅'에서 유래하는 것 같다. 사이의 들을 '삿들, 삿달, 삿다리'가 되었고, 사이의 재는 '샅재>삽재' 가 되었다.

새끼의 옛말은 '삿기'다. 송강의 관동별곡의 한 절에 '금강대 밑 우층의 선학이 삿기 치니'란 구절이 보인다. 이 삿기는 '삿' 과 접사 '기'가 합해진 말이다. 이로 보아 삿기(새끼)는 '가랑이 사이'에서 나온 것임을 뜻하는 말이 되겠다.

새해 인사

　새해 인사로 가장 적당한 인사말은 "새해 복 많이 받으십시오."이다. 이 말은 집안이나 직장 사회 등 어디에서나 무난히 쓸 수 있다.

　그런데 유의해야 할 것이 있다. 웃어른께 세배를 드릴 때 "새해 복 많이 받으십시오."라는 말을 먼저 할 필요가 없다는 것이다. 왜냐하면, 절하는 것 자체가 인사이기 때문이다. 절을 하고 나서 어른의 덕담이 있기를 기다리면 된다.

　또 절하겠다는 뜻으로, 어른에게 "절 받으세요, 앉으십시오."와 같은 말을 하는 것도 예의가 아니다. 가만히 서 있다가 어른이 자리에 앉으면, 말 없이 그냥 공손히 절을 하면 된다.

　다만 나이 차가 많지 않아, 상대방이 절 받기를 사양하면, "절 받으세요."라는 말을 할 수 있다. 그리고 어른에게 대한 인사말, 즉 "만수무강하십시오, 오래오래 사십시오."와 같은, 건강과 관련된 말은 피하는 것이 좋다. 늙음을 의식하게 하는 말이기 때문이다. "올해에도 저희들 많이 돌봐 주십시오, 새해에도 좋은 글 많이 쓰십시오."와 같은 인사말이 좋다.

서얼(庶孼)

　서자(庶子)는 양반과 양민 사이에서 낳은 아들로, 별자, 외자, 첩자가 그 비슷한 말이며 적자(嫡子)가 그 반대말이다. 우리가 잘 아는 홍길동은 서자로 태어났다.

　얼자(孼子)는 양반과 천민의 여성 사이에서 태어난 아들이다. 이해조의 자유종에 "첩의 소생은 …… 얼자라 하여 버려두고 정도 없고 눈에도 서투른 남의 자식을 솔양하여 아들이라 하는 것이 무슨 일이오"라는 구절이 있다.

　서얼이란 말은 첩의 자식인 서자와 얼자를 아울러 하는 말이다. 서얼은 양반의 소생이면서도 성리학적 명분론에 의해 적통이 아니었기 때문에 가족과 사회에서 차별 대우를 받았으며, 문과 응시가 금지되고 양반계급에 속하지 못하였으며 중인(中人)의 대우를 받았다. 서얼은 중인과 같은 신분적 처우를 받아 서얼을 '중서(中庶)'라고 부르기도 하였다. 서얼은 경국대전에 따라 문과에 응시할 자격을 박탈당했다.

　그리고 또 서자라는 말은 첩의 자식이란 뜻 외에, 맏아들 이외의 모든 아들을 가리키는 뜻도 갖고 있는 말이다. 즉 중자(衆子)와 같은 말이다.

　『삼국유사』의 단군신화를 기록한 글 가운데, "옛날에 환인의 서자 환웅이란 이가 있어 자주 천하를 차지할 뜻을 두었다."라는 구절이 있다. 여기에 나오는 서자를 흔히 쓰는, 첩의 몸에서 난 자식으로 아는 이가 더러 있다. 그러나 여기에 나오는 서자는 첩의 자식이란 뜻이 아니라, 적장자 이외의 아들 곧 중자의 의미이다. 하늘에 있는 환인의 장자는 장차 그 아버지의 뒤를 이어야 하기 때문에, 차자인 환웅이 우리 땅을 다스리기 위해 내려온 것이다.

그러므로 우리나라는 하늘에서 내려온 적통의 천자국이다.

세(世)와 대(代)

세와 대에 대하여 혼동하는 경우가 많다. 근본적으로 세와 대는 같다. 곧 15세와 15대는 같은 열다섯 번째 항렬이다. 그런데 여기서 유의할 점 두어 가지가 있다.

첫째, 세는 반드시 시조를 1세로 하여 아래로 내려가며 계산한다. 그러나 대는 중간부터 위아래로 다 셀 수가 있다. 위로 올라가면 몇 대조라 하고 아래로 내려가면 몇 대손이라 하는 것이다.

둘째, 세와 대는 항렬이 같지만, 세손(世孫)과 대손(代孫)은 한 항렬의 차이가 난다. 곧 10세손은 시조로부터 열 번째 항렬이지만, 10대손은 열한 번째 항렬이 된다.

만약 아버지를 기준하여 세를 말한다면, 아버지는 1세, 아들은 2세가 된다. 그러나 대(代)는 세와 세의 사이를 가리키므로, 아버지와 아들 사이는 1대가 된다. 아버지는 아들의 1대가 되고, 아들은 아버지의 1대가 된다. 그래서 흔히 대는 세에서 하나를 뺀다고 하는 것이다. 이를 대불급신(代不及身)이라 하는데, 대를 셀 때는 자신을 뺀다는 뜻이다. 세를 셀 때는 자기를 빼지 않으므로 세불급신(世不及身)이란 말은 없다.

다시 말하면, 세는 당해 조상으로부터 이어온 차례의 수치를 객관적으로 말하는 데 대하여, 대는 자신과의 상관관계를 주관적으로 나타낸 것이다. 그래서 1세는 곧 시조가 되지만, 1대는 자신의 아버지가 된다. 대는 세와 세의 사이 이어진 횟수를 가리킨다. 1세와 2세 사이가 1대가 된다. 따라서 대는 세보다 하나가 빠진다. 그래서 만약 20세손이 축(祝)을 쓴다면, '顯始祖考 … 十九代孫 ○○敢昭告于(현시조고 … 십구대손 ○○감소고우)'라고 한다. 19대손이 20세와 일치하기 때문이다.[○○은 제주(祭主)의 이름]

대조와 대손의 계통을 표로 보이면 다음과 같다.

(5대조)   (4대조)   (3대조)   (2)   (1)   (1)   (2)   (3대손)
현조(玄祖) – 고조(高祖) – 증조(曾祖) – 조(祖) – 부(父) – 나 – 자(子) – 손(孫) – 증손(曾孫) –
현손(玄孫) – 내손(來孫) – 곤손(昆孫) – 잉손(仍孫) – 운손(雲孫)
(4대손)   (5대손)   (6대손)   (7대손)   (8대손)

시조를 1세로 하여 자기까지 내려온 세수(世數)를 따지는 것이 항렬(行列)이다. 항렬이 같은 사람끼리를 동항(同行)이라 하여 형제뻘이 되고, 1세 위는 숙항(叔行), 2세 위는 조항(祖行 : 할아버지뻘), 1세 아래는 질항(姪行 : 조카뻘), 2세 아래는 손항(孫行 : 손자뻘)이라 한다.

참고로 세대(世代)라는 말이 있는데, 이는 통상 30년을 한 구분으로 하는 연령층을 말한다.

손에 장을 지지다

  '손에 장을 지지겠다'는 속담은 상대편이 어떤 일을 하는 것에 대하여 도저히 할 수가 없을 것이라고 장담할 때 하는 말이다. 이 속담은 '손바닥에 장을 지지겠다, 손톱에 장을 지지겠다,' 또는 '손에 장을 지지겠다' 등 그 종류도 많다.

  그런데 이 '손에 장을 지진다'라는 것이 어떻게 행위하는 것인지 자못 궁금하다. 얼핏 그 말뜻으로 보면, 손에 장을 놓고 아래에 불을 피워 장을 지지는 것이 아닌가 싶다. 그렇지 않으면 냄비에 끓고 있는 장에 자신의 손가락이나 손바닥을 넣어 지지는 것으로도 생각된다. 그런데 이러한 풀이는 아마도 맞지 않은 것 같다. 이치나 어법에 맞지 않기 때문이다.

  '손에 장을 지지다'는 말의 연원(淵源)은, 공자의 뛰어난 제자 중 한 분인 자유가 선생인 공자에게 본인의 게으름을 쇄신하겠다는 뜻을 표현하여 焠掌(쉬장)이란 말을 썼다. 그 뜻은 焠(지질 쉬), 掌(손바닥 장)으로, 손바닥을 지진다는 뜻이다. 곧 자유는 손바닥을 지져서라도 학업에 면려(勉勵)할 것을 다짐한 것이다.

  이 말이 역사를 이어 오면서, 조선조에 와서는 형벌 중 하나로 죄인의 양팔을 붙들어 매고, 인두 형태의 기구를 불에 달구어 죄인의 손바닥을 지지는 것이 있었다. '손에 장을 지진다'는 것은 내가 만약에 그런 말이나 일을 했다면 '손바닥 즉 장(掌)을 지지는' 벌도 달게 받겠다는 뜻을 내보인 것이다.

따라서 우리가 일반적으로 생각하는 손에 장을 지지는 형태는 잘못 알고 있는 것이다. 손바닥에다 먹는 장(醬)을 지진다는 뜻이 결코 아니다. '내 손에 장을 지진다'는 말은 '내 손의 손바닥 즉 장(掌)을 지진다'에서 온 말이다. 그러니 결국 '내 손바닥[掌]을 지진다'는 뜻이다.

쇠뿔도 단김에 빼라

'쇠뿔도 단김에 빼라'는 속담은, 일을 하려고 마음먹었으면 주저하지 말고 당장에 해치우라는 뜻으로 쓰는 말이다. '쇠뿔도 손대었을 때 뽑아버려라'와 같다.

'단김에'란 부사는 '단+김+에', 즉 '뜨겁게 달아 있는 김에'가 줄어진 말이다. 그러니 쇠뿔을 뺄 때는 기술이 필요한데, 뜨겁게 달아 있을 때 빼야 잘 뺄 수 있다는 것이다.

그런데 여기서 쇠뿔 빼는 것을, 소머리에서 직접 쇠뿔을 달구어 빼는 것으로 아는 이가 많다. 그러나 쇠뿔 빼는 과정은 그런 것이 아니다. 쇠뿔은 속에 뼈가 있고 그 겉을 각질이 둘러싸고 있는 구조로 되어 있다. 쇠뿔에서 쓸모 있는 것은 속뼈가 아니라, 겉을 싸고 있는 각질 부분이다. 이것을 가공하여 나전칠기와 같은 세공품의 재료로 쓰는 것이다. 이것을 화각공예라 하는데 우리 전통공예의 하나다.

화각공예에 쓰이는 소의 뿔은 2~3년 정도 된 수소의 뿔이 좋다고 한다. 암소의 뿔은 속이 휘거나 속이 비어 있고, 늙은 소는 투명하지 않아서 잘 쓰지 않는다고 한다. 쇠뿔의 각질 부분과 속뼈를 분리할 때는, 쇠머리에서 잘라낸 쇠뿔을 뜨겁게 삶아서 분리하는 작업을 한다. 그래야 속뼈와 거죽이 잘 분리된다. 다시 말하면 거죽이 잘 빠진다.

쇠뿔을 단김에 뺀다는 것은 소머리에 달린 쇠뿔을 달구어 빼는 것이 아니라, 소머리에서 잘라낸 쇠뿔을 달구어 껍데기를 빼는(분리하는) 것을 가리키는 것이다.

화각공예는 회화적인 성격을 갖추고 있는 각질공예로서 나전칠기(螺鈿漆器)와 더불어 쌍벽을 이루는 고유의 전통 왕실 공예일 뿐 아니라, 동양 공예사에서 빼놓을 수 없는 특이한 공예이다. 이 공예의 특징은 투명도가 높은 쇠뿔을 종잇장처럼 얇게 펴 각지(角紙)를 만든 다음, 뒷면에 오색찬란한 단청안료(丹靑顔料)로 갖가지 문양을 그리고 채색하여 목기물 표면에 붙여 장식하는 것이다.

색채는 적·청·황·백·흑 등 오색을 기본으로 하여 비교적 명도가 높은 색채를 사용함으로써 실내 분위기를 화사하고 생기 있게 해 준다. 표면에 광택을 칠하여 채색이 잘 벗겨지지는 않지만 튼튼하지 못하여 보존이 어려운 점이 있다. 또한, 재료가 귀하며 공정이 까다로워 생산이 많지 않았으므로, 왕실이나 특수 귀족층들의 기호품이나 애장품으로 이용되었고 일반 대중에게는 별로 알려지지 않은 희귀 공예품이다.

화각은 화각(畵角)·화각(畵刻)·화각(花角)·화각(火角) 등으로 표기되었는데, 한국에서는 주로 화각(畵角)으로, 일본에서는 화각(華角)으로 쓴다.『표준국어대사전』에는 畵角으로『한국민족문화대백과사전』에는 華角으로 표기되어 있다. 화각 제품으로는 자[尺]·실패·빗·반짇고리·경대·베갯모·패물함 등 주로 여성용의 작은 기물에 이용되었다.

식혜(食醯) / 식해(食醢)

식혜와 식해를 혼동하는 경우가 많다. 식혜(食醯)는 엿기름을 우린 웃물에 쌀밥을 말아 독에 넣어 더운 방에서 삭힌, 우리나라의 대표적인 전통 음료다. 우리가 보통 단술이라고 하는 것이다. 식해(食醢)는 토막을 낸 생선에 고춧가루 등을 넣어 삭힌 음식이다. 그러니 이 두 가지 음식은 전혀 다른 종류다.

일반적으로 醯(혜) 자는 '초 혜'로, 醢(해) 자는 '젓갈 해'로 읽는다. 시중에 캔으로 만들어져 음료로 시판되는 것은 식혜이고, 안동 지방에서 밥에 생선과 고춧가루를 섞어 삭혀 먹는 음식은 식해이다.

식해는 강원도에선 북어, 함경도에선 가자미, 황해도에선 도루묵, 강원도 속초 등지에서는 오징어, 영덕에선 홍치를 주로 쓴다. 생선을 어느 정도 꾸둑꾸둑하게 말린 다음 큼직하게 토막을 내고 소금에 절여 놓은 무채에 고춧가루를 버무려 붉은 물이 들면 좁쌀이나 쌀로 만든 밥, 파, 마늘, 생강, 소금을 넣어 고루 섞은 뒤에, 엿기름가루를 넣어 버무려 항아리에 담아 꼭 눌러서 3~4일간 따뜻한 곳에 두어 삭혀서 만든다.

우리나라에서 식해로 가장 유명한 것은 함경도의 가자미식해라 한다. 잔뼈까지 먹을 수 있는 가자미식해는 그야말로 일미라 한다.

식해는 지난날 옥살이하던 소동파의 목숨을 구했다는 이야기가 전한다. 소동파(蘇東坡)는 필화사건으로 옥살이를 했다. 소동파는 옥에 면회를 온 아들에게 자신의 목숨이 위태로워지면 식해를 들여보내 이를 알려달라고 당부했다. 소동파의 아들이 옥바라지할 돈을 구하러 간 사이에, 이를 알지 못했던 친척이 대신 옥바라지를 하다가 소동파에게 식해를 넣어주었다.

소동파는 식해를 아들이 보내는 죽음의 신호라 착각하고, 비통한 마음을 담아 시를 한 편 지은 뒤 왕에게 바쳤다. 이를 본 왕은 시에 감동해 소동파를 죽이지 않고 좌천시키는 데 그쳤다. 잘못 전달된 식해 한 사발이 소동파의 목숨을 구한 것이다.

신랑 신부가 청첩인

과거에는 결혼 청첩장에 혼주 외에 청첩인이 별도로 있었다. 그 일부를 요약하여 보이면 이러하였다.

김갑동 씨의 장남 김철수 군
이을서 씨의 차녀 이영희 양
의 결혼식을 알려 드립니다.
　청첩인 박병남 올림

이와 같은 청첩장 형식은 언제부터인가 사라지고, 양가의 혼주가 청첩인이 되는 문틀로 바뀌더니, 요즈음은 신랑, 신부가 청첩인이 되는 형식으로 바뀌었다.

믿음의 촛불을 사랑으로 밝히며
저희 두 사람은 그 결실을 이루려 합니다.
부디 걸음 하시어 따뜻한 축복을
보내 주시면 참으로 고맙겠습니다.
○○○의 장남　　○○
○○○의 차녀　　○○

청첩장에는 지난날처럼 별도의 청첩인이 있는 것이 원칙이다. 그러나 시대의 변화에 따라, 그 형식도 바뀌는 것은 어쩔 수 없는 일이다. 그러나 여기에도 최소한의 격식은 맞아야 한다.

그런데 이러한 청첩장의 경우에는, 신랑과 신부가 그 부모들을 제쳐두고, 자기네 부모의 친구들에게 청첩을 하는 셈이 되니, 예의에도 어긋나고 격식에도 맞지 않은 일이다. 청첩장을 받는 사람은 신랑, 신부의 아버지는 알지만, 신랑이나 신부는 알지 못한다. 그러니 이 청첩장은 모르는 사람을 보고 자기 잔치에 오라는 격이다.

또 신랑, 신부가 청첩을 하면서, 자기네들 부모 이름을 함부로 부를 뿐만 아니라, 그 아래에 씨(氏) 자도 붙이지 않았으니 이런 결례가 없다.

그러므로 이 청첩장의 형식을 살려 쓰자면, 최소한 '저희 두 사람은'을 '저희 양가의 자녀가'로 바꾸어, 혼주가 보내는 형식을 취해야 한다.

신랑은 잘 잡수십니다

　새파란 젊은 여인이 텔레비전에 나와서 불특정 다수를 향해 "우리 신랑은 아무것이나 잘 잡수십니다."라고 하는 말을 서두로 하여, 연신 자기 남편을 공대하는 것을 보았다. 이것은 격식에 맞지 않은 말이다. 부부는 동격이므로 남편을 높이는 것은 자신을 높이는 것이 된다. 즉 '내가 밥을 잡수십니다.'와 같은 어법이 되는 것이다.

　남편을 시부모나 남편의 형 그리고 손윗사람에게 말할 때도 물론 낮추어 말한다. 그러나 시동생이나 손아래 친척에게는 남편을 높이는 것이 원칙이고 경우에 따라서 낮추어 말할 수도 있다. 또 남편을 남편의 친구나 직장 상사와 같이 가족 이외의 사람에게 말할 때는 상대방의 신분이 확인되기 전에는 서술어에 '-시-'를 넣어 표현하고, 남편의 친구나 상사라는 것이 확인되면 '-시-'를 넣지 않는 것이 무난하다.

　그런데 나이가 든 사람은 남편을 가리켜 말할 때 '-시-'를 넣어 말해도 된다. 이를테면 연세 많은 할머니가 불특정 다수에게 "영감님은 아직도 이것저것 잘 잡수십니다."와 같이 표현해도 된다.

십년공부 도로 아미타불

'십년 공부 도로 아미타불'이란 말은 오랫동안 기울여 왔던 노력이 수포로 돌아갔을 때 쓰는 속담이다. 이 속담에도 그럴 듯한 민간 어원설이 따라다닌다.

옛날 어느 고을에 동냥을 하러 나갔던 중이, 한 아름다운 처녀를 만나 홀딱 반하여 청혼을 하게 되었는데, 처녀가 말하기를 십 년 동안 동거하되 손도 잡지 않고 바라만 보며 공부에 열중하면 결혼하겠다고 하였다. 그런데 십 년이 되기 하루 전날, 그만 이를 참지 못하고 처녀의 손을 잡으니, 처녀는 한 마리 파랑새가 되어 날아가 버렸다.

그러나 이 속담은 그런 데서 생긴 것이 아니다.

원래는 이 말이 염불 수행의 진수를 이르는 표현이었는데, 이를 잘못 이해하고 꾸민 데서 그런 속담이 생기게 되었다. 이 말의 뿌리가 되는 말은 본래 '십념공부 도로 아미타불(十念工夫 都盧 阿彌陀佛)'이다. 십념(十念)은 아미타불을 열 번 부른다는 뜻이다. 죽을 때 아미타불을 정성을 다하여 열 번을 외우면 극락왕생한다는 말이 경전에 나와 있다.

공부(工夫)는 원래 불교에서 유래된 말로 수행을 뜻하는 말이고, 도로(都盧)는 불교 용어로 '단지, 다만'의 뜻이다. '십념 공부 도로 아미타불'을 글자 그대로 해석하면, '열 번을 열심히 불러야 하는 수행은 단지 아미타불이다'란 뜻이 되는데, 이는 '아미타불을 다만 열 번만 외우면 극락간다'는 말이다.

선승 충지(冲止)가 쓴 도로(都盧)라는 시를 보자. 이 시에는 '참선하면서 시를 지어 동료에게 보이다(禪餘得句書示同袍)'란 부제가 붙어 있다.

塵刹**都盧**在一庵　속세의 절은 모두 단지 하나의 암자에서,
不離方丈遍詢南　한 장의 넓이를 벗어나지 않고도 남방을 두루 돌았도다.
善財何用勤劬甚　선재동자들은 무엇 때문에 그리 고생을 심하게 하여
百十城中枉歷參　53인 선지식을 찾아 110성을 차례로 찾아갔던가

선재동자(善財童子)는 화엄경에 나오는 구도자인데 53명의 선지식(善知識 지혜와 덕망이 있고 바른 도리를 가르치는 사람)을 찾아 천하를 돌아다니며 도를 구하였다. 마지막으로 보현보살을 만나서 그의 십대원(十大願)을 듣고 큰 깨달음을 얻었다.

그런데 윗시는, '단지 작은 암자에서도 열심히 닦으면 깨달음을 얻을 수 있는데, 왜 선재동자는 온 천하를 돌아다니며 그 많은 사람들을 만나야 했던가?' 란 뜻이다.

그런데 이 '도로'를, 지금 쓰는 속담에서는 '다시(도로)'나 '도로(徒勞 헛수고)'란 뜻으로 바꾸어 끌어댄 것이다. 이와 같이 '십 년 공부 도로 아미타불'은 '십념 공부 도로 아미타불'을 비틀어서 꾸며낸 이야기다.

싸다 / 비싸다

값이 싼 것은 가격이 헐하다는 뜻이고, 값이 비싸다는 것은 가격이 높다는 뜻이다. 그러나 원래 '싸다', '비싸다'는 그러한 뜻이 아니었다.

값이 싸다는 말은 '그 값에 해당하다', '그러한 일을 당하는 것이 마땅하다'는 뜻이었다. 이 '싸다'는 말은 지금도 그러한 뜻으로 사용되고 있다. 예를 들면 '너는 매를 맞아도 싸다' 또는 '그는 그런 벌을 받아도 싸다' 할 때의 '싸다'가 그러한 뜻이다.

그리고 '비싸다'는 말은 '싸다'에 한자어 '非(비)' 자가 붙어 '싸지 않다' 인 것처럼 생각되지만 사실은 그렇지 않다. '비싸다'는 원래 '빚이 싸다'는 뜻이다. '빚이 싸다'가 '빚싸다'가 되었다가 오늘날 다시 '비싸다'로 되었다. '빚을 지기 적당하다', '빚을 져도 싸다'는 뜻이다. 값을 고가로 지불하면 빚지기 마땅하다는 말이다.

쌀 팔러 가다

　'팔다'라는 말과 관련지어 어떤 이야기를 해 보라면, 아마도 대다수 사람들은 '팔러 가는 당나귀'라는 동화를 떠올릴 것이다. 티 없이 맑고 곱던, 아련한 어린 시절의 그리움과 함께.

　'팔다'라는 말은 기본적으로 돈을 받고 물건을 남에게 주다의 뜻이다. 그런데 땔감이나 당나귀, 소, 말 등을 사거나 팔 때는 그냥 '사다, 팔다'라고 하는데, 쌀을 살 때나 콩을 살 때는 사러 간다고 하지 않고 '팔러 간다'고 한다. 사러 가면서 왜 팔러 간다고 할까?

　이에 대해서 어떤 이는 '팔다'라는 말이 원래 '흥정하다'라는 뜻이 있어서 그렇다고 한다. 그러나 그러한 의견은 설득력이 없다. 그렇다면 왜 하필이면 양식을 사는 경우에만 그 말을 사용하겠는가? 흥정의 과정 때문에 그렇다면, 흥정을 거치는 다른 물건들의 경우에도 가끔은 '판다'고 해야 하지 않겠는가?

　사는 것을 판다고 하는 품목을 살펴보면, '양식을 판다, 콩을 판다, 쌀을 판다' 등 곡식류의 거래에만 적용된다. 돈을 주고 벼를 사들이는 일을 '벼 팔이'라고 하는 것도 이와 같은 계열이다.

　아마도 이것은 가난과 굶주림에 따른 부끄러움을 감추고자 하는, 우리의 의식에서 표현되는 하나의 아이러니라 생각된다. 굶기를 밥 먹듯이 하며 살아왔던 우리의 치부를 가리고자 했던 넋두리이기도 하다. 가난의 극단이 굶는 것이며, 양식이 없 것보다 더 서러운 일은 없을 것이다. 체면을 중시했던 문화 속에서, 그것은 한없는 부끄러움이기도 하였다.

우리 민족은 대대로 가난을 이고 살아왔다. 조선 시대에서 가장 안정된 태평성대를 누렸다는 세종 때에도, 먹을 것이 없어 어린애나 늙은이를 내다 버리는 일이 수없이 벌어져, 이에 대한 대책을 요구하는 지방관의 상소가 실록에 빈번하게 보인다. 멀리 갈 필요도 없다. 지금의 나이 많은 세대는 다 안다. 민초들이 보릿고개를 넘으며 얼마나 굶으며 살았던가를.

이렇게 체질화되었던 가난 속에서, 그들은 속으로 울면서 겉으로는 부끄러워했던 것이다. 그래서 그들은 양식이 떨어졌을 때 근근이 모은 얼마를 가지고 양식을 사러 가면서, 없이 사는 그 서러움과 부끄러움을 겉으로 덮기 위하여 팔러 가는 척했던 것이다. 자인 장에 쌀 팔러 간다고 하고, 영천 장에 콩 팔러 간다며, 밀려오는 서러움과 부끄러움을 가슴에 묻고 그것을 가렸던 것이다.

'팔러 가는 당나귀'의 주제는 남의 이러저러한 이야기에 귀 얇게 흔들리지 말고 자기의 줏대를 세워 가라는 것이다. 세상은 원래가 남의 이야기하기를 좋아하기 마련이니 그저 그러려니 하고 소신대로 하는 것이 상책이다. 그래서 일찍이 공자도, "뭇사람이 좋아해도 자기가 살펴서 해야 하고, 뭇사람이 싫다 해도 자기가 살펴서 해야 한다."고 가르쳤고, 한비자도 "오른손으로 동그라미를 그리고 왼손으로는 네모를 그리려면 둘 다 못 이룬다."고 경계하였다.

그러나 사람의 일이란 이치대로 되지 않는 것이 또한 현실이다. 남이야뭐라 하건 내 방식대로 살면 그만이겠지만, 어디 그것이 말대로 쉬운 일인가? 그뿐만 아니라 체면 문화가 힘을 발휘하는 우리 민족은 남의 눈치를 의식하지 않을 수가 없었다. 그래서 식량을 사러 가면서, 팔러 간다고 했던 것이다.

아리랑

아리랑은 우리 민족의 대표적인 민요로서, 유네스코 인류 무형문화유산으로 등재되어 있다. 학술적으로 채록된 곡만 20여 종이고, 지역명을 붙이거나 해외 동포들이 부르는 곡을 합치면 60여 종이나 된다. 또 북한에서 불리는 것만 해도 30종이나 된다고 한다. 가사의 개변도 많아서 현재 그 수는 무려 8,000종이 넘는다. 그러니 아리랑은 그야말로 우리의 가슴마다에 살아서 숨 쉬는 정과 한의 절조다.

황현의 매천야록(梅泉野錄)에 고종이 궁중에서 아리랑을 즐겼다고 했고, 경복궁 중건 때 동원된 일꾼들이 불렀다는 이야기가 전해오니, 아리랑은 그야말로 임금으로부터 하층민까지 불러 온 우리의 민족노래다.

그럼 아리랑이란 말의 뜻은 무엇일까?

아리랑의 어원에 대해서는 여러 가지 설이 있다. 그중에는 신라 혁거세의 비 알영(閼英)이나 밀양 아랑각 설화에 얽힌 아랑(阿娘)에서 왔다는 설이 있다. 또 대원군 때의 경복궁 공사와 관련된 아리랑(我離娘)이나 아이롱(我耳聾)에서 유래했다는 설도 있다. 전자는 경복궁 공사에 동원된 사람들이 오랜 기간 아내와 떨어져 있었기에, 아내를 그리워하는 마음을 아리랑(我離娘)으로 표현했다는 것이고, 후자는 경복궁 공사를 할 때 거둔 원납전에 진

저리를 느낀 백성들이, 차라리 귀가 먹어서 원납전 소리를 안 들었으면 좋겠다는 뜻으로 쓴 아이롱(我耳聾)에서 왔다는 것이다.

그러나 이들은 다 견강부회한 민간 어원설(folk etymology)에 지나지 않는다. 민요란 원래 민중의 노래다. 더구나 경복궁 공사에 참여한 사람들은 일반 백성들이었다. 그것도 공사비용으로 납부해야 할 원납전을 내지 못하는 가난한 사람들이었다. 사정이 이러한데, 과연 그들이 쉬운 민중의 말을 제쳐두고 그와 같은 어려운 한자어로 노랫말을 지었을까 하는 의문을 떨칠 수 없기 때문이다.

그러면 아리랑은 어디에서 유래한 말일까?

거두절미하고, 아리랑의 '아리'는 우리말 '아리다'에서 왔다. 아리다는 '상처가 찌르는 듯이 아프다' 또는 '마음이 몹시 고통스럽다'의 뜻이다. '상처가 아리다', '그리움으로 가슴이 아리다'와 같이 쓰는 말이다.

'아리'가 이 말에서 유래했음은, '아리랑'의 상대가 되는 '쓰리랑'이란 말을 보면 더욱 확연해진다. '아리 아리랑 쓰리 쓰리랑'이란 노래 구절이 있다. 이 쓰리랑의 '쓰리'는 '쓰리다'란 말에서 온 것이다. 쓰리다 역시 '쑤시는 듯이 아프다'의 뜻이다. 이 노래가 지니는 이별의 아픔을 잘 나타내고 있는 말들이다.

그러면 아리다와 쓰리다의 뿌리 말은 무엇일까?

아리다는 '앓다'에서 온 말이고 쓰리다는 '쓿다'에서 온 말이다. 즉 아리다는 '앓다'에 피동의 뜻을 지닌 '-이-'가 붙어 '앓이다'가 되고 이 말이 앓이다>알이다>아리다로 변하여 된 말이다. 쓰리다도 아리다와 똑같은 과정을 거쳐 된 말로서, 쓿이다>쓸이다>쓰리다와 같이 변해서 된 말이다. '쓿다'는 '곡식의 껍질을 벗기어 깨끗이 하다'는 뜻을 지닌 말로서, '보리를 쓿다'와 같이 쓰인다. 쓿은쌀은 쓿어서 껍질을 벗긴 흰쌀을 가리킨다. 그러니 '쓰리다'는 껍질을 벗기는 듯이 심하게 아프다는 뜻이다.

그리고 아리랑의 '랑'은, '고개'를 뜻하는 '령(嶺)'에서 변해온 말이다. 추풍령, 조령, 죽령, 대관령 등에 쓰인 바로 그 '령'이다. '령'이 단독으로 쓰이거나, 첫머리에 오면 두음법칙에 의하여 '영'으로 된다. 고개는 원래 이별의 상징어다. 신세영의 '영 넘어 고갯길'이나 은방울 자매의 '대관령'도 다 슬픈 이별의 고개다.

아리랑 고개는 우리 민족의 '아리고 쓰리는' 이별의 고개다. 아리고 쓰려서, 십 리도 못가서 발병 나라고 울부짖던 그 오열은, 지금도 우리들의 고개에 살아 있다.

그런데 근자에 이러한 아리랑의 정조를 잘 이해하지 못하고 있는 사례를 종종 본다. 아리랑을 부를 때, 엉뚱한 가사로 고쳐 부르고 있는 것이 그 하나다. 언제부터인가, 아리랑 2절 가사의 '청천 하늘엔 별도 많고, 우리네 가슴에는 수심도 많다.'를 '청천 하늘엔 별도 많고 우리네 가슴에는 희망도 많다.'로 고쳐 부르고 있다. 수심을 희망으로 바꾸어 부르는 것은 아마도 새 시대에 맞추어, 시름겨움보다는 희망의 미래를 꿈꾸며 나아가자는 의도로 개사하여 부르는 듯하다.

그러나 이것은 잘못된 생각이다. 아리랑이 지닌 전래의 근본적 정조를 훼손하고 있기 때문이다. 아리랑이 가진 '아리고 쓰리는' 정한을 잃어버린다면, 그것은 이미 아리랑이 아니다. 아리랑의 정조는 한과 수심이 깃든 울음의 정서이지, 희망과 흥겨움이 넘치는 웃음의 정서가 아니다. 아리랑은 아리랑의 얼굴을 지닐 때 아리랑이다. 해어진 한복 치마가 거추장스럽다 하여, 새로운 서양식 디자인을 한 스커트를 입힌다면, 그것은 이미 우리 고유의 모습을 한 여인의 얼굴은 아닐 것이다. 아리랑은 '흙의 소리'요, '(신세)타령의 노래'다. 아리랑에 어설픈 분칠을 하지 말자.

아차산

우리나라 지명에 아차산현, 아차산, 아차고개, 아차섬 등과 같이 '아차'가 붙은 것들이 많다. 앞의 지명 전설에서 본 바와 같이 이 아차가 붙은 땅이름에도 그에 따른 전설이 붙어 있다. 아차고개에 대한 전설을 보기로 하자.

서울 동작구 노량진 사육신묘 마루터기로 올라가는 고개를 '아차고개'라 불렀다.

전설에 따르면, 세조 때 영등포 남쪽 시흥에 살던 어떤 선비가 사육신을 처형한다는 소식을 들었다. 그는 민심을 대변하여 이를 막고자 도성을 향해 말을 몰았다. 이 고개에 이르렀을 때, 육신은 이미 노들나루 건너 맞은편 새남터에서 처형되었다는 비보에 접하고, '아차! 늦었구나!'하고 탄식하고는 울면서 돌아갔다.

그 뒤부터 '아차' 하고 탄식한 고개라 하여 이 고개를 '아차고개'라 불렀다.

이들 전설을 보면 '아차'가 붙은 지명은 어떤 사람을 무지하게 죽인 데 대하여, 그것을 안타깝게 생각하거나 후회하여 '아차'하는 감탄의 말을 한 연유로 인하여 붙여진 이름이라고 하고 있다. 그러나 이는 하나의 전설일 뿐이다. ‘아차’의 원뜻은 그런 것이 아니다.

‘아차’의 뿌리말은 ‘앗, 앛’이다. ‘앗’은 ‘작다, 새로, 덜 된’의 뜻이다. 이러한 말뜻은 얼핏 보면 서로 다른 것 같으나, 실상은 하나로 연결되어 있다. 즉 ‘새로’ 된 것은 아직 완전하지 못하고 ‘덜 되어[미숙]’ 있고, 따라서 ‘작다’. 이러한 뜻을 가진 ‘앗’이 음운 변화로 인하여 ‘앖, 앚, 앛’ 등이 되었고, 일본말의 ‘오토[弟]’도 여기서 생겨난 것이다. 작은 사람을 ‘아시>아이’라 하고, 작은어머니를 ‘앖어머니>아주머니’ 작은아버지를 ‘앖아비>아자비’라 하는 것은 거기서 유래한 말이다. ‘아시빨래’, ‘아시갈이’도 마찬가지다. 처음 새로 하는 빨래가 아시빨래다. 처음 논을 가는 것이 ‘아시갈이’다. ‘아침’도 마찬가지다. ‘앛음’이 변한 말이다. ‘새로’ 시작되는 때가 ‘앛음>아춤>아침’이기 때문이다. 일본어의 ‘아사[朝]’도 ‘앗아’가 건너간 것이다.

단군신화에 나오는 ‘아사달(阿斯達)’도 ‘앗달’을 표기한 것으로 ‘새 땅’이란 뜻이다.

그러면 ‘앗’에서 변한 ‘앛’의 예를 보자. 세밑의 옛말이 ‘아츤설’인데 이는 ‘작은 설’이란 뜻이다. ‘아츤아들’은 조카이며, ‘아츤딸’은 조카딸이다. 신라 때의 벼슬 이름인 ‘아찬(阿飡), 아비한(阿比干)은 ‘앛찬, 앛한’인데 여기서의 ‘앛’은 ‘작은’의 뜻을 지닌다. 즉 아찬, 아비한은 ‘작은 제상’의 의미다.

그러므로 ‘아차산’은 ‘앛아산’ 즉 작은 산이란 뜻이다. ‘앛아산’의 ‘-아-’는 문법적인 조음소다. 아차고개는 ‘작은 고개’이고, 강화도 서쪽에 있는 섬인 아차섬(阿次島)는 작은 섬이란 뜻이다.

뜻인 ‘앛(아)’가 시대를 내려오면서 그 뜻을 잃어버리고, 감탄사 ‘아차’로 이해한 언중(言衆)들이 만들어 내었던 재미난 이야기다.

알아야 면장(免墻)을 하지

'알아야 면장을 하지'라는 말이 있다. 이 경우의 면장을 面長으로 잘못 알고 있는 경우가 있다. 이와 관련된 말의 시초는 논어 양화(陽貨)편에 보인다. 공자가 아들 백어(伯魚)에게

"너는 주남(周南), 소남(召南)의 시를 공부했느냐? 사람이 이것을 읽지 않으면 마치 담장을 마주 대하고 서 있는 것[面墻]과 같아 더 나아가지 못한다.

고 한 데서 유래한 말이다. 여기서 주남, 소남은 시경(詩經)의 편명으로 그 내용이 수신(修身)과 제가(齊家)로 이를 공부하라고 한 것이다.

이 말은 명심보감(明心寶鑑) 근학편(勤學篇)에도 나오는데 송(宋)나라 휘종의 가르침을 인용한 것이다.

배운 사람은 곡식과 벼와 같고, 배우지 않은 자는 쑥대와 잡초 같다. 곡식이여, 벼여! 나라의 좋은 양식이요. 온 세상의 보배로다. 쑥대여, 잡초여! 밭가는 이가 미워하고 싫어하며, 김매는 자는 수고롭고 힘이 드는구나. 후일 면장(面墻)하여 (배우지 않은 것을) 후회한들 그때는 이미 늙어버린 후일 뿐이다.

면장(面墻) 즉 얼굴을 담에 맞댄 사람은 앞이 꽉 막혀 아무것도 볼 수가 없다. 곧 배움이 없음을 일컫는 것이다. 그러니 무식하지 않으려면 담에 얼굴을 맞대는 데서 벗어나야 한다. 공부를 해야 한다. 이것이 담장을 면하는 면장(免墻)이다. 알아야 면장을 하는 것이다.

안산

애국가의 한 구절 '남산 위에 저 소나무 철갑을 두른 듯'에 나오는 남산은 어디 있는 산일까? 서울에 있는 남산일까?

민간에서 마을 앞에 있는 산을 가리켜, 앞산이라 하기도 하고 안산(案山) 또는 남산이라고 한다. 안산은 풍수설에서도 집터나 묏자리의 맞은편에 있는 산을 가리키는 말이다.

그러면 안산이란 이름은 어디서 온 것일까?

이 말은 고유어 '아ㅇ'과 한자어 '산'이 결합된 말이다. 그러니까 안산은 이 '아ㅇ산'이 줄어진 말이다. 우리말 '아ㅇ'은 향(向)한다는 뜻이다. 안산은 결국 보는 이가 앞을 향할 때 보이는 산이다. 그래서 안산은 바로 앞산이되는 것이다.

그러면 안산 즉 앞산을 왜 남산이라고 했을까?

이의 연원은 남면(南面)이란 말에서 시작된다. 남면은 얼굴을 남쪽으로 향한다는 뜻으로 임금을 가리키는 말이다. 논어 옹야편(雍也篇)에, 공자가 옹(雍)이란 사람을 칭찬하면서, "옹은 남면할 만하다.[雍也 可使南面]"란 말이 나오는데, 옹은 덕이 있어서 임금이 될 만하다는 뜻이다. 이 남면이란 말은 임금이 자리할 때는 무리들의 북쪽에 위치해서 남쪽을 향한다는 유래에서 나온 것이다. 그래서 남면은 임금을 뜻하게 되었고, 반면에 북면(北面)은 신하를 가리키게 되었다. 임금이 향한 앞쪽이 곧 남쪽이므로 앞산 쪽 안산은 자연 남산이 되는 것이다.

그러면 왜 임금은 북쪽에 자리를 잡았을까? 그것은 제왕이 북극성에 비유되었기 때문이다. 논어 위정편(爲政篇)에 이런 구절이 있다.

"정치를 덕으로 하는 것은, 비유하면 북극성이 그 자리에 있으면 뭇별들이 그것을 중심으로 하여 도는 것 같다.[爲政以德 譬如北辰 居其所而衆星共之]"

모든 별은 북극성을 중심으로 하여 돈다. 북극성은 자신은 움직이지 않으면서 모든 별의 중심이 되는 별이다. 그래서 북극성은 바로 왕이고, 그를 향해 운행하는 뭇별은 신하요 백성이라는 것이다.

그뿐만 아니라, 남쪽은 따뜻한 햇볕이 비치는 곳이다. 임금은 곧 태양이다. 만물을 따뜻하게 비추는 태양이 곧 임금이란 의미다. 임금은 북극성 같은 위대한 존재로서, 남쪽을 향해서 따뜻한 햇볕을 내려주는 분이라는 것이다. 이것이 바로 임금이 북쪽에 자리하여 남면하는 이유다.

논어 위령공편(衛靈公篇)에 순(舜)임금의 덕을 찬미하는 글이 있는데 거기에 보면 "크게 힘쓰지 않고서도 다스린 자는 순임금이었다. 어떻게 하였는가? 몸가짐을 공손히 하고 바르게 남면(南面)을 하였을 뿐이다.[無爲而治者其舜也與 夫何爲哉 恭己正而南面而已矣]"란 구절이 있다. 순임금은 덕치를 베풀었기 때문에 그냥 남면만 하고 있어도 나라가 잘 다스려졌다는 뜻이다.

남산(南山)은 남면하여 보는 산이다. 즉 임금이 마주하여 앞에 보이는 산이다. 그래서 앞산이 남산이 된 것이다. 임금이 있는 궁궐인 북쪽에서 마주하는 산이 서울의 남산이다. 남산은 중국에도 우리나라에도 있다. 시안(西安)의 앞산이 종남산(終南山)이고, 경주의 앞산도 남산이다. 서울 남산의 다른 이름이 목멱산(木覓山)인데, 목멱의 원래 이름은 '마뫼'다. 즉 고유어 '마뫼'를 한자로 목멱이라 적은 것이다. '마'는 남쪽을 가리키는 고유어다.

그런데 고유어 '안산'을 한자로 바꾸어 적으면서, 우리 조상들은 왜 '案山(안산)'으로 적었을까?

그것은 案 자가 책상을 가리키기 때문이다. 案은 '책상 안' 자다. 안산은 곧 '책상 산'이란 뜻이다. 앉아서 봤을 때, 앞에 놓여 있는 산을 마을의 책상이라 생각한 것이다. 여기서 우리는 조상들이 배우고 공부하는 것을 얼마나 높이 생각했던가를 미루어 짐작할 수가 있다.

안전사고

안전 수칙을 지키지 않아 일어나는 사고를 안전사고라 하는데, 조어법 상 아주 틀린 말이다.

이와 조어가 유사한 안전지대, 안전면도기, 안전표지, 안전장치, 안전벨트 등을 보면 쉽사리 알 수 있다. 이들 단어를 살펴보면, 앞에 오는 안전이란 단어는 하나같이 뒤에 붙는 사물의 안전함을 나타내고 있다. 안전한 면도기, 안전하게 해 주는 장치, 안전하게 해 주는 벨트 등과 같이 쓰이고 있다.

이러한 조어법에 대입해 보면, 안전사고는 '안전하게 하는 사고'라는 의미를 띄게 되니, 무슨 뜻인지 종잡을 수 없을 뿐만 아니라, 본래 의도한 의미와는 동떨어진 뜻을 갖게 된다.

또 뒤엣말 '사고'를 기준으로 생각해 보더라도, 의미의 충돌을 일으키기는 마찬가지다. 즉 총기사고, 교통사고란 말을 보면 총기로 인한 사고, 교통으로 인한 사고의 의미를 가지고 있는데, 안전사고란 말을 여기에 대입해 보면, 안전으로 인한 사고가 되니 너무나 우스꽝스럽다. 그러므로 이 말은 '부주의 사고' 쯤으로 바꾸는 것이 타당하다.

안절부절

'안절부절'이란 말은 마음이 초조하고 불안하여 어쩔 줄을 모른다는 부사다. "안절부절 어쩔 줄을 모른다."와 같이 쓴다.

그런데 '안절부절'이 그런 뜻을 갖고 있는 말이라 하여, '안절부절하다'란 말을 쓰면 안 된다. '안절부절하다'라는 말은 없으니, '안절부절못하다'라는 말을 써야 한다. 그러므로 "너 왜 이렇게 안절부절하고 있어?"라는 말은 틀린 말이다. "너 왜 이렇게 안절부절못하고 있어?"라 해야 한다.

그러면 이 '안절부절'은 어디서 온 말일까?

이는 한자어 안접부접(安接附接)에서 유래한 것이다. '안접'은 편안히 마음을 먹고 머물러 있는 삶을 뜻하는 말이다. 박종화의 『임진왜란』에, "이제는 백성들도 의주성 안에 안접들을 하고 있사옵니다."란 구절이 있다.

'부접'은 다른 사람이 쉽게 따를 수 있는 성품이나 태도를 가리키는 말이다. 그런데 부접이란 말은 보통, '부접 못하다'라는 부정적인 관용구로 쓰이며, 긍정적 의미로 쓰이는 예는 거의 없다. '성미가 까다로워 가까이 다가서지를 못하다'는 뜻으로 쓰인다. "도저히 부접을 못하겠다."와 같이 쓰인다.

'안절부절못하다'는 '안접'과 '부접(을) 못하다'는 말이 어우러진 것이다.

즉 마음 편하게 살 수도, 거기에 가까이할 수도 없는 처지라는 뜻이다. 그러니 이러지도 저러지도 못하고, 마음이 초조하고 불안하여 어찌할 수 없는 처지가 되고 만다. 이것이 곧 안절부절못하는 것이다.

그런데 '안절부절못하다'처럼 뒷가지에 부정을 뜻하는 '-지 아니하다'를 붙여도 뜻이 달라지지 않는 말이 있다. '우연하다'와 '우연찮다'가 그런 경우다. 형태로 보면 두 낱말은 반대의 뜻이 돼야 할 것 같은데 같은 의미다. 두 낱말을 구분하는 것 자체가 어렵다 보니 언중이 실제 언어생활에서 같은 의미로 오랫동안 써온 탓이다. 그래서 국어원에서도 이 두 낱말을 같은 뜻으로 쓸 수 있는 길을 열어 줬다.

'엉터리'와 '엉터리없다'도 같은 경우다. 언중은 처음엔 '이치에 맞지 않는다'란 뜻으로 '엉터리없다'를 썼다. 그러다 뒤의 '없다'를 빼고 '엉터리다'식으로 자꾸 쓰다 보니 '엉터리'가 '엉터리없다'와 뜻이 같아졌다.

야단법석

"깨달음을 얻기 위해 공부에 매달리면서도 원효와 같은 스님들은 선방을 나와서 '언어와 생각으로 가 닿기 힘들다'는 선을 대중에게 말의 형태로 전달하려고 애써 왔다. '들에 단을 세우고 설법을 듣는 자리를 만든다'는 뜻의 한자어인 '야단법석(野壇法席)'은 스님의 말씀을 듣기 위해 대중들이 많이 몰려든 상황을 일컫다가, '여러 사람이 한데 모여서 서로 다투고 떠들고 하는 시끄러운 판'을 뜻하는 일반어로 자리 잡았다."

이 글은 근자의 어느 일간신문에 게재된 것이다. 불교 법회의 하나인 '야단법석(野壇法席)'이란 말이 '여러 사람이 한데 모여서 서로 다투고 떠들고 하는 시끄러운 판'을 뜻하는 말로 뜻이 확대되었다는 내용이다. 그러나 이러한 견해는 바르지 않다.

많은 사람이 한곳에 모여 서로 다투며 떠드는 시끄러운 판을 야단법석이라 하는 것은 사실이다. 그러나 이때의 야단법석은 불교의 야단법석(野壇法席)과는 다른 야단법석(惹端-)이란 말이다. 그러니 한자어 야단(惹端)과 야단(野壇)을 혼동하고, 고유어 법석과 한자어 법석(法席)을 혼동한 것이다. 사전에도 두 단어는 분명히 구분되어 있다.

'떠들고 시끄럽다'는 뜻의 야단법석은 야단(惹端)이란 말에 그 뿌리를 두고 있는데, 야단은 야기요단(惹起鬧端)의 줄어진 말로서, 떠들썩하거나 큰 소리로 꾸짖는 것을 뜻한다. 시끄럽고 떠들썩한 것을 가리키는 야단법석(惹端-)은, 바로 이 야단에 순수한 우리말 '법석'이 어우러진 말이다.

'법석'은 여러 가지 소리를 내어 시끄럽게 떠들거나 그런 모양을 뜻하는 말이다. '법석을 떨다' 할 때의 그 법석이다. 그러니 야단법석(惹端-)은 '떠들썩하다'는 뜻을 지닌 야단과 법석이 합하여 이루어진 말이다. 야단나다, 야단맞다, 야단받이, 야단스럽다, 야단야단, 야단치다 등의 말들도 모두가 이 야단(惹端)을 어근으로 하여 생긴 말이다.

반면에 법석(法席)은 야외의 불교 법회를 뜻하는바, 야단법석(野壇法席)은 야외에서 베푸는 불교 강좌를 이르는 말이다. 그러니 떠들썩하다는 뜻의 야단법석(惹端-)은, 불교의 법회인 야단법석(野壇法席)과는 전혀 관계가 없는 별개의 말이다. 야단법석(惹端-)을 야단법석(野壇法席)과 관련지어 생각하는 것은, 아마도 야외에서 여는 법회가 떠들썩할 것이라는 생각과 결부된 것이라 보인다. 그러니 야단법석(野壇法席)은 반드시 야단(惹端)스러운 것은 아니다.

어금버금하다

  '암, 엄'은 '음'에서 갈라져 나온 말이다. '암 [암컷]'은 '수[수컷]'의 대對
가 되는 말이고, '엄'은 어머니의 고어다. 그러므로 '암'과 '엄'은 동계(同系)
의 말이다.

  '엄'은 우두머리의 뜻도 가지는데, 엄지[손가락], 엄니[어금니]라는 말이
바로 그것이다. 『훈민정음』의 풀이에서 ㄱ과 같은 어금닛소리를 엄쏘리로
표기하고 있는 것도 이와 같다.

  손가락 중에 우두머리는 엄지고, 이[齒] 중에 우두머리는 엄니다. 곧 엄
지는 어머니 손가락이며, 어금니는 어머니 치아다. 여자는 약하나 어머니
는 강하다. 이 '어금'은 어머니 곧 가장 으뜸이라는 뜻이다.

  '어금버금하다'란 말이 있다. 서로 엇비슷하여 정도나 수준에 큰 차이가
없다라는 뜻이다.

  '버금'은 으뜸의 바로 아래. 또는 그런 지위에 있는 사람이나 물건을 뜻
하는 말이다. 그래서 부통령(副統領), 부사장(副社長) 할 때의 '부(副)' 자를
'버금 부' 자로 읽는다. 그러니 두 번째의 사람이다. "그는 선거를 했다 하
면 늘 버금이었다./우리 가운데 그가 버금으로 힘이 세다./나약한 맏이를
폐하고 억센 버금을 왕으로 세운다." 등과 같이 쓰이는 말이다.

어깃장 놓다

어깃장은 '짐짓 어기대는 행동'을 뜻한다. 박경리의 토지에, "사람이란 늙으면 대개의 경우 어깃장도 놓고 이기적으로 된다고들 한다."라는 구절이 있다. 그런데 이 어깃장은 원래 널문을 만들 때 널빤지를 맞추어서 가로로 띳장을 대고 못을 박은 뒤, 그 문짝이 일그러지지 아니하게 대각선으로 붙인 띳장을 말하는 것이다. 띳장은 널빤지들에 가로로 댄 띠 모양의 나무오리를 말한다.

이 '어깃장'은 주로 '놓다'와 어울려 관용구를 이룬다. '어깃장을 놓다'라고 하면, '짐짓 고분고분 따르지 않고 벋대다'는 뜻이다. 요샛말로 삐딱하다거나 일부러 떼쓴다는 느낌이 강하게 들어 있다.

이 말은 '어기+장'으로 된 말인데, 여기서 '장'은 긴 막대를 뜻하는 말로 이런 쓰임에 가랫장, 가로장, 비녀장 따위의 '장'과 같은 말이다. '어기'는 '어기다'의 어근인데 '거스르다, 어긋나다'란 뜻이다. 결국 어깃장은 '어긋나게 놓은 긴 막대(널빤지)'란 뜻이다. 예전에는 이런 것을 흔히 볼 수 있었는데 지금은 목재로 이런 문을 만드는 경우가 드물어 보기 어렵다.

나무 널빤지로 문을 만들 때, 대개는 너비가 좁은 널빤지 여러 개를 나란히 벌여놓고 대체로 위아래 두 곳에 띳장을 박아 문짝을 만들게 마련이다.

그런데 예전에는 부엌이나 광의 문 등은 대문처럼 좋은 나무를 쓰지 않고 질이 좋지 않은 잡목 등을 이용해 대충 만들었다. 이 문이 비바람을 맞고 햇빛을 받다 보면 쉽사리 비틀어지고 휘어졌다. 그런 비틀림이나 휘는 것을 예방하기 위해서 문에 대각선 형태로 나무를 덧대었는데, 이처럼 대각선(X 자 모양)으로 덧댄 나무가 '어깃장'이다.

'어깃장을 놓다'라는 말은 이처럼 문을 단단히 고정시키는 역할을 하는 유익한 장치다. 그런데 이 말이 부정적인 뜻으로 쓰이는 것은 아마도 어깃장이 X 자 모양으로 생기고 또 어깃장을 댈 만큼 좋은 목재로 문을 만들지 못한 연유에서 그렇게 된 것이라 생각된다. 그 구실을 보지 아니하고 겉모습만 따서 만들어진 말이다.

어처구니

　'어처구니'의 뜻을 지닌 방언(경상, 전남)에 '얼척'이란 낱말이 있다. '얼척'은 '얼'과 '척'이 결합된 복합어다. '얼'은 '덜된 또는 모자라는'의 뜻을 가진 접두사로, '얼개화, 얼요기' 등의 어휘를 파생시킨다. '척'은 '그럴듯하게 꾸미는 거짓 태도나 모양'을 의미하는 낱말로, '애써 태연한 척을 하다'와 같이 쓰인다.

　이 두 형태소의 의미를 종합해 보면, '얼척'이란 말은 '알맹이가 차지 못하고 불완전하다'라는 의미를 지닌 말임을 알게 된다.

　이 '얼척'에 '없다'가 더해져 '얼척없다'가 된다. 이 말은 중앙어의 '어처구니없다'와 똑같은 뜻으로, 부실(不實), 미완(未完), 의외(意外)의 뜻을 지닌다. 얼척이란 말에 이미 알차지 못하다란 뜻이 있는데 또 '없다'란 말을 덧붙인 것은, 의미를 강화하기 위한 것이다. 이것은 '엉터리없다'란 말에서도 그 예를 볼 수 있다. '엉터리'란 말만 해도 '실속이 없다'란 뜻이 되는데도, 또 '없다'란 말을 덧붙여 그 뜻을 강화하고 있는 것이다.

　그러면 '얼척'이란 말이 어떻게 '어처구니'로 변했을까? 그것은 '얼척'에 '구니'란 접사가 결합되어 생긴 것이다. 경남 방언에 '얼처구니'란 말이 있음이 이를 단적으로 증명한다. '얼척'이 '구니'와 결합되는 과정에서 ㄱ이 탈락하여 '얼처구니'가 된 것이다. 이 '얼처구니'가 후대로 내려오면서 발음의 간편화를 위하여 ㄹ이 또 탈락하여 '어처구니'로 변한 것이다.

다음으로 '얼척'에 결합된 접사 '구니'의 뜻을 생각해 보자. '구니'가 붙어서 된 말은 치룽구니, 발록구니, 사타구니, 더수구니, 조방구니 등이 있는 바, 그 뜻을 일별하면 다음과 같다.

치룽구니 : 어리석어서 쓸모가 적은 사람을 조롱하여 이르는 말
　*치룽 : 싸리를 채롱 비슷하게 결어 만든 그릇의 한 가지. 뚜껑이 없음

발록구니 : 하는 일 없이 놀면서 공연히 돌아다니는 사람
　*발록하다 : 틈이 조금 바라져 있다

사타구니 : 샅의 속된 말
　*샅 : 아랫배와 두 허벅다리가 이어진 어름

이상에서 본 바와 같이 이 '구니'의 뜻을 보면 하나같이 '쓸모가 적거나 저속한 사물이나 사람'을 가리키는 말임을 알 수 있다. 그러고 보면 이 '구니' 또한 '얼척'이 내포하는, '알맹이가 없고 부실하다'는 의미에 가까운 명사화 접미사임을 알게 된다. 또한 '얼척'과 '구니'가 그 의미의 유사성이 있어서 쉽게 복합어로 결합되었음도 유추해 볼 수 있다.

이제까지 살펴본 바와 같이 '어처구니'는 '보잘것없고 알차지 못한 것'이라는 뜻이다. 또한 '어처구니없다'는 '알차지 못하고 부실한 것조차 없

다'는 뜻이다. 의외로 부족하거나 전혀 없다는 뜻이다. 곧 어이없다는 말이다.

그런데 현대의 사전에는 이 '어처구니'의 뜻을 '생각 밖으로 엄청나게 큰 사람이나 물건'이라고 적고 있다. '보잘것없고 부실한 것'이 어떻게 이런 의미를 갖게 된 것일까? 이것은 한 말로, 반어법에 의한 쓰임으로서 그 뜻이 변하여 굳어진 것이다. '어처구니'도 이와 같이 통시적인 쓰임을 거치면서, 원래의 뜻과는 정반대의 뜻을 획득하게 된 것이다.

이상에서 본 바와 같이, 어처구니가 세간에 떠도는 것처럼 추녀 위의 잡상이나 맷돌의 손잡이를 가리킨다는 말은 근거가 없는 것이다.

연임(連任) / 중임(重任)

연임(連任)과 중임(重任)의 뜻을 『표준국어대사전』에서는 이렇게 풀이하고 있다. 연임(連任)은 '원래 정해진 임기를 마친 사람이 다시 그 직위에 머무름'이라 하고, 중임(重任)은 '임기가 끝나거나 임기 중에 개편이 있을 때 거듭 그 자리에 임용함'이라 하고 있다.

그런데 이러한 뜻풀이로는 연임과 중임의 구별이 잘 되지 않는다. 그래서 동창회장이나 동 대표 등의 선거 규정을 만들 때도 혼란을 겪는 경우가 허다하다. 그러면 이 두 말의 차이를 자세히 더듬어 보자.

연임(連任)은 2회 이상 연속하여 계속적으로 그 직에 임명되는 것을 말하고, 중임(重任)은 연속하여 계속적으로 임명되지 않더라도 2회 이상 임명되는 경우을 말한다. 연임제와 중임제의 가장 큰 차이점은 임기의 연속성에 있다. 임기가 4년인 대통령의 경우를 보자. 연임제일 경우 현재 대통령이 임기 중에 치러지는 선거에 출마가 가능해 연이어 4년 더 대통령을 할 수 있다.

반면 중임제는 대통령 연임제와 달리 횟수에 상관없이 대선 출마가 가능하다. 차기뿐만 아니라 차차기 등 언제든지 대선 출마가 가능하다는 얘기다. 중임 제한이 없고, 연임 제한만 있는 나라에서는 대통령을 연속해서 하지만 않으면 여러 번 하는 것이 허용된다. 연임 및 중임에 대한 금지규정이 없는 경우에는 물론 연임, 중임이 무제한적으로 허용된다고 할 수 있다.

그러니까 연임은 대통령직에 두 번 연속해 재임하는 것을 말한다. 연임제는 현 대통령 임기 중 치러지는 차기 대선에서 당선될 경우, 1회에 한해 다시 대통령직에 오를 수 있다. 이와 달리 중임제는 연속 재임해야 한다는 구속이 없다. 임기가 끝난 대통령이 세월이 흐른 뒤 다시 대통령직에 오를 수도 있다는 규정이다.

연임은 임기가 끝난 후 계속하여 다시 선거에서 선출되면 그 임무를 계속 수행할 수 있다. 중임은 어떤 사람이 이미 맡은 적이 있는 직위나 직책을 다시 맡는 것을 의미하기 때문에, 중임을 제한할 경우 연임의 여부와 상관없이 다시는 그 직책을 맡을 수 없다. 그리고 한 번(1회)만 중임을 허용하는 경우에는, 연임을 한 번만 하거나 한 번 대통령을 하고 쉬었다가 다시 한 번만 더 하면 된다.

그러니까 중임은 연임보다 더 넓은 의미라 할 수 있다. 중임이란 거듭해서 여러 번 직을 맡는 것인 반면, 연임은 중임 가운데서도 연이어서 직을 맡을 때를 뜻하기 때문이다.

위에서 본 대로, 연임은 최대 2회만 가능하지만 중임은 횟수 제한이 없다. 중임 제한이 없는 연임은 3회 연임만 아니면 횟수 상관없이 대통령이 될 수 있다. 다시 말해 중간에 다른 대통령의 임기가 한 번 들어가면 3회 이상 대통령에 오를 수 있는 것이다.

블라디미르 푸틴 대통령이 대표적인 예이다. 푸틴 대통령은 2000~2008

년 대통령 임기를 보냈다. 당시 러시아는 세 번 연임하는 것을 제한했기 때문에, 한 번 쉬고 2012년 선거에 다시 출마함으로써 헌법의 세 번 연임 제한을 피했다. 푸틴은 대통령직을 쉬는 기간에는 총리로 지내다가 지난 2012년부터 세 번째 대통령 임기에 들어갔다.

열사 / 의사

열사(烈士)와 의사(義士)에 대하여 『표준국어대사전』에서는 다음과 같이 풀이하고 있다.

　　열사: 나라를 위하여 절의를 굳게 지키며 충성을 다하여 싸운 사람. (이준 열사)
　　의사: 의로운 지사. (의사 윤봉길)

이상의 풀이를 종합하여 볼 때 '열사'는 '나라를 위하여 절의를 지킨 사람'이고, '의사'는 '의리와 지조를 굳게 지킨 사람'이라고 할 수 있다. 그러나 위의 풀이를 통해 '열사'와 '의사'의 뜻을 확연하게 구분하기는 어렵다. 이 양자의 차이에 대하여 국가보훈처에서는 다음과 같이 밝히고 있습니다.

　　열사: 맨몸으로써 저항하여 자신의 지조를 나타내는 사람.
　　의사: 무력(武力)으로써 항거하여 의롭게 죽은 사람.

여기서의 구분은 '열사'는 '맨몸'으로 저항하고, '의사'는 '무력'으로 저항했다는 것이다. 곧 무기 사용 여부로 그 개념이 갈라진다고 할 수 있다.

동아일보는 '열사'와 '의사'의 개념에 대해서 아래와 같이 보도했는데 참고할 만하다.(1987년 8월 27일 자, 횡설수설)

이 '열사'와 '의사'를 어떻게 구분하느냐는 기준은, 10여 년 전 원호처의 독립운동사편찬위원회에서 독립 운동사 편찬을 앞두고 항일 선열들의 공적을 조사할 때 대충 정해졌는데, 직접 행동은 안 했어도 죽음으로 정신적인 저항의 위대성을 보인 분들은 '열사'라고 하고, 주로 무력으로 행동을 통해서 큰 공적을 세운 분들을 '의사'라고 하기로 했다.

그러나 김좌진 장군이나 홍범도 장군 같은 군인은 의사나 열사로 부르지 않는다.

그리고 지사는 '나라와 민족을 위하여 제 몸을 바쳐 일하려는 뜻을 가진 사람'을 말하는데, 애국지사 김구, 최익현 등을 말한다. 의사와 열사는 사후 추증하는 것이지만 지사는 생전에도 사용이 가능하다.

엿 먹어라

1964년 12월에 시행한 중학교 시험에, 엿을 만들 때 엿기름 대신에 사용해도 되는 것을 고르라는 문제가 출제되었는데, 디아스타제가 정답이었다. 그런데 그 문제의 선택지로 나온 무즙으로도 엿을 만들 수 있다고 하여, 무즙을 답으로 쓴 학생의 부형들이 무즙도 정답으로 처리해 달라고 주장하였다. 이때 어떤 학부모들은 실제로 무즙을 이용하여 엿을 만들어, 이것을 들고 교육청에 가서 거세게 항의하였다.

이 사건이 연유가 되어 '엿 먹어라'는 욕설이 생기게 되었다고 한다. 그러나 이 이야기는 견강부회한 감이 없지 않다. 이 욕설은 무즙 사건보다 시대적으로 훨씬 앞선 남사당패의 은어에서 유래한다.

엿은 지난날 남사당패의 은어로서, 여자의 성기를 이르는 말이며, '엿 먹어라'는 남녀 간의 성관계를 가리키는 말이다. 욕설이 성과 관련된 말이 많듯이, 이 말도 그렇게 생긴 말이다.

영계

국어대사전에 영계를 연계(軟鷄)의 변한 말이라 풀이해 놓았는데, 이는 잘못된 것이다. 아마도 고기가 연軟한 닭이라는 의미와 관련지은 듯하다.

연계(軟鷄)는 일성록에 보인다. 정조 24년(1800년) 5월, 예조판서 서용보의 보고문이다. "생계(生鷄) 세 종류는, 여러 해 자란 진계(陳鷄)와 부화한 지 얼마 되지 않은 연계(軟鷄), 진계도 연계도 아닌 활계(活鷄)입니다."라는 말이다.

그러나 지금 우리가 쓰고 있는 영계는 단순히 연한 닭이라는 것이 아니다. 영계는 원래 약병아리를 가리키는 말이었다.

영계는 연개(軟鷄)에서 온 말이 아니라, 연계(健鷄) 혹은 영계(英鷄)에서 온 말이다. 연계(健鷄)는 병아리보다 좀 큰 닭을 가리키는 말인데, 중국의 고대 백과사전인 『이아(爾雅)』에도, 다 자라지 않은 닭을 가리킨다고 되어 있다. [未成鷄 健]

영계(英鷄)는 병아리에서는 벗어났지만, 아직 알을 낳지 않는, 한참 피어오르는 닭이다. 꽃부리를 뜻하는 영(英) 자는, 화(華) 자가 열매 맺는 꽃을 가리키는 데 대하여, 아직 열매를 맺지 못하는 꽃을 뜻하는데, 영계(英鷄)도 이러한 자의(字意)에 그 뿌리를 두고 있다.

『본초강목(本草綱目)』에도 영계(英鷄)는 석영을 먹여 기르는데 아직 멀리 날지 못하며, 사람이 그것을 먹으면 뛰어난 공력을 얻는다고 설명하고 있다. 실학자 이규경의 『오주연문장전산고(五洲衍文長箋散稿)』에도 영계(英鷄)라고 적고 있다.

영취산 / 영축산

    경상남도 양산군의 통도사가 위치해 있는 산 이름은 원래 영취산(靈鷲山), 취서산(鷲棲山) 등으로 불리어 왔는데, 2001년 1월 양산시 지명위원회에서, 1463년(세조 9) 간경도감에서 간행된 법화경언해(法華經諺解)본을 근거로 하여 그 이름을 영축산으로 바꾸었다고 한다.

    이 산에 위치한 통도사 당국도 영축산으로 부르고 있다.

창녕군의 영취산 표지석

함양군의 영취산 표지석

영취산은 본래 고대 인도 마갈타국(摩竭陀國)의 왕사성(王舍城) 북쪽에 있는 산인데, 이곳에서 석가가 법화경(法華經)을 설하였기 때문에, 매우 신령스러운 곳으로 여기고 있다. 절의 법당에 그려져 있는 영산회상도(靈山會上圖)는 이 산에서 석가가 설법하는 모습을 그린 것이다. 영취산은 기사굴산(耆闍崛山)으로 음역되기도 하고, 취산(鷲山), 취봉(鷲峰), 취대(鷲臺)로 번역되기도 한다.

산의 이름에 '독수리 취'자가 들어간 것은, 이 산이 독수리 모양을 닮아서 그렇다는 설과 독수리가 많이 살았기 때문에 그렇게 불렀다는 두 가지설이 있다. 실제로 이 산에는 독수리 모양의 바위가 있다.

어떻든 이 산은 불교와 관련된 산이기 때문에, 예부터 성지로 여겨져 불승들의 참배지가 된바, 그 옛날 인도를 기행했던 법현(法顯)의 『불국기(佛國記)』나 현장(玄奘)의 『대당서역기(大唐西域記)』에도 등장한다. 이런 연유로 우리나라에도 영취산은 여기저기 여러 곳에 있다. 전남 여수시, 경남 창녕군과 함양군, 울산광역시에도 영취산이 있다. 그 외에 대동여지도에는 영취산이란 산 이름이 전국적으로 8곳이나 나온다.

그런데 지금 여수, 함양, 창녕, 울산에 있는 영취산은 다 영취산으로 부르고 있으며, 표지석이나 안내판도 다 그렇게 적혀 있다. 양산의 통도사가 위치해 있는 것만 유독 '영축산'으로 부르려 하고 있는 것이다. 그럼 이것이 과연 합당한 것일까?

여수시의 영취산(靈鷲山) 표지석과 안내판

앞에서 말한 바와 같이, 영취산은 법화경에 나오는 산 이름이다. 법화경 제4권 제바달다품(提婆達多品)에 "이들은 큰 바다의 사갈라 용궁으로부터 저절로 솟아올라 허공을 지나 영취산에 이르렀다."는 구절이 있고, 또 제5권 여래수량품(如來壽量品)에는 "신통력이 이와 같아 아승기(阿僧祇) 오랜 겁(劫)에 영취산과 다른 곳에 머물러 있느니라."는 시구(詩句)가 있다.

우리나라에 있는 모든 영취산은 모두가 법화경에 나오는 이 산 이름을 따서 지은 것이다. 우리나라에는 불교와 관련한 이러한 지명이 수없이 많은데, 모두가 불전에 근거를 두고 있다. 통도사가 위치한 산을 종래에는 모두가 영취산으로 부르고 그렇게 써 왔다. 그런데 서두에서 언급한 바와 같이, 갑자기 이 산을 영축산이란 이름으로 고쳐 부르도록 한 것이다. 신라, 고려 이래로 영취산이라 불려온 이 산을, 어느 한 문적의 번역을 기준 삼아 영축산으로 고쳐 부르는 것이 합당한 일일까? 그럼 이에 대한 궁금증을 풀어보기로 하자.

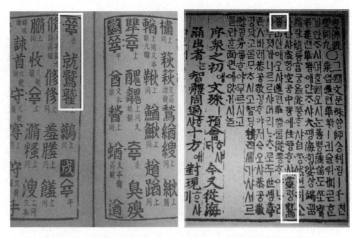

동국정운 '鷲(쯓)'자 부분   법화경 언해 제1서품

먼저 과연 조선 시대에 간행된 『법화경언해』에는 영취산이 영축산으로
기록되어 있는 것일까?

독수리를 뜻하는 취(鷲) 자는 '취' 이외의 다른 음은 없다. '독수리 취(鷲)'
자는 '취' 자일 뿐, '축'이라는 음은 어디에도 없다.

영취산을 영축산으로 이름을 바꾸는 데 전거로 삼았다는 『법화경언해』에
도, 사실 '鷲(취)' 자는 '축'이 아니라 '쯓'으로 적혀 있다. '쯓'은 동국정운(東國
正韻)식 한자음이어서 당대의 현실음이 아닌, 인위적으로 만든 음이다. 중국의
음을 참고하여 인위적으로 만든 것이다. 훈민정음언해에 나오는 '나랏 말쓰미
中듕國귁에 달아'에서 '中國'을 '듕귁'으로 표기한 것도 현실음이 아니라, 중
국의 음을 절충하여 새로 만든 것이다. 당시에도 '中國'을 일반에서는 '듕귁'
으로 읽지 않았다.

위와 같이 각종 운서에 나타나는 '취' 자의 음은 '주' 혹은 '쥐'다. 이로 보
아 『법화경언해』의 '쯓'은 당시 현실음인 '주'나 '쥐' 혹은 '취'를 그렇게

바꾸어 적었을 개연성이 크다. 어떻든 '쯍'으로 적었지 '축'으로 적지는 않았다. 그러므로 이름 변경의 근거로 삼았다는 『법화경언해』의 鷲의 음인 '쯍'은, 당시의 현실음을 동국정운식 한자음으로 바꾸어 적었을 뿐, 결코 '축'으로는 적지 않음을 알 수 있다.

그럼 양산시 지명위원회에서 전거로 삼았다는 『법화경언해』 제1서품 제1부분을 보자. 여기에는 영산(靈山)의 딴 이름인 취두산(鷲頭山)을 '수리머리산'으로 번역하고, 이어서 영취(靈鷲)를 '령쯍'이라 적고 있다. 이로 볼 때, 鷲 자를 '수리(독수리)'의 뜻으로만 분명히 썼으며 '쯍'으로 읽었음을 알 수 있다. 鷲 자는 독수리 이외의 다른 어떤 뜻으로도 쓰지 않았으며, '쯍' 이외의 다른 음으로는 읽지 않았다. 덧붙이면 '축'이라고 전혀 읽지 않았다.

이처럼 鷲 자를 '쯍'으로 읽은 것은 『법화경언해』의 다른 부분, 곧 제4권 제바달다품 제12와 제5권 여래수량품 제16 등에서도 똑같다.

또 어떤 이는 '鷲'를 '축'으로 적는 것을 가리켜, 남무(南無)를 나무로 읽고, 반약(般若)을 반야로, 정화(幀畵)를 탱화로 읽는 바와 같은, 불교의 독특한 독음(讀音) 방식으로 보는 것 같기도 하나, 鷲 자는 그런 갈래의 말과 같은 근거나 일반성이 전혀 없는 글자다. 그러므로 영취산을 새삼스럽게 영축산으로 적어야 할 당위성은 없다.

영취산은 신라 때부터 그 이름이 영취산으로 불리었다. 통도사가 위치한 이 산을 독수리가 서식하는 산이라 하여 종래에 취서산이라고도 불렀으니, 독수리와 관련이 있음에 틀림이 없다. 그래서 영취산을 줄여서 취산(鷲山) 또는 취령(鷲嶺)이라고도 했는데, 축산이나 축령이라고는 하지 않았다.

이상에서 본 바와 같이, 영취산을 영축산으로 바꾸어 불러야 할 하등의 당위성을 찾을 수 없으므로, 영축산은 원래의 이름 그대로 영취산으로 부름이 타당하다.

우연하다 / 우연찮다

'주책'은 한자어 '주착(主着)'이 변한 말이다. 주책은 본래 '일정한 생각이나 줏대'란 뜻이다. 그런데 여기에 그 반대되는 뜻이 덧붙여졌다. '일정한 생각이나 줏대가 없이 되는 대로 하는 짓'이란 뜻이 부가된 것이다. '주책을 부리다'나 '주책을 떨다'란 말이 그러한 예다.

지금 언중은 '주책없다, 주책이다'란 두 말을 모두 쓰고 있다. 이 두 말은 서로 반대되는 말인데 지금 똑같은 뜻으로 쓰고 있는 것이다. 이 중 '주책없다'가 『표준국어대사전』에 올리어 있는 맞는 말이다. 많은 이가 '그 사람 참 주책이야'라는 식으로 쓰고 있지만 틀린 말이다.

그런데 이와 비슷한 말들이 있다. '우연하다'와 '우연찮다', '엉터리다'와 '엉터리없다'가 그러한 말들이다. 이들 말들은 그 형태로는 서로 반대지만 같은 의미로 쓰고 있고, 두 가지가 다 표준어로 인정받고 있다. 언중의 말씀씀이가 단어의 뜻을 그렇게 바꾸게 된 것이다.

'싸가지'와 얽힌 말도 마찬가지다. '싸가지 없는 사람'을 가리켜 '걔 싸가지야'라 하기도 하고, '싸가지가 없어'라고도 한다. 그러나 이 말 역시 '주책이다/주책없다'처럼 아직은 표준어로 인정받지 못하고 있다.

'우연하다/우연치않다, 엉터리다/엉터리없다'처럼, '주책이다/주책없다, 싸가지다/싸가지없다'도 언젠가는 표준어로 인정받을 날이 올 것이다.

육주비전 / 육모전 / 육의전

오래전에 KBS에서 '육모전'이라는 드라마를 방영한 적이 있었다. 우리가 잘 아는 육주비전(六注比廛)에 대한 연속극이었다. 그런데 이를 시청한 많은 사람들이 육모전이라는 제목에 대해 의아해 하는 이가 많았다. 육의전이라는 말은 들어 봤으나 육모전이라는 것은 생전 처음 듣는다고 하는 사람도 있고, 심지어는 그 말이 육의전을 잘못 쓴, 틀린 말이라 주장하는 사람도 있었다.

그러면 왜 이런 논란이 빚어진 것일까?

육모전이란 말은 국립국어원의 『표준국어대사전』에도 실려 있지 않다. 우리가 잘 알다시피 육주비전은 조선 시대에, 전매 특권과 국역(國役) 부담의 의무를 진 서울의 여섯 시전(市廛) 즉 선전(縇廛), 면포전(綿布廛), 면주전(綿紬廛), 지전(紙廛), 저포전(紵布廛), 내외어물전(內外魚物廛)을 이른다. 다른 말로 육부전(六部廛)·육분전(六分廛)·육의전(六矣廛)·육장전(六長廛)·육조비전(六調備廛)·육주부전(六主夫廛)이라고도 한다.

조선 시대 시전은 태종 때 고려 개경에 있던 시전을 그대로 본떠, 한성 종로를 중심으로 중앙 간선 도로 좌우에 공랑점포(公廊店鋪)를 지어 관설상점가를 만들어 상인들에게 점포를 대여, 상업에 종사하게 하고 그들로부터 점포세, 상세(商稅)를 받은 데서 비롯하였다.

이들 중 경제적, 사회적으로 확고한 위치를 차지한 6종류의 전을 추려서 육주비전이라 하였다. 이들에게 사상인(私商人), 즉 난전(亂廛)을 단속하는 금난전권(禁亂廛權)이라는 독점적 상업권을 부여하고, 그 대신 궁중이나 관청의 수요품, 특히 중국으로 보내는 진헌품(進獻品) 조달도 부담시켰다.

그럼 먼저 육주비전(六注比廛)의 주비(注比)란 말부터 보기로 하자. 결론부터 말하면, '주비'는 '떼, 무리, 부류[部]'를 뜻하는 순수한 우리 옛말이다. 그러니 注比는 고유어 '주비'를 소리대로 한자로 옮겨 적은 것이다.

균여가 지은 향가 보현십원가 중 칭찬여래가의 첫머리에 '오늘 주비들의'와 참회업장가의 '오늘 주비 頓部 懺悔'에 보인다. 이들은 다 '부(部)'를 우리말로 나타낸 것이다. 후대의 <월인천강지곡>에도 다음과 같은 예가 보인다.

八部는 여듧 주비니
道士이 주비를 道家ㅣ라 ᄒᆞᄂᆞ니라
須陀洹은 聖人주비예 드다혼 ᄠᅳ디라

이와 같이 '주비'란 우리말을 한자로 바꾸어 나타낸 것이 注比다. 그러니 육주비전은 여섯 부 곧 여섯 종류의 전(점포)이라는 뜻이다.

그러면 육주비전을 왜 육의전(六矣廛)이라 했을까? 이는 육의전(六矣廛)의 矣 자가 이두(吏讀)에서 '주비'라고 읽혔기 때문이다. '주비'는 원래 세금을 징수하는 '세리(稅吏)'를 가리키는 말이었다. 그런데 이 '주비'란 말이 뒷날 관물을 거두어들이고 배포하는 우두머리를 지칭하는 데도 쓰였다. 이는 세리와 관물 취급자의 임무가 유사했기 때문으로 보인다. 이 관물 취급자 역시 이두문에서 㐒 자를 써 나타냈다. 『이두편람(吏讀便覽)』이란 책에 그렇게 씌어 있다.

㐒 주비 ○官物斂散時統首 謂之㐒 [㐒는 주비란 뜻인데 관물을 수렴하고 배포할 때 총괄하는 우두머리를 가리켜 㐒(주비)라 한다.]

그러니 注比는 곧 㐒로 둘 다 '주비'다. 그러므로 六注比廛이라 적든 六㐒廛이라 적든 똑같이 '육주비전'이란 말이 된다.

그러면 '주비' 즉 세리와 관물 취급을 총괄하던 우두머리를 가리키는 데 왜 하필이면 딴 글자 다 제쳐두고 '㐒' 자를 썼을까? 이것은 이들 주비가 품목을 기재하면서 그 앞에 'ㅿ' 자로 표시한 데서 기인한다. 이것은 오늘날 무엇을 표시할 때 그 앞에 체크표[✔]를 하는 것과 비슷하다. 이 'ㅿ' 자가 '㐒' 자의 머리에 들어가 있기 때문에, 그런 표시를 하는 일에 종사하는 사람을 가리키면서 '㐒' 자를 끌어와 '주비'라 읽은 것이다. 즉 품목을 'ㅿ' 자로 표시하는 사람을 '㐒' 자로 나타낸 것이다.

그런데 육의전은 또 어떻게 육모전이 되었을까?

그것은 'ㅿ' 자의 속음(俗音)에 기인한다. 이 'ㅿ' 자를 세간에서 흔히 '마늘 모'라 한다. 한자 자전의 부수를 찾을 때도 이 'ㅿ' 자 부수를 가리킬 때 '마늘 모'라고 지칭한다. '去' 자나 '參' 자를 자전에서 찾을 때, 이 '마늘 모(ㅿ)' 부수에서 찾는다고 말한다. 이 글자의 부수 이름을 '마늘 모'로 부르게 된 것은 그 모양이 마늘쪽을 닮았고, 또 'ㅿ' 자가 '厶(모)'와 같은 글자이기 때문이다.

그래서 '六㐒廛'의 '㐒' 자를 '모(ㅿ)'로 바꾸어 읽어 육의전을 '육모전(六ㅿ廛)'이라 하게 된 것이다.

윷판

윷놀이는 삼국시대 이전부터 전해져 왔던 민속놀이다. 윷놀이 판은 가운데의 한 점을 중심으로 하여 주위에 28개의 점으로 이루어져 있다. 이에 대해서는 28수를 가리킨다는 설과 북두칠성을 상징한다는 두 가지 주장이 있다.

조선 선조 때의 문인 김문표(金文豹)는 윷판설[柶圖說]에서 이렇게 설명하고 있다.

윷판의 바깥이 둥근 것은 하늘을 본뜬 것이요, 안의 모진 것은 땅을 본뜬 것이니, 즉 하늘이 땅바닥까지 둘러싼 것이다. 별의 가운데 있는 것은 추성(樞星)이요, 옆에 벌여 있는 것은 28수(二十八宿)를 본뜬 것이다. 북신(北辰 : 북극성)이 그 자리에 있으며, 뭇별이 둘러싼 것을 말한다.

윷판은 29개의 점으로 되어 있는데, 그 가운뎃점이 북극성이고 나머지 28점은 28수를 상징하는 것이다. 28수란 고대 중국에서 하늘의 적도를 따라 그 부근에 있는 별들을 28개 구역으로 나누어 부른 이름이다. 각 구역에는 여러 개의 별자리들이 있는데, 그 중 대표적인 것을 수(宿)로 정했다.

이러한 수는 전부 28개가 되므로 통칭 28수라고 부른다. '집'이라는 뜻의 사(舍)를 붙여 '28사'라고도 한다.

그런데 북극성을 둘러싸고 있는 이 28개의 별이 28수가 아니라, 4방위의 북두칠성을 나타낸 것이라는 주장도 있다. 즉 네 계절에 따른 북두칠성의 움직임이 있는 천문도가 윷판이라는 것이다.

윷판을 보면 도, 개, 걸, 윷, 모의 다섯 점을 가다가 가운뎃점 쪽으로 두 점이 구부러져, 북두칠성의 형상을 하고 있다. 이로 보아 윷판의 28개 점이 북두칠성의 상징이라는 설이 상당한 설득력이 있는 것으로 보인다. 어떻든 이 윷판은 고대인의 천문관인 천원지방(天圓地方)과 성수(星宿)를 아우른 우주관이 고스란히 그 안에 녹아 있음에는 틀림없다.

윷가락의 호칭은 일반적으로 도, 개, 걸, 윷, 모라 부르는데, 이는 부여의 족장 이름인 저가(猪加), 구가(狗加), 마가(馬加), 우가(牛加)에서 왔다는 설이 유력하다. 즉 돼지, 개, 말, 소 등은 이들 부족의 토템이었다. 도는 돼지, 개는 개, 걸은 양, 윷은 소, 모는 말에서 각각 따온 것이다.

도는 돼지의 원말 '돝'의 ㅌ 탈락형이다. 아직도 지방에서는 돼지고기를 돝고기라 하는 데가 있다. 돼지라는 말은 돝에 새끼를 뜻하는 접사 '아지' 가 붙어서 이루어진 말이다. 돝아지>도야지>돼지로 변한 말이다. 시골에서는 돼지를 부를 때 지금도 '돌돌'이라 부르는데, 이것도 돝과 관계가 있다.

개는 지금도 개다.

걸은 양의 옛말이다. 자전에 '羯' 자를 '숫양 결'이라 적고 있는데, 반절로는 '居謁 切'이라 하였으니 원음은 '갈'임을 알 수 있다. 또 갈(羯) 자를 '불깐양 갈'로 읽는다. 이로 보아 '걸'은 이 '갈'에서 온 것으로 보인다.

윷은 소인데, 소의 방언에 '슈, 슛, 쇼'라고 함을 보아 알 수 있다. 윷의 중세어는 '슛'이다. 국어 음운 변화의 규칙인 ㅅ>△>ㅇ에 따라 슛>윳>윷으로 변한 것인데, 다만 현재는 맞춤법 규정에 의하여 윷으로 표기할 뿐이다. 어느 탈북민 아가씨가 방송에 나와서 소를 '슛'이라고 하는 것을 보았다.

모는 말인데, 15세기 국어는 '물'이다. 몽골어와 만주어로는 '모린'인데 어근은 '몰'이다. 이 '몰'은 '물'과 같은 뿌리다. '말을 몰다' 할 때의 동사 어간 '몰'도 '물'과 밑동을 같이 한다. 윷가락의 모는 이 '몰'의 ㄹ 탈락형이라 할 수 있다.

그리고 윷놀이의 끗수는 동물의 몸 크기와 빠르기가 적용된 것 같다. 키 높이로 보면 말>소>양>개>돼지의 순이 되고, 속도로 보면 말이 가장 빠르고 돼지가 가장 느리다. 그래서 말 곧 모는 5칸을 가는 데 비하여 가장 느린 돼지 곧 도는 한 칸밖에 가지 못한다.

이야기

　'스토리텔링'이란 말은 아직 『표준국어대사전』에 올려 있지 않다. 이 '스토리텔링'은 재미난 이야기를 어떤 사물이나 사실에 갖다 붙여 그것에 대해 일반 사람들이 흥미를 가지고 가까이 대하게 하는 기법이다. 그러니 이야기가 그 줄기를 이루는 것이다. 이야기는 모든 사람들에게 흥미의 대상이 되기 때문이다. 어릴 때 할머니에게 듣던 그 전설이나 민담이 얼마나 우리에게 깊은 감동과 흥미를 주었던가.

　그런데 이 '이야기'란 말의 어원은 무엇일까? '이야기'를 경상도에서는 '이바구'라 한다. 이 말은 '입+아구'로 분석된다. '아구'는 '아귀'의 방언이다. 아귀는 가닥이 져서 갈라진 곳을 가리키는 말이다. '아귀가 맞다, 아귀가 무르다'라는 관용어도 여기서 나왔다. '입아귀'는 입의 양쪽 구석을 말한다. 양쪽 구석 즉 윗입술과 아랫입술이 갈라진 곳이다. 이야기를 하면 여기의 두 입술이 오므라져 붙었다 떼었다 한다. 이 '입아귀'가 '이바귀'가 되고 이것이 음운의 변화로 '이바귀>이아귀>이야기 로 된 것이다. 우리 국어 음운 변천사의 하나인 ㅂ>ㅸ>ㅇ 의 변화 과정을 밟은 것이다.

임대 / 임차

'점포를 임대해서 쓰고 있다' 또는 '건물을 임대하려고 하니 구하기 어렵다'라는 말을 흔히 듣는다.

그런데 이런 말은 잘못된 말이다. 왜냐하면, 임대(賃貸)는 빌린다는 뜻을 가진 말이 아니기 때문이다. 임대는 돈을 받고 자기의 물건을 남에게 빌려준다는 뜻이다.

돈을 내고 남의 물건이나 건물을 빌려 쓰는 것은 임차(賃借)다. 그러므로 빌리는 사람의 처지에서는, 건물을 임대해서 쓰고 있는 것이 아니라, 건물을 임차해서 쓰고 있는 것이다. 그래서 남에게 건물이나 물건을 빌려주는 사람은 임대인이고, 돈을 내고 남의 물건을 빌려 쓰는 사람은 임차인이라 한다. 집주인은 임대인이고 세 든 사람은 임차인이다.

또 임대해서 그 대가로 받는 돈은 임대료이고, 임차의 대가로 주는 돈은 임차료이다. 임대인과 임차인 쌍방이 임대·임차에 따르는 금액, 기간 등의 조건에 대하여 약속한 사항을 결정하고 맺는 것을 임대차 계약이라 한다.

I · SEOUL · U

서울브랜드 I · SEOUL · U가 의미가 잘 와 닿지 않는다, 딱딱하고 단순하다, 독창적이지 않다는 등의 의견이 나와 시끄러웠던 적이 있다. 이것을 우리말로 옮기면 '나 · 서울 · 너'가 되어 이 말이 무엇을 뜻하는지 퍼뜩 머리에 잡히지 않는 면이 있다.

동사무소가 주민 센터로 이름이 바뀌었다. 말은 그 내용이나 속뜻이 달라질 때는 바꾸는 것이 이치에 맞다. 그러나 그 기능이나 형태가 변하지 않을 때는, 이미 익숙해진 말을 바꿀 필요가 없다. 아무 이유 없이 이름이나 구호를 바꾸면, 이미 그것에 익숙해진 사람들에게 오히려 어색한 부담만 주게 된다.

날이 새기가 무섭게 새로운 외국어 용어가 쏟아지고 있다. 세계화, 정보화 시대라는 말을 실감케 한다. 시대의 흐름은 그 누구도 막을 수 없다. 그러나 시대가 그렇다 하여, 자청해서 부득이한 경우도 아닌데, 외래어도 아닌 외국어를, 그것도 문자까지 외국 문자를 그대로 써서 표현하는 것은 옳지 않다고 생각한다.

광역자치단체들이 그 고장의 특색을 내건 구호에 Colorful 대구, Pride 경북, Dynamic 충북, It's Daejeon 등이 있다. 세계화 시대를 맞아 외국과의 효

율적인 교류를 위해서 만든 것이란 생각도 들지만, 그러한 구호는 해당 단체의 시민들이 먼저 공감하고, 타 시·도민들이 봤을 때도 그 시도의 특색이 한눈에 들어와야 한다.

그런 면에서, 이 구호들이 과연 적절한 이름인지 한 번 살펴봐야 할 것이다.

Colorful 대구가 다채로운 대구나 아름다운 대구보다 더 큰 의미를 주민들의 가슴속에 심어 준다고 할 수 있겠는가? Pride 경북이 자랑스런 경북이나 긍지 높은 경북보다 더 멋진 속뜻을 가진다고 할 수 있을까? Dynamic 충북이 힘찬 충북이나 활력 넘치는 충북이란 구호보다 더 보는 이의 심장에 힘을 실어다 줄까? It's Daejeon이 '그건 대전'보다 더 나은 것이 무엇일까?

전자와 후자가 무엇이 다른지 다시 한번 생각해 볼 일이다. 시·도민들의 이해도와 만족감은 어느 것이 더 나은지를 한 번쯤 알아보는 것이 좋지 않을까 싶다.

다수의 지방자치단체들도 역시 그러하다.

Blue-city 거제, Romantic 춘천, wonderful 삼척, Rainbow 영동, Dream hub 군산 등이 그러한 예다. 이들은 지역 명소와 관광지·특산품 등을 함축적으로 표현할 수 있는 문구를 골라 넣었다고 말한다. 블루시티는, 푸른 바다를 낀 관광휴양 도시와 조선 산업을 이끄는 산업일꾼을 상징하는 거제의 블루칼라를 표현할 수 있는 이름을 사용했다고 한다. 레인보우로 지명을 소개한 영동군은, 빨강(사과), 주황(감), 노랑(국악), 초록(푸른 산), 파랑(맑은 물), 남색(포도), 보라(와인)로 상징화해 나타냈다고 한다.

이러한 이름을 만든 지자체는 나름대로의 노력과 숙고를 해서 만들었을 것이다. 그러나 정작 그 지방의 주민들은 그것을 잘 이해할 수가 없다는 반응이 대부분이다. 모두가 잘 알 수 있는 고운 우리말로 그것을 나타내 주었으면 하는 것이 그들의 바람이다.

자문하다 / 사사하다

"정치인은 연설문이 현실과 맞지 않는 내용이 있는지 주변의 자문을 받는 경우가 있다."

위의 말에서 '자문을 받는'이란 구절은 맞는 것인가 틀린 것인가. 물론 틀린 것이다. '자문하다, 자문 받다'는 흔히 쓰는 말이지만 위 예문처럼 잘못 사용하는 일이 많다. 자문(諮問)의 諮와 問은 다 같이 '묻다'를 뜻한다. 어떤 일에 관해 전문가나 전문 기관에 의견을 묻는 일을 말한다. 여기서는 정치인이 묻는다는 뜻이니, '주변에 자문을 받는'이 아니라, '주변에 자문하는' 것이다. 자문은 질문과 뜻이 거의 같다. 어려운 한자어 대신 그냥 '주변에 묻는다' 해도 된다. 윗말의 경우 정치인은 '자문을 하고' 주변 사람은 '자문을 받는' 쪽이다. 그런데도 사람들은 자기가 자문(=질문)을 해서 답변을 구하는 행위를 '자문을 구하다, 자문을 받다'로 잘못 쓰고 있다.

그리고 자문(=질문)을 받은 사람은 그 문제에 대해 자신의 의견을 말할 때 '자문에 응했다'고 말하면 된다. 요약하면, 대통령 자문 기구는 '대통령에게 자문(=질문)해 주는 기구'가 아니라, '대통령이 자문하는 기구' 또는 '대통령의 자문(=질문)을 받아서 응답해 주는 기관'이라는 뜻이다.

이와 유사한 말에 '사사(師事)하다'라는 말이 있다. 어떤 스승으로부터 가르침을 받은 것을 가리켜 '사사(師事) 받다'라는 말을 쓰는 이가 더러 있다. 그러나 이는 틀린 말이다. '사사하다'라 해야 한다. 왜냐하면 사사(師事)라는 말 자체가 '스승으로 섬김 혹은 스승으로 섬기며 그의 가르침을 받다'는 뜻을 가지고 있는 말이기 때문이다. 사사라는 말 속에 이미 가르침을 받는다는 뜻이 있는데, 또 '(사사)받다'라고 하면 그 뜻이 중복되어 어긋나게 된다.

그러므로 "저는 박 선생님께 사사했습니다."와 같이 쓰면 된다.

자지 / 보지

성기에 대해서는 동서고금을 막론하고 말하기를 금기시했기 때문에, 어원에 대하여 널리 밝혀진 바가 없다. 그런데 이에 대한 이야기로, 퇴계 이황과 백사 이항복의 일화가 일찍부터 그럴듯하게 전해 온다.

퇴계가 남대문 밖에 있을 때 소년 이항복이 찾아와 인사한 뒤에 이렇게 물었다.

"우리말에 여자의 소문을 '보지'라 하고, 남자의 양경을 '자지'라 하니, 그게 무슨 뜻이옵니까?"

이에 퇴계는 침착하게 다음과 같이 대답했다.

"여자의 소문은 걸을 때 감추어진다 하여 걸음 보(步), 감출 장(藏), 그것 지(之)의 세 글자를 음으로 하여 '보장지'라 하였는데, 말하기 쉽도록 '감출 장'은 빼고 '보지(步之)'라 하는 것이다. 그리고 남자의 양경은 앉아 있을 때 감추어진다 하여 앉을 좌(座), 감출 장(藏), 그것 지(之)의 세 글자 음을 따서 '좌장지'라 하였는데, 그 역시 말하기 쉽도록 '감출 장'은 빼고 좌지(座之)라 했는데, 이것이 변하여 '자지'가 된 것이다."

이항복이 연이어 물었다.

"여자의 보지를 '씹'이라고 하고, 남자의 자지를 '좆'이라고 하는데, 그것은 무슨 뜻이옵니까?"

퇴계는 말했다.

"자고로 여자는 음(陰)이요, 남자는 양(陽)이라 했다. 그래서 여자의 성기는 항상 습하므로 '젖을 습(濕)' 자를 따서 '습'이라 했는데, 우리말에는 되게 발음하는 말이 많으므로 '습' 자를 되게 하여 '씹'이라 발음하는 것이고, 남자는 양이라 항상 말라 있으므로 '마를 조(燥)' 자를 써서 '조'라 했는데, 그 역시 음을 되게 붙여 '좆'이라 하는 것이다."

이 이야기는 누군가 지어낸 이야기로 언어학적인 과학성이 없는, 이른바 민간 어원설(民間語源說 folk etymology)에 지나지 않는 것이다. 당대의 해학가인 백사(白沙 이항복의 호)와 최고 도학자인 퇴계를 대표 선수로 내세워 그럴듯하게 꾸민 이야기다.

또 어떤 이는 자지는 자지(子支)에서 유래했고, 보지는 보지(牴池)에서 왔다고 한다. 심지어는 인도의 힌두교 사원 앞에 성행위를 하는 석조물이 있는데, 이와 관련지어 '씹'이란 말이 힌두교의 '시바' 신에서 유래한 것이라고 끌어 붙이기도 한다. 그러나 이런 주장은 말 그대로 억지 춘향으로 꿰맞춘 이야기일 뿐이다.

또 자지와 보지란 말이 현대 중국어 '댜오즈(鳥子)와 바즈(八子)'에서 온 것이란 주장도 있다. 그러나 이러한 주장은 다음과 같은 두 가지 측면에서 그 근거가 약하다.

첫째, 이 두 말이 오래된 중국어가 아니라, 근대 중국어라는 사실이다. 서두에서 언급한 바와 같이, 자지와 보지는 기초어휘로서 아득한 옛날부터

써 오던 말인데, 근대에 와서 어느 날 중국어 댜오즈와 바즈를 빌려와서 썼다는 주장은 무리가 있다. 만약 그렇다면 우리는 오랜 세월 동안 자지와 보지란 말이 없었고, 겨우 근대에 들어와서야 이 말을 썼다는 이야기가 되는데, 그런 가정은 있을 수 없다.

어떠한 사회에나 어떠한 환경에서든지 존재해 있는 사물이나 일을 가리키는 말을 기초어휘(basic vocabulary)라 한다. 기초어휘는 어릴 때부터 배우게 되며, 한평생 동안 거의 변화하지 않는다. 또 기초어휘는 근본적으로 다른 말에서 차용이 잘 안 되는 말이다. 기초어휘 중에서도 가장 기초어휘라 할 수 있는 '자지·보지'를 중국어에서 차용한 말이라고 하는 것은 성립되기 어렵다.

그러면 성기에 대한 우리말 '자지'와 '보지'의 어원에 대하여 살펴보자.

국어의 조어(祖語)는 단음절어였다는 것이 통설로 되어 있다. 파리[蠅]의 고어도 원래는 단음절인 '폴'이었다. 파리는 '폴'에 주격조사 '이'가 붙어 '폴이'가 되고, '폴이>팔이>파리'의 과정을 거쳐 이루어진 말이다.

이와 같이 성기의 명칭도 원래는 단음절어였다. 여성의 성기 보지도 원래는 단음절어 '븢'이었다. '븢'의 'ㆍ'가 ㅗ로 변하여 '봊'이 되고, 이 '봊'에 주격조사 '이'가 어우러져 '봊이'가 되었는데, '봊이'가 구개음화를 일으켜 '봊이>봊이>보지'의 과정을 밟아 이루어진 말이다. 'ㆍ'는 시대를 내려오면서 'ㅏ, ㅓ, ㅗ, ㅜ, ㅡ' 등으로 음운이 변화되었다. '봊'은 제주도 방언 '보뎅이'에 그 흔적이 남아 있다.

또 '븢'의 'ㆍ'가 ㅜ로 변하여 '붖'이 되어 남성의 고환을 가리키는 말이 되었는데, 경상도 방언의 '붖두덩'에 그대로 남아 있다. '붖'의 ㄷ이 호전현상에 의하여 ㄹ로 바뀌어 '불'이 되고, 여기에 '알'이 붙어 '불알'이 되었다. 겁결에 소리를 지르며 뛰어가는 모양을 이르는 속담에, '불 차인 중놈 달아나듯'이란 것이 있는데, 이때의 '불'이 바로 그것이다. 그러니 남성의 '붇'과 여성의 '볻'은 상대적인 개념임을 알 수 있다.

남성의 성기 '자지' 역시 이러한 과정을 밟아 이루어졌다. 남성의 성기 자지는 '줒'에서 온 말이다. 이 '줒'에 주격조사 '이'가 어울려 '줒이'가 되고, 이것이 '줒이>잦이>자지'로 변한 것이다. 또 '줒'의 'ㆍ'가 ㅗ로 변한 것이 '좆'이며, ㅓ로 변한 것이 '젖'이다. 이로써 남성의 '좆'과 여성의 '젖'은 상대적인 개념임을 알 수 있다.

'볻'과 '붇', '줒'과 '젖/좆' 등의 대립은 모음 교체(ablout) 현상에 의한 것이다. 모음 교체란 원래의 모음이 두 개 이상의 다른 모음으로 갈라짐으로써, 비슷한 뜻을 지닌 두 개 이상의 말로 분화되는 것을 가리킨다. 예를 들면, '맛/멋, 가죽/거죽, 남다/넘다, 낡다/늙다, 깎다/꺾다' 등과 같은 것이 그 예다. 즉 같은 모음인 'ㅁㅅ'에서 나온 말이 'ㅏ/ㅓ'로 갈라져, 비슷한 뜻의 '맛/멋'으로 분화된 것과 같은 것을 말한다.

김민정 시인의 '젖이라는 이름의 좆'이라는 작품이 있다. 시인은 이런 어학적인 이론을 알고 썼는지는 모르겠으나, 그의 예리한 시적 감각이 너무나 놀랍다

네게 좆이 있다면
내겐 젖이 있다
그러니 과시하지 마라

유치하다면
시작은 다 너로부터 비롯함이니

(중략)

거기 침대 위 큼지막하게 던져진

두 짝의 가슴

두 짝의 불알

어머 착해

그러면 '볻'은 무슨 뜻일까? '볻'은 '씨[種]'를 뜻하는 말이다. 일본어 poto(ぽと)의 어근 [pot]도 '볻'에서 나온 것이다. 그러니 '보지'는 씨를 퍼뜨리는 곳이라는 의미와 관련된 말이다. 모음 교체에 의한, 남성의 성기 '붇' 역시 그 말 뿌리와 뜻은 같다.

남성의 성기 '자지'의 뿌리 말인 '좃'도 역시 마찬가지다. '좃' 역시 '씨[種]'와 관련이 있다.

'좃'은 그 원형이 소멸되어 그대로 존재하는 말은 현재 찾을 수가 없고, 다만 동계어에서 그 흔적만을 찾을 수 있다. 그 말이 바로 '긎'이다. '좃'과 '긎'은 그 뿌리가 같다. '긎'은 중세어에 'ᄌᆞᄉ'로 남아 있다. 'ᄌᆞᄉ'는 씨 또는 핵(核)이란 뜻이다. 이 'ᄌᆞᄉ'는 우리말의 음운 변화 법칙인 ㅅ>ㅿ>ㅇ의 과정을 거쳤는데, 곧 ᄌᆞᄉ>ᄌᆞᅀ>ᄌᆞ의>자위로 변화하였다. 'ᄌᆞᅀ'는 눈동자를 뜻하는 '눈ᄌᆞᅀ' 대추씨를 뜻하는 '대촛ᄌᆞᅀ' 등에 보인다. 눈동자는 눈의 핵 곧 눈의 씨라 할 수 있다. 그리고 '자위'는 현대어의 '눈자위, 노른자위, 흰자위' 등에 남아 있고, 줄어져 노른자, 흰자 등에 흔적을 보인다.

이로써 보면 '자지' 역시 '씨'와 '핵'이라는 의미를 담고 있다. 그러니 자지·보지는 모두 '씨'를 퍼뜨리는 것과 관련이 있다.

그러면 '씹'은 무슨 뜻일까? 씹은 사전에 '장성한 여자의 보지'라고 풀이

되어 있다. 어른의 보지는 '씨'를 생산한다는 뜻을 함축하고 있다. 이 '씨'에 '입'이 더해진 말이 '씹'이다. 그러므로 씹은 '씨+입' 곧 '씨의 입'이란 뜻이다. 그러니 '씹'은 '씨'를 생산하는 '입'이란 뜻이다. 동사 '씹다'는 말은 여기서 파생된 것 같다. 의미론(sementics)의 측면에서 보면, 명사에서 동사나 형용사가 파생되기 때문이다.

안 → 안다   신 → 신다   품 → 품다   발 → 밟다   불 → 붉다
풀 → 푸르다   물 → 무르다/맑다
발(팔의 고어) → 밟다(두 팔을 벌려 길이를 재다)

이렇게 볼 때, '보듬다(볻+음다)'는 말은 여성 성기 '볻'에서 유래했고, '붇다/붓다'는 말 역시 남성 성기 '붇'에서 나온 것이 아닐까 한다. 왜냐하면, (아이를) '보듬는' 것은 일차적으로 여성의 '볻'과 관련이 있기 때문이다. 아이는 여성이 낳아서 '보듬고' 키운다.

또 '붇다'는 씨를 '불어나게' 하는 것이고, '붓다'는 씨를 늘리기 위해 '부어' 넣는 것이기에, 이것은 남성의 '붇'과 관련된다.

장님 코끼리 만지기

　　어느 초등학생이 담임 선생님께, 장님 코끼리 만지기 이야기는 가짓수가 여러 가지인데, 어떤 것이 진짜냐고 물었다는 이야기를 들었다. 사실 누구나 다 아는 이야기지만, 이야기마다 소재의 처리가 조금씩 다른 것이, 이 장님 코끼리 만지기 이야기다.

　　이야기에 나오는 장님 수도 각각이거니와, 만지는 몸의 부위도 각각이다. 이야기의 구조는 장님이 코끼리의 어느 몸 부위 A를 만져 보고, 코끼리는 B 같다는 판단을 내리는 구조로 되어 있다. 다음에 이야기 유형별로, 그 구조를 A→B로 나타내 보기로 한다.

　　(가) 이야기: 상아→무, 귀→키[箕], 머리→돌, 코→절굿공이,
　　　　　　　　　다리→절구통, 등→평상, 배→항아리, 꼬리→새끼줄
　　(나) 이야기: 몸뚱이→벽, 귀→키[箕], 코→구렁이
　　(다) 이야기: 등→평상, 배→장독, 꼬리→밧줄, 코→대통
　　(라) 이야기: 배→절벽, 다리→기둥, 코→서까래

　　여기서 보는 것처럼, 부위에 따른 판단 내용이 각양각색이다. 게다가 이 이야기의 주제를 파악하는 눈도 사람에 따라 다르다. 어떤 이는 전체를 보

지 못하는 편견의 폐해를 지적한 것이라 풀이하는가 하면, 어떤 이는 수박 겉핥기식으로 사물을 대충 보아 넘기는 폐단을 가리킨 것이라 한다.

위에서 본 것처럼, 부위에 따른 판단 구조가 다른 것은, 기록자의 상상에 따라 얼마든지 달라질 수도 있다. 그러나 이 이야기가 전하려는 본뜻이 흐려져서는 안 된다. 배우는 학생들에게 올바로 가르쳐야 할 요체도 바로 여기에 있다.

군맹상평(群盲象評) 또는 군맹평상(群盲評象)이란 성어로 불리는 이 이야기는, 원래 불경의 열반경 사자후보살품(獅子吼菩薩品)에 나오는 것으로, (가) 이야기가 원형인데 코끼리는 불성(佛性)을 비유한 것이고, 소경은 어리석은 중생을 비유한 것이다. 즉 중생은 불완전하지만 나름대로 다 불성을 가지고 있음을 말하고자 한 것이다. 그러므로 중생도 닦으면 누구나 다 깨달음에 이르러, 부처가 될 수 있음을 말한 것이 이 이야기의 원래 의미다.

장본인 / 주인공

　장본인(張本人)이라는 말에 대해서, 어떤 사전에는 '어떤 일을 꾀하여 일으킨 바로 그 사람'이라고 풀이하고, 그 예문으로 "이 아이가 장차 우리 집안을 이끌 장본인이다.", "결혼할 장본인들은 가만히 있는데 왜 주위에서 야단들이냐?" 등을 들고 있다.

　그러나 동아 『새국어사전』에서는, 장본인을 '못된 일을 저지르거나 물의를 일으킨 바로 그 사람'이라 풀이한 끝에, 그 예문으로 "이 사람이 불을 지른 장본인이다."를 들고 있다.

　전자의 사전대로라면, 장본인이란 말은 일을 벌인 주인공의 의미쯤으로 널리 쓸 수 있으나, 『새국어사전』에 따를 것 같으면, 부정적인 의미로만 쓸 수 있는 말이 된다.

　장본인이란 말은 '장본＋인'의 구조로 이루어진 말인데, 장본의 뜻과 쓰임을 살펴보면 장본인의 속뜻을 가름할 수 있다. 장본(張本)은 '일의 발단이 되는 근원'이란 뜻을 가진 말로, 사전에 실린 예문을 살펴보면, "돈을 물 쓰듯 하는 것이 망할 장본이다. / 술은 일만 악의 장본이다. / 모든 고통을 웃으며 받는다는 건 모르지만 헤프게 웃기만 하는 것도 큰일 날 장본인줄 아네." 등이다.

이들 예문을 보면, 장본이란 말이 희망적이고 좋은 일이 일어나는 것과 관련하여 쓰이는 것이 아니라, 어렵거나 나쁜 사건의 발단이 된다는 뜻으로 쓰이고 있음을 알 수 있다. 일상생활에서도 장본이란 말은, "큰일 낼 장본이네. / 안될 장본이다. / 망할 장본이다."와 같이, 나쁜 일이 생길까 염려하는 투의 말로 관용구처럼 쓰이고 있다.

그러므로 장본인이라는 말은, 부정적인 인물을 가리키는 말임을 알 수 있다. 글자와 언어는 쓰임의 관습성을 무시할 수 없다. 장본인이란 말은 부정적인 내용을 함의(含意)하고 있는 말임이 분명하므로, 긍정적인 표현에 쓰는 것은 맞지 않다.

장본인의 상대적인 말은 주인공이다. 주인공(主人公)이란 말은, 서양의 영화나 소설이 들어옴으로부터 생긴 말로 생각하기 쉬우나, 실상은 그렇지 않다. 불교에서 이른바 '참 나'를 가리키는 말이다. 우리는 '나'가 무엇인지를 모르고 허덕이는 삶을 하루하루 살아간다.

아무개라는 이름이 나인가? 아니면 이 몸뚱이가 나인가? 아니면 찰라찰라 변하는 이 마음이 나인가? 아마도 그것은 아닐 것이다. 그래서 선승들은 본래의 나를 찾기 위해 끝없는 수행을 하고 있는 것이 아닌가?

『초발심자경문』에, "주인공아 내 말을 들어라[主人公 聽我言]."란 말이 있고, 『오등회원(五燈會元)』에도 당승 서암(瑞巖)이 매일 자기를 "주인공아" 하고 불러 놓고 "예" 하고 스스로 대답하였다는 기록이 있으며, 고려말 아혜근(伭惠勤)이 쓴 가사 「승원가(僧元歌)」에도 "주인공아 주인공아 세사탐착(世事貪着) 그만하고"라는 구절이 보인다. 이로 보아 주인공이란 말은 근래에 생긴 말이 아니며, 참 나를 가리키는 불교에서 유래한 말임을 알게 된다.

대구광역시 달성군 구지면 도동리에 한훤당(寒暄堂) 김굉필(金宏弼)을 향사(享祀)하는 도동서원(道東書院)이 있다. 그 경내에 환주문(喚主門)이라는 문이 있는데, 들어가면서 주인을 부른다는 뜻을 지닌 문이다. 그런데 이 문에 담긴 뜻은 손님이 주인을 부른다는 것이 아니라, 이 문을 들어가는 사람이 자신의 마음 주인을 부른다는 것이다. 자기 자신을 낮추고 자신의 마음을 들여다본다는 뜻이다. 자기 마음의 주인을 안다는 것은 너무나 값진 것이고 또 어려운 일이다.

재배

절의 횟수는 음양의 이치에 의해 구분된다. 남자는 양이기 때문에 최소 양수인 한 번, 여자는 음수이기 때문에 최소 음수인 두 번이 기본 횟수이다. 전통 혼례 때 신부는 신랑에게 두 번 절하고, 신랑은 신부에게 답례로 한 번 절하는 것도 여기서 나온 것이다. 결코 남존여비 사상에서 비롯된 것이 아니다.

산 사람에게는 한 번 절하고 죽은 사람에게는 두 번 절하는 것도 이와 같은 이치다. 산 자는 양이고 죽은 자는 음이다.

그런데 재배는 죽은 사람에게만 하는 것이고, 살아 있는 사람에게 두 번 절하는 것은 있을 수 없다고 하는 이가 있다. 그러나 반드시 그런 것은 아니다. 재배(再拜)는 편지 글 끝에 '두 번 절하며 올립니다' 하는 뜻으로 쓰며, 제사 때뿐만 아니라 회갑 때도 한다. 집안의 큰 의식 행사인 관혼상제례 때와 수연(壽宴) 때에는 기본 횟수의 배를 행한다. 그래서 회갑 때는 웃어른께 남자는 재배, 여자는 사배를 한다. 결혼식 때도 신부는 신랑에게 부선재배(婦先再拜)라 하여 먼저 두 번 절한다. 그러므로 재배는 반드시 죽은 자에게만 하는 것은 아니다.

조경구가 소개한 임효자전(林孝子傳)의 내용을 보자. 임효자전은 조선 후기의 문신 번암 채제공(樊巖 蔡濟恭) 선생의 문집에 실린 이야기다.

상주(尙州)에 임(林)씨 성을 가진 사람이 있었다. 미천하였지만 지극한 효성으로 어머니를 섬겼다. 어느 날 그의 아내가 제사를 지내려고 기름을 짜 사발에 담아서 방에 두었는데 80세가 넘은 시어머니가 이것을 요강인 줄 착각하고는 채소밭에 들고 들어가, 심어 놓은 파를 따라 부으려고 하였다. 어린 손녀가 그것을 보고는 "할머니 안 돼!" 하고 소리를 질렀다. 그 어머니가 달려와서 손녀의 입을 막고, "노인을 놀라게 하지 말아라." 하고는 천천히 시어머니에게 다가가 나지막한 목소리로 말하였다. "어머니, 오줌은 꼭 물과 섞어서 부어야지요. 그리고 노인네가 꼭 이런 수고를 직접 하셔야 겠어요? 제가 대신할 테니 주세요." 그러고는 기름을 받아 몰래 갖다 놓고는 요강을 들고 와서 물을 섞어 채소밭에 부었는데, 시어머니는 이를 조금도 알지 못하였다.

저녁 무렵 남편이 돌아오자, 어린 딸이 아버지에게 낮에 있었던 일을 다 얘기하였다. 딸에게서 사건의 전말을 다 들은 아버지는 섬돌에 내려가서 그 아내를 향해 두 번 절하였다.(孝子便下階, 向其妻再拜)

정지 / 동냥

우리는 오랜 세월 동안 불교 문화 속에서 살아왔기 때문에 불교에서 온 우리말이 매우 많다. 고려가요 <청산별곡>에 이런 구절이 있다.

가다가 가다가 듣노라
정지에 가다가 듣노라
사슴이 장대에 올라서
해금을 켜는 것을 듣노라
얄리얄리 얄라셩 얄라리 얄라

여기에 나오는 정지는 부엌을 가리키는 말인데 경상도에서는 아직까지도 쓰는 말이다. 인도에서는 기온이 높아서 동냥해 온 음식이 상하기 쉽다. 그래서 승려들은 절에 돌아와 그것을 불에 지펴 다시 한번 데쳤다. 변질을 막기 위해서였다. 이때 음식을 다시 조리하는 공간을 정지(淨地)라 했다.

동냥이라는 말도 승려들이 시주를 받으려 할 때, 그 집에 가서 요령을 흔들었기 때문에 생긴 말이다. 즉 요령을 흔든다는 동령(動鈴)에서 온 말이다.

요사이 '삭신'이 쑤신다는 말을 많이 쓰는데, 몸의 근육과 뼈마디를 가리키는 말이다. 이 말 역시 불교의 색신(色身)에서 유래한 말이다. '색'은 물질적인 존재를 가리킨다.

'시달림'이란 말은 인도에서 죽은 사람의 시신을 갖다 버리던 시다림(尸茶林)이란 지명에서 유래한 말이다. 승려들이 이곳에서 시달리면서 수행하였기 때문에 생긴 말이다. '포대기'도 승려들이 참선할 때 깔고 앉던 부들로 만든 방석인 포단(蒲團)에서 온 말이다. '현관'도 깊고 오묘한 이치에 들어가는 관문을 뜻하는데 선종에서 쓰던 말이다. '투기'란 말은 마음을 열기 위하여 자기 몸을 던져 깨달음을 얻고자 하는 것을 지칭하는 말이다.

'지사(知事)'는 절의 용무를 맡아 보는 것을 이르는 말이다. 도의 일을 맡아서 일을 처리하는 사람이 도지사(道知事)이고, 주의 일을 맡아서 처리하는 사람이 주지사(州知事)이다. '방편(方便)'이란 말은 원래 깨우침을 주기 위하여 상대에게 알맞은 편의적 수단을 제공하는 데서 온 것이다. 그리고 '대중'과 '장광설(長廣舌)'도 다 불교에서 온 말인데, 대중은 부처님께 귀의한 신도들을, 장광설은 훌륭한 부처님의 가르침을 말한다. 옥바라지, 뒷바라지 등에 보이는 '바라지'는 죽은 이의 극락왕생을 위하여 베푸는 불교의식인 시식(施食)에서 주관하는 법사가 경을 읽으면 다음 구절을 받아서 읽는 사람이나, 시식을 거들어 주는 사람을 가리키는 말이었다.

이처럼 우리가 일상생활에서 사용하는 많은 어휘가 불교에서 온 것인데, 이미 우리말에 귀화한 지가 오래되어 우리는 그 연원을 모른 채 쓰고 있다.

아무렴, 아무것도 모르면서 한 도의 지사가 되기 위해 방편적인 장광설을 늘어놓는 쫀다 같은 사람이 아니라, 포대기를 걸치고 동냥한 음식을 정지에서 먹으며 사는, 어려운 국민들의 삶을 이해하고 그들의 쑤시는 삭신과 시달림을 쓰다듬고 바라지해 주는 선량이 많이 나오는 그런 나라가 되면 얼마나 좋겠는가?

조선어 학회 / 조선 어학회

한자어로 된 책이나 작품 또는 성어를 읽을 때 띄어 읽기를 잘못하는 경우가 많다. 이것은 한자를 배우지 않은 세대들이 한자에 대한 소양이 부족한 데서 생긴다.

'조선어학회 사건'이란 말을 학창 시절에 듣고 배웠다. 그런데 이 '조선어학회'를 주로 '조선 어학회'로 발음한 것으로 기억된다. 그러나 그건 틀린 것이다. '조선어 학회'로 발음하여야 한다.

『왕오천축국전(往五天竺國傳)』은 '왕 오천축국전'으로 띄어 읽어야 할 것을, '왕오 천축국전'으로 읽는 예가 많다. 왕(往)은 '가다'란 뜻이다. 곧 '다섯 천축국을 가다'란 의미다. 그러므로 '왕'을 띄어 읽어야 한다. 찬기파랑가도 '찬기파랑가'로 붙여 읽지 말고 '찬 기파랑가'로 띄어 읽어야 한다. '기파랑을 찬미하는 노래'라는 의미다. 이와 같은 예를 몇 가지 들어본다.

모죽지랑가(慕竹旨郎歌) ─ 모 죽지랑가: 죽지랑을 사모하다
도천수관음가(禱千手觀音歌) ─ 도 천수관음가: 천수관음께 기도하다
원왕생가(願往生歌) ─ 원 왕생가: 왕생을 기원하다
제망매가(祭亡妹歌) ─ 제 망매가: 망매를 제사지내다

도이장가(悼二將歌) – 도 이장가: 두 장수를 애도하다
조의제문(弔義帝文) – 조 의제문: 의제를 조상하다

그리고 한자 성구도 틀리게 띄어 읽는 예가 많다. 주로 어조사 지(之)에 대한 띄어 읽기를 잘못하는 경우가 많다.

어부지리(漁父之利) – 어부지 리: 어부의 이익
조강지처(糟糠之妻) – 조강지 처: 가난했을 때의 처
호연지기(浩然之氣) – 호연지 기: 천지에 가득찬 기운
새옹지마(塞翁之馬) – 새옹지 마: 변방 늙은이의 말
관포지교(管鮑之交) – 관포지 교: 관중과 포숙의 사귐

사자성어의 지(之)는 관형격 조사이므로 윗말에 붙여 읽어야 한다. '어부 지리'로 붙여 읽을 것이 아니라 '어부지 리'로 띄어 읽어야 한다.
또 성어의 뜻에 맞게 띄어 읽어야 하는 것도 있다.

근묵자흑(近墨者黑) – 근묵자 흑: 먹을 가까이 한 자는 검어진다
근주자적(近朱者赤) – 근주자 적: 붉은 물감을 가까이 하면 붉어진다

이것 역시 '근묵자흑', '근주자적'으로 붙여 읽지 말고 '근묵자 흑', '근주자 적'으로 띄어 읽어야 한다.

조포

경상도 일원에서는 두부를 조피라고 한다. 지금은 이 말이 거의 사라져 가고 있다.

조선조(朝鮮朝)에서는 '조포사(造泡寺)'라는 절이 있고, '조포소(造泡所)'라는 기관이 있었는데, '조포사'는 능(陵 왕과 비의 묘)이나 원(園 세자 세자빈, 세손, 왕의 생모 묘)의 제사에 쓰는 '두부'를 맡아 만드는 절이었고, '조포소'는 관가(官家)에 두부를 만들어 바치던 기관이었다. '조포'는 '두부를 만든다'는 말이다. '조(造)'는 만든다는 말이고 '포(泡)'는 두부라는 뜻이다. '포(泡)'는 두부를 뜻하는 한자로 '두부 포' 자다.

두부를 만들어 왕릉의 제사와 관청에 납품하던 당시의 '조포' 기관의 이름을 따서 당초에는 두부를 '조포'라고 했다. 이 조포란 말이 세월이 흐르면서 '조피'로 변한 것이다.

임금이 죽어 산릉(山陵)을 모시면, 그 곁에는 임금의 극락왕생을 위한 절을 두었는데 이를 승원(僧院)이라 하였다. 그리고 각 능에서 제례 행사가 있을 때는 이 승원에서 제수와 두부를 만들어 바치게 했는데, 그러한 절을 조포사(造泡寺)라 하였다.

조피 / 산초

조피는 초피나무의 열매다. 초피나무는 제피나무, 조피나무라고도 한다. 그런데 이 조피를 흔히 산초(山椒)라고 하는데 이는 틀린 것이다. 조피는 지방에 따라서는 제피라고 하는 곳이 많은데, 한자어로는 천초(川椒)라고 한다.

산초는 '분디' 혹은 '난디'라고 하며 경상도에서는 '난대'라고 부른다. 숙종 때의 중국어 학습서인 『역어유해(譯語類解)』에도 '山椒樹 분디나무'라는 대목이 보이며, 순조 때 유희가 쓴 『물명유고(物名類考)』와 고려속요 「동동」의 마지막 연에도 이 말이 나온다.

이 두 나무는 같은 운향과(芸香科)에 속하며, 겉모양이 비슷하여 혼동하기 쉽다. 그러나 자세히 보면 양자 간에는 모양이나 쓰임새에 많은 차이가 있다.

겉모양의 가장 두드러진 차이는, 가시의 배열에 있다. 조피는 가시가 두 개씩 마주나 있는데[對生], 난디는 하나씩 어긋나게 나[互生] 있다. 용도에서도 차이가 나는데, 조피의 열매는 추어탕 등에 향신료로 쓰이며, 잎도 장아찌로 담가 먹지만, 난디는 씨앗만 빼서 기름을 짜서 식용할 뿐이다. 또 조피는 향도 짙어서 톡 쏘는 맛이 있지만, 난디는 이러한 향이 없다.

조피는 한반도 남부 지방과 동해 연안에 자생한다. 키가 3m 정도 자라고 가지에 가시가 있다. 5~6월에 꽃이 피고 8~9월에 열매를 맺는다. 이 조피가 산초로 뒤바뀌어 쓰이게 된 연유는 일본의 영향이 큰 것으로 보인다. 한국의 초피를 일본에서는 '산쇼(山椒 산초)'라 한다. '산쇼'는 일본 음식에 널리 쓰이는 향신료이다. 생선회 곁에, 국물 음식 위에 산초의 어린잎을 올린다. 일본에서 '산쇼'를 접한 사람들이 한국의 초피를 '산초'라 부르는 일이 잦아졌고, 심지어 조피 대신 '산초'라는 말을 쓰는 일이 생긴 것이다.

조피는 천초이며 산초가 아니다. 산초는 난디의 딴 이름이다. 시중에 나와 있는 조피 가루의 라벨을 보면, 산초로 되어 있는 것이 많은데 이는 속히 바로잡아야 한다.

주먹구구

어린 시절 구구단을 외우느라고 한동안 애를 먹은 경험은 누구나 갖고 있을 것이다. 또 처음으로 글자를 익힐 때도 알쏭달쏭하여 머리를 갸우뚱해 본 적도 있을 것이다. 옛사람들 역시 좀 더 쉽게 구구단을 활용할 수는 없을까를 생각하게 되었는데 여기서 나온 것이 주먹구구다.

어설픈 계산을 가리켜 우리는 주먹구구라 한다. 말 그대로 주먹을 이용하여 구구를 셈하는 것이다. 그러면 실제로 주먹으로 하는 구구는 어떤 것일까? 6×8=48을 주먹구구로 해 보자.

손가락으로 수를 나타내는 것은, 우리가 일상적으로 사용하는 방법을 쓴다. 먼저 왼손으로 6을 나타내고, 오른손으로 8을 나타낸다. 즉 6을 나타낼 경우, 엄지손가락부터 구부려 세다가 5가 지나면 새끼손가락을 하나 편다. 그러면 손가락 4개는 오므리고 1개는 펴게 된다. 다음은 8을 이와 똑같이 세면 손가락 2개는 오므리고 3개는 펴진다. 이때 편 손가락은 10단위가 되고, 오므린 손가락은 1단위가 된다.

다음은 편 손가락(10단위)은 서로 더하고, 오므린 손가락(1단위)은 서로 곱한다. 이렇게 하여 편 손가락을 더하면 10+30=40이 되고, 오므린 손가락을 곱하면 4×2=8이 된다. 이 두 수를 더하면 48이 된다. 곧 6×8=48이란 답이 나오는 것이다.

5단까지는 펴지는 손가락이 없으므로, 주먹구구가 안 되고 외워야 한다. 이렇게 주먹으로 셈을 하다 보니 틀리는 경우가 많이 생기게 되므로, 정확하지 못한 계획이나 계산을 가리켜 '주먹구구식'이라는 말을 하는 것이다. 그래서 '주먹구구에 박 터진다'는 속담도 생겼다. 계획성이 없이 그저 대강 맞추어 하다가는 나중에 큰 봉변을 당하는 뜻을 지닌 속담이다.

주먹구구를 '손구구'라고도 하며, 주먹구구로 하는 흥정을 '주먹흥정'이라고 한다.

죽음을 가리키는 말

옛날엔 신분에 따라 사람의 죽음을 다섯 가지로 나누어 불렀다.

임금이 죽으면 붕(崩)이요, 제후(諸侯)가 죽으면 훙(薨), 대부(大夫)는 졸(卒), 선비[士]는 녹(祿)을 타지 않고 죽는다는 뜻에서 불록(不祿), 서민은 사(死)라고 했다.

이러한 구분은 옛날 중국에서 유래된 것이다. 중국을 통치한 왕을 높여 그들은 천자라고 하였다. 이는 천하를 굴복시키는 데 있어서 마땅히 존엄한 명호를 사용하여 그 위광(威光)으로써 백성들을 복종시키고 다스리기 위함이었다. 이 지고한 왕의 죽음을 가리키는 말이 '붕(崩)'이다.

우리나라의 역사서에서는 이 '붕' 자를 쓰지 않았으나, 주체적 역사관을 견지한 『삼국유사』에서는 썼다. 신라의 제4대 탈해왕을 비롯하여 제56대 경순왕까지 열 분의 왕들 죽음에 모두 '붕' 자를 썼다. 백제의 구수왕의 죽음에도 '붕' 자를 썼고, 가락국의 제2대 거등왕에서 제9대 겸지왕에게까지 '붕' 자를 썼다.

사(死)와 망(亡)은 구별됐다. 죽었지만 아직 장례를 치르기 전에는 사(死)라고 했다. 이때는 죽은 이를 사자(死者)라고 부른다. 그러나 사람이 죽어 장례까지 다 마친 뒤에는 망(亡)이라고 했다. 이때는 죽은 이를 망자(亡者)

라고 일컫는다.

 장사를 지낸다는 뜻의 장(葬)은 죽은 이의 위아래를 풀로 덮은 것이다. 과거 사람이 죽으면 들이나 숲에 갖다 놓던 장례 습속이 반영돼 있다. 이 경우 시신(屍身)이 야생 동물에 의해 훼손당할 수 있다. 이 때문에 망자와 가까운 이들이 화살을 갖고 며칠씩 시신을 지키곤 했다. 조문한다는 뜻의 글자인 조(弔)가 활(弓)과 사람(人)으로 구성돼 있는 것은 이런 풍습을 반영하는 것이다.

 최근엔 조문할 조(吊)가 널리 쓰인다. 이는 조(弔)의 속자다. 조(吊)는 곡(哭)을 하는 입[口]에, 조문의 등(燈)을 매다는 헝겊[巾]이 더해져 만들어졌다. 시신을 바깥에 버린 뒤 활을 들고 지켜주던 습속이 사라지고 대신 곡을 하며 등을 달아 장례를 치르는 풍습이 유행하면서 조(弔)보다는 조(吊)가 많이 쓰이게 됐다.

중도 보고 소도 본다

이 속담은 살다 보면 온갖 일을 다 겪는다는 뜻으로 쓰인다. 즉 모든 일이 마음 먹은 대로만 되는 것이 아니라는 것이다. 이런 경우도 있고 저런 경우도 있으며, 좋은 것도 보고 나쁜 것도 본다는 교훈적인 의미를 띠고 있다.

또 '중도 아니고 소도 아니다'란 속담도 있다. '이것도 아니고 저것도 아니다'란 뜻이다. 무엇을 배우다가 중도에서 그만두어, 처음에 계획했던 일을 다 이루지 못한 사람, 즉 반거들충이를 가리킬 때 주로 쓴다.

그런데 이들 속담에서, 중과 소를 대비시킨 것은 무슨 이유일까? 언뜻 보기에도 중과 소가 긴밀한 상대적 의미를 가지고 있는 것 같지 않다.

이에 대한 해답의 단서는 이들 속담과 비슷한 다른 속담에서 찾을 수 있다. 그것은 '중도 보고 속(俗)도 본다'는 속담이 그것이다. 그러면 속(俗)은 무슨 뜻일까? 속은 속환이(俗還-)의 준말이다. 이것은 북한에서도 그런 뜻으로 쓰고 있다. 속환이는 중속환이의 줄어진 꼴인데, 중이 되었다가 다시 속인으로 돌아온 사람 즉 환속한 사람을 가리킨다.

그러니까 이 속담의 소는 짐승 이름인 소가 아니라, 속(俗)의 변음인 것이다. 중도 보고 속환이도 본다는 뜻이다. '중도 (아니고) 속환이도 아니다'

란 속담이 별도로 존재하는 것을 봐도 이러한 사실을 확연히 알 수가 있다.

요약컨대, 이들 속담의 소는 속(俗)의 변한 말이며 동물명이 아니다. '중도 보고 소도 본다'는 속담은 중도 보고 속인도 본다는 뜻으로, 이런 것도 보고 저런 것도 본다는 뜻이며, '중도 아니고 소도 아니다'는 속담은, 이런 것도 아니고 저런 것도 아닌 어중간하다는 뜻이다.

쥐뿔도 모른다

쥐뿔도 모른다는 속담이 있다. 아무것도 모르는 사람이 아는 체하는 것을 빗대어 말할 때 쓴다.

어느 집에 몇 백 년 묵은 쥐 한 마리가 살고 있었다. 하루는 주인이 밖에 나가다가 잠깐 변소에 가느라고 갓을 벗어 문간에 놓아두었는데, 그 사이에 쥐가 그 갓을 쓰고 주인으로 변장을 하였다. 변소에 다녀온 주인은 갓이 없자 이를 찾으러 방으로 들어갔다. 그런데 방에서는 자기와 똑같이 생긴 사람이 부인과 이야기를 하고 있는 것이었다.

주인이 깜짝 놀라 호통을 치자, 변장한 쥐도 맞받아서 호통을 쳤다. 두 사람은 할 수 없이 관가에 고소를 하였다. 사또는 부인을 가운데 세워 놓고, "남편의 몸에 어떤 표적이 없는가?"하고 물었다. 부인은 남편의 좆에 사마귀가 있다고 하였다. 그런데 검사해 보니 두 사람 모두 좆에 사마귀가 있는 것이었다.

사또는 다시 세간살이에 대해 물었는데 진짜 남편이 대답을 못해 쫓겨나게 되었다. 쥐는 이 집 곳곳을 매일 샅샅이 뒤지고 다니므로, 세간살이를 훤히 꿰차고 있었기 때문에 진짜 주인을 이길 수 있었던 것이다. 주인은 산속에 들어가 불도를 닦다가 부처님의 도움으로 고양이 한 마리를 가져와 변장한 쥐를 물리치게 되었다. 그러자 사람들이 "쥐 좆도 몰랐소?"하며 비웃었다.

쥐가 변신하였는데도 진짜와 가짜를 구별하지 못했던 것이다. 이러한 사건을 계기로 하여, 뭐가 뭔지 식별을 잘못하는 사람이나 아무것도 모르면서 아는 체하는 사람을 보고 '쥐 좆도 모른다'고 했다는 것이다. 그런데 이 '쥐 좆도 모른다'는 표현이 일반적으로 사용하기에 어감상 좋지 않아서 '쥐뿔도 모른다'라는 말로 바꾸어 썼다고 한다.

그러나 이와 같이 '쥐뿔도 모른다'는 속담이 '쥐 좆도 모른다'라는 말에서 왔다는 설명은 옳지 않다. 또 '쥐뿔'도 일반 사람들이 알고 있는 것처럼 '쥐의 뿔[角]'을 이르는 말도 아니다. '쥐뿔'은 '쥐의 불' 즉 '쥣불'이 발음상 굳어져 생긴 말이다. 곧 '쥣불'이 '쥐뿔'로 변형된 것이다. 이때의 '불'은 고환을 가리키는 순 우리말이다. 겁결에 소리소리 지르며 뛰어가는 모양을 가리키는 속담에 '불 차인 중놈 달아나듯'이란 것이 있는데, 이 속담 속의 '불'이 곧 그런 뜻을 지닌 말이다. 이 '불'에 '알'이 합해져 '불알'이란 말이 생겨났다.

1938년에 나온 『조선어사전』에 '쥐뿔같다'는 말이 실려 있는데, 이는 '변변치 못한 사물을 가리키는 말'이란 뜻풀이와 함께 '쥐 불알 같다'와 같은 말이라 적혀 있다. 이를 봐도 '쥐뿔'이 '쥣불'의 굳어진 말임을 알 수 있다. 그러니 '쥐뿔도 모른다'는 속담은 '쥐 좆도 모른다'는 말의 변형이 아니라, '쥐의 불(알)' 즉 '쥣불[쥐뿔]도 모른다'는 말에서 온 말이다. 쥐의 좆이나 쥐의 뿔과는 전혀 관계없는 말이다.

‘쥐 불알 같다’는 속담은 보잘것없는 것을 이를 데 쓰는 것이다. 쥐의 불알은 매우 작아서 잘 보이지도 않기 때문에 생긴 속담이다. 그처럼 잘 보이지도 않는 하찮은 지식을 가지고 아는 체하며 뽐내는 사람을 가리켜 ‘쥐뿔도 모른다’는 속담을 썼던 것이다. 이 말이 후대로 내려오면서 점차 그러한 말의 뜻이 정확히 전승되지 못하고 잊히거나 왜곡되어, 사람들이 서두에서 보는 바와 같은, 그럴듯한 이야기를 덧붙여 만들어 내게 된 것이다. 쥐뿔도 모른다는 속담이, 쥐는 원래 뿔이 없기 때문에 거기에 연유해서 생긴 것도 아니다.

　그런데 이 ’불’에 대해서 몇 마디 첨가하고자 한다. ‘불’의 원말은 ‘붇’이다. 지금 방언에 ‘붇두덩’이란 말이 쓰이고 있는데, 이 말의 ‘붇’이 바로 그것이다. 우리말에는 ‘ㄷ’과 ‘ㄹ’이 서로 넘나드는 현상이 있는데 이를 일러 음운의 호전(互轉) 현상이라 한다. 이러한 호전 현상에 의하여 ‘붇’이 ‘불’로 변한 것이다.

　이 말과 관련하여 ‘불씹장이’란 말에 대하여 약간의 설명을 덧붙인다. 불씹장이는 남자와 여자의 생식기를 둘 다 가지고 있는 사람을 가리키는 말이다. 남녀추니, 어지자지, 고녀(睾女)라고도 한다. 그러니까 불씹장이는 성관계를 할 수 없는 사람이다. 그래서 사람들은 불씹장이란 말의 ‘불’이 ‘불(不)’의 뜻인 줄 대부분 알고 있다. 그러나 그 ‘불’은 ‘불(不)’이 아니라, ‘불(알)’의 뜻이다. 그러므로 ‘불씹장이’는 ‘씹 불(不)능자’가 아니라, ‘불(알)과 씹을 가진 장이’란 뜻이다.

쪼다 / 조달이

  '쪼다'는 제구실을 못하는 좀 어리석은 사람을 낮추어 일컫는 말이다. '이 쪼다 같은 놈을 보았나'와 같이 쓰는 말이다. 이 말은 '조달'의 변한 말이다. 일상에서는 주로 '조달이'의 형태로 쓰인다. 조달이의 '-이'는 자음으로 끝나는 일부 고유 명사에 붙어, 어조를 고르는 구실을 하는 접미사로서 '길동이, 갑순이' 등의 끝에 쓰인 그 '-이'다.

  '조달이'는 경음화 된 '쪼달이'란 말과 함께 지금도 쓰이고 있는 말이다. 통상 바보 같은 사람이란 뜻으로 쓰인다. 그런데 이 말이 쓰이는 과정에서, 쪼달이를 소리 나는 대로의 '쪼다리'로 인식하게 되었고, 끝내는 끝음절 '리'를 떼어버리고 '쪼다'란 속어도 쓰게 된 것이다.

  이 말의 밑동이 되는 조달은 석가의 제자 이름인데, 석가를 시해하고자 했던 못된 사람이다. 원명은 데바닷타인데 이를 한역(漢譯)하면서 축약하여 조달(調達)이라 했다. 그는 석가의 사촌 동생으로 매우 똑똑한 사람이었지만, 야망이 지나쳐 스승인 석가가 이끌고 있던 교단(敎團)을 빼앗으려고 음모를 꾸몄다. 자기 아버지를 죽이고 왕위를 찬탈한 아사세왕과 친하게 지내면서, 그의 도움을 받아 왕실의 검은 코끼리에게 술을 먹여 취하게 해, 걸식을 하러 나온 석가를 밟아 죽이려고 시도했던 인물이다. 조달은 머리는 명석하였지만, 헛된 욕심이 지나쳐 나쁜 짓을 일삼아 끝내는 지옥에 떨어졌다고 한다. 타고난 자질은 명민했지만, 그것을 잘못 써서 악인이 되었으니, 참으로 어리석은 사람이라 할 수 있다. 그야말로 바보 즉 '조달이'고 '쪼다'다.

인간은 그 본성이 선한 존재인가, 악한 존재인가?

맹자는 선하다고 하여 성선설을 주장하였고, 순자는 악하다 하여 성악설을 주장하였으며, 고자(告子)는 선하지도 악하지도 않고, 인간의 의지에 따라 행해진 행동에 의하여 결정될 뿐이라는 성무선악설(性無善惡說)을 주장하였다.

중생은 모두 불성을 갖고 있다고 말하는 불교는 성선설 쪽에 가깝고, 인간에게 원죄가 있다는 기독교는 성악설에 가깝다. 그리고 선이니 악이니 하는 것은 모두 인간이 인위적으로 만들어 낸 것이기 때문에, 무위자연(無爲自然)으로 돌아가는 것이 옳다는 노자의 사상은 성무선악설에 가깝다.

이리 보면 이것이 맞는 것 같고, 저리 보면 저것이 맞는 것 같다. 현자들이 그렇게 말한 연유도, 따지고 보면 사람들을 어떻게 하면 최고선에 도달시킬 수 있을까 하는 방법론을 찾기 위한 하나의 방편에서 그런 말을 한 것이니, 꼭 집어 어느 한쪽으로 단정할 수 없을 것 같기도 하다.

그래서 석가나 공자 그리고 예수, 소크라테스 같은 성인이 있는가 하면, 그들을 죽이려 한 인간들도 있었던 것이 아니겠는가. 석가를 죽이려 한 데바닷타, 은화 세 닢에 스승 예수를 팔아넘긴 가롯 유다, 공자를 모함하여 죽이려 한 환퇴(桓魋), 청년들의 영혼을 더럽힌다는 명목으로 소크라테스를 죽게 한 멜레토스도 있다. 다 같은 인간의 얼굴을 하고 있지만 이렇게 판이한 모습을 지닌 것이 인간이다.

아무렴 타고난 근기(根機)와 수행에 따라, 성인도 소인도 될 수 있는 것이 인간의 모습이다. 어떻든 하루아침에 성인은 되기 어렵지만, 망나니 같은 '쪼다'만은 되지 않아야 되겠다.

찢어지게 가난하다

　매우 가난하다는 것을 나타낼 때 '찢어지게 가난하다'고 한다. 왜 딴말 다 제쳐두고 '찢어지게'란 말을 붙여서 표현할까? 이에는 그럴 만한 연유가 있다.

　가장 험하고 넘기 어려운 고개는 보릿고개라고 한다. 먹는 것이 부족하던 시절에 배고픔을 참으며 넘어야 하는 보릿고개, 그것은 정녕 생사를 넘나드는 험하디험한 고개였다. 5,60년대만 하더라도 초근목피(草根木皮)로 연명한다는 말은 일상으로 듣던 말이었다. 말 그대로 풀뿌리와 나무껍질을 먹으며 명을 이어 갔던 것이다. 그런데 그 초근목피 중에 대표적인 것이 칡뿌리와 소나무 껍질이었다.

　그중 소나무의 껍질은 겉껍질을 벗겨내고 속껍질을 이용했는데 이를 송기(松肌)라 한다. 이 송기를 절구나 디딜방아에 찧어 부드럽게 하여, 곡식 가루와 섞어 쪄서 먹거나 나물과 섞어 죽을 끓여 먹었다.

　그런데 이 송기에는 타닌 성분이 많아서, 먹고 나면 변비가 생기기 마련이었다. 예부터 솔잎과 송기는 민간에서 설사를 멈추게 하는 약으로 써 왔는데, 그 근거는 바로 소나무의 이러한 효능 때문이었다. 어떻든 이 송기로 만든 음식을 먹고 나면 심한 변비가 생겨 변을 보기가 어려웠고, 또 어렵게 변을 보고 나면 항문이 찢어지게 되었다. 이렇게 항문이 찢어지게 된

근원적인 연유는 가난 때문에 생긴 것이다. 그래서 '똥구멍이 찢어지게 가난하다'는 말이 생기게 되었고 '가난하다'는 말로 쓰이게 되었다.

첫째큰아버지

아버지의 형제를 부르는 말에는 백부(伯父), 중부(仲父), 숙부(叔父), 계부(季父)가 있다. 그런데 자기 아버지가 형제 중 중간이 아니거나, 그 형제가 다섯을 넘을 경우에는 어떻게 불러야 할까?

이에 대해서 어떤 이는, 첫째아버지 둘째아버지 식으로 부르자고 제안한다. 그러나 이는 어법상으로나 윤리적인 측면에서도 적합하지 않다. 왜냐하면, 이 말은 아버지가 둘 이상이라는 어감을 품게 되어 저항감이 생기기 때문이다. 둘째어머니라 하면 서모나 첩을 떠올리게 되는 것과 같은 이치다.

그러면 어떻게 부르는 것이 좋을까?

자기 아버지의 형들은 일단 큰아버지들이고, 그 동생들은 작은아버지들이라 할 수 있다. 그러니 큰아버지들은 큰아버지들대로 서열을 매기면 되고, 작은아버지들은 작은아버지들대로 서열을 매기면 된다. 즉 큰아버지가 셋이면 맨 위로부터 첫째큰아버지, 둘째큰아버지, 셋째큰아버지라 부르면 되고, 작은아버지가 둘이면 역시 첫째작은아버지, 둘째작은아버지라 부르면 된다.

쾌지나칭칭나네

'쾌지나칭칭나네'는 경상도 민요의 하나로서 한 사람이 사설로 메기면 여럿이 '쾌지나 칭칭 나네'라는 후렴으로 받는다. 칭칭이라고도 한다.

이 노래의 후렴구 '쾌지나칭칭나네'는 임진왜란 때 왜장 '가등청정(加藤淸正)이 물러나가네'의 뜻을 가지고 있다는 설이 있다. '쾌재(快哉)라 가등청정이 쫓겨나가네'의 준말이라는 설이다. 가등청정(加藤淸正)은 임진왜란 때 조선을 침략한 장수다.

'쾌지나'를 '캐지나' 또는 '개지나'로 부르는데, 이는 불교 행사에서 연등할 때 등에 달린 오색 종이의 이름이 '개지'인 점으로 보아 '개지나 칭칭 날리네'가 '개지나 칭칭 나네'로 아니면 '쾌지나 칭칭 나네'로 바뀌었다는 주장도 있다.

그러나 이것들은 다 무리한 해석이라는 것이 학자들의 보편적인 학설이다. '쾌지나칭칭나네'는 그 노래의 성격상 꽹과리 소리의 의성음이라고 보는 것이 타당하다고 한다. 이 노래는 원래 경북 지방의 논 매는 소리인 '칭칭이 소리'에서 기원한 것이라고 한다.

이 노래는 메기는 이가 그때그때 상황에 맞는 가사를 지어 부르기 때문에 고정된 가사는 없다. 그래서 그 길이도 다 다르다. 처음에는 느릿느릿

춤을 추면서 천천히 부르다가 흥이 고조되면 빠른 장단으로 부르게 된다. 장단은 주로 꽹과리, 징, 장구, 북 등의 풍물 악기를 사용하여 떠들썩하게 반주하는 것이 보통이다.

전남 해안지방에서 불리는 '강강술래'도 '쾌지나칭칭나네'와 유사하다. 이 설에 따르면 강강술래는 임진왜란 때 부른 노래로 '강한 오랑캐가 물을 넘어온다' 는 '강강수월래(強羌水越來)'란 뜻이라는 설이다. 곧 '강한 오랑캐인 일본군의 침입을 경계하라'는 병사들의 구호라는 것이다.

그러나 이 또한 민간 어원설에 지나지 않는다. '강강술래'가 임진왜란을 거치며 '강강수월래'라는 그럴듯한 한문 어원을 갖게 지어낸 것이다. 왜냐하면 '술래'는 예부터 쓰였던 순찰이라는 의미의 '순라(巡邏)'가 변한 말이고, 또 이 노래는 임진왜란이 일어나기 훨씬 전부터 전해져 내려왔기 때문이다. 정확하지는 않지만 사람들이 모여 살기 시작했던 농경 사회부터 시작된 것으로 추정되고 있다.

그런데 이 노래가 이순신 장군이 작전에 활용했다는 이야기는 근거가 있어 보인다. 이순신 장군이 한밤에 부녀자들을 모아 해안가를 따라 돌며 강강술래를 외치게 했는데 이를 본 왜군이, 조선군이 아직도 많다고 착각하여 섣불리 공격하지 못했다는 이야기다.

태극

우리나라의 국기는 태극기다. 태극기의 가운데에 있는, 원을 붉은빛과 남빛으로 이등분한 부분을 일반적으로 태극이라고 한다.

그러나 태극(太極)의 원래 의미는 이와는 좀 다르다. 태극은 동양 철학에서, 온 세상의 만물이 생겨나는 근원을 이르는 것으로, 역학(易學)에서도 음양의 두 원기(元氣)가 나누어지기 이전의 근본 상태를 가리키는 것이었다. 그래서 후대의 성리학자들도 태극은 우주의 본체인 이(理)와 같은 것이라 하고, 이 태극이 동하여 양과 음을 낳는다고 하였다.

곧 음과 양으로 나뉘기 이전의 상태를 말하는 것이다. 송나라 주돈이(周敦頤)도 『태극도설(太極圖說)』에서, 태극은 무극(無極)이라고 하고, 태극→음양→오행→만물의 우주론을 성립시켰다. 이때의 태극은 서양 철학의 혼돈(混沌) 즉 카오스(Chaos)와 비슷한 개념이다.

그러므로 태극의 원개념은 태극기의 가운데에 있는 음양으로 된 표지와는 그 뜻이 다르다. 지금 우리가 쓰고 있는 '태극 마크'라 할 때의 태극은 사실상 잘못 쓰이고 있는 개념이다.

태질하다

문패도 번지수도 없는 주막에
궂은비 내리는 이 밤도 애절쿠려
능수버들 태질하는 창살에 기대어
어느 날짜 오시겠소 울던 사람아

박영호가 작사하고 백년설이 부른 '번지 없는 주막'의 일절이다. 일제강점기 때, 헐벗고 굶주리던 우리 동포들의 통한(痛恨)을 절절이 담은 노래다. 나라가 없는데, 어찌 주막에 문패와 번지수가 있겠는가. 가사도 좋고 곡도 좋은 노래다.

그런데 이 노래를 들으면서 '태질하는'이란 말이 무슨 뜻일까를 생각해 본 사람이 많을 것이다. 지금은 잘 쓰지 않는 말이기 때문이다. '태질'은 '세차게 메어치거나 내던지는 짓, 개상에다 곡식 단을 메어쳐 곡식알을 떠는 일'을 가리킨다. '개상'은 볏단을 태질하는 데 쓰는 농기구로, 굵은 서까래 같은 통나무를 가로 대고 다리를 박은 것이다. 볏단을 개상 위에 대고 메어치는 것이다. '개상질'이라는 말도 있는데 '태질'과 거의 같은 말로 쓰인다. 벼, 보리, 밀 등의 단을 태질하여 낟알을 떠는 일을 가리킨다. '태질하다'는 '태질치다'와 가까운 말로 한 말로 말하면 '세게 메어치거나 내

던지다'란 뜻이다.

　예전에는 논이나 밭에 날아온 새를 쫓을 때, 짚으로 굵고 길게 머릿단처럼 땋아서 그것을 빙빙 두르다가 아래로 힘껏 내리치면 큰 소리가 났는데, 이것도 '태질한다'고 하였다. 메어친다는 뜻이다.

　이 노래 가사의 '능수버들이 창살에 태질하는' 것은 바람이 세차게 불어 버들가지가 창문에 부딪치는 것을 말하는 것이다. 궂은비가 내리는 으스스한 밤에 정든 임과 이별하는 한 여인의 애달픈 정을 고조시키는 분위기 묘사다.

팔만대장경

대장경은 일체경(一切經), 삼장경(三藏經) 또는 장경(藏經) 등으로도 불리는데, 불교의 가르침인 경(經), 율(律), 논(論)을 한데 모은 큰 경전을 지칭하는 이름이다. 즉 부처님의 설법인 경(經)과 부처님이 정한 교단의 규칙인 계율(戒律), 그리고 경과 율을 체계적으로 연구하여 해석한 논술인 논(論)을 모두 모은 것이다.

경·율·론을 일러서 삼장(三藏)이라 하는데, 이때의 장(藏)은 산스크리트어의 pitaka를 번역한 것으로 광주리라는 뜻이다. 삼장(三藏)은 tripitaka 즉 세 개의 광주리를 뜻한다. 경은 sutra의 역어로서 경사(經絲 날줄)의 뜻이다. 그러니 대장경은 세 개의 큰 광주리에 담아 놓은, 줄기가 되는 가르침이란 의미다.

그러면 팔만은 무엇을 뜻하는 말일까?

해인사에 보관되어 있는 대장경 목판은 8만 1258매로 국보 제32호다. 일반적으로 이 팔만대장경(八萬大藏經)이란 이름은 8만여 매의 판목 수에 따라 붙여진 것이라고 알고 있으나, 이것은 거기에서 유래한 이름이 아니다.

인도에서는 고래로 많은 것을 나타낼 때 8만 4000이란 수를 썼다. 그래서 8만 4000 번뇌, 8만 4000 법문이란 표현을 썼으며, 팔만 사천 법문이 실려 있다고 하여 팔만사천대장경이라 불렀다. 이 팔만사천대장경을 줄여서 팔만대장경이라고 부른다. 그러므로 팔만대장경이란 이름은 목판 수에 따라 붙여진 이름이 아니다.

또 우리가 통상 팔만대장경이라고 하는 해인사 경판은 정확한 이름이 아니다. 현종 때 새긴 초조대장경(初雕大藏經)에 이어 두 번째로 새긴 것이므로, 재조대장경(再雕大藏經) 혹은 고려대장경, 해인사대장경이라 부르는 것이 맞다.

그런데 우리나라를 비롯한 동북아시아에서 유통되고 있는 대장경은, 기원후 1세기부터 산스크리트어 경전을 중국에서 번역한 한역대장경(漢譯大藏經)이었다. 이후에 고려초조대장경(高麗初雕大藏經), 거란대장경(契丹大藏經), 북송(北宋)의 동선사판(東禪寺版)대장경 등 20여 종의 대장경이 간행되었다. 그중에서도 우리의 고려대장경은, 현대에 간행되어 내용이 알차다는 일본의 활자본 대장경인 대정신수대장경(大正新修大藏經)의 모본이 되었다.

플래카드 / 현수막

　지금 우리는 플래카드와 현수막을 혼용해서 사용한다. 『표준국어대사전』에서는 플래카드를 '긴 천에 표어 따위를 적어 양쪽을 장대에 매어 높이 들거나 길 위에 달아 놓은 표지물'이라 설명하고 '현수막'으로 순화한다고 되어 있다.

　현수막은 '극장 따위에 드리운 막, 선전문·구호문 따위를 적어 걸어 놓은 막'이라 풀이하고 "선거철이라 거리 곳곳에 현수막이 쳐져 있다. / 그가 금메달을 획득하자 마을에서는 현수막을 걸고 환영 준비를 했다."와 같은 예문을 제시하고 있다.

　이 풀이대로라면 플래카드와 현수막은 의미상의 큰 차이가 없다. 그러나 우리는 통상 플래카드는 가로로 걸고, 현수막은 세로로 내려 거는 막으로 이해한다. '현수막'의 현(懸)은 '걸다, 매달다'란 뜻이요, 수(垂)는 '아래로 드리우다'란 뜻이기 때문이다.

　이 양자는 서양의 가로 문화와 동양의 세로 문화의 차이를 엿보게 한다. 글을 가로로 쓰는 서양에서는 자연히 옆으로 펼치는 플래카드를 만들었고, 한자를 세로로 써온 동양에서는 매달아 아래로 내려뜨리는 현수막을 만들었다.

지금처럼 우리 사회가 플래카드와 현수막을 혼동해 쓰고 있는 것은 바람직한 현상이 아니다. 옆으로 걸어 두는 막을 '현수막'이라 하는 것은 글자의 뜻풀이와도 맞지 않다. 이 '플래카드'와 '현수막'은 의미 분화를 위해서도 구별해 써야 맞다. 플래카드를 현수막으로 순화해야 한다는 『표준국어대사전』의 풀이도 적절하지 못하다.

　류영남 전 한글학회 부산지회장은 '플래카드'를 '펼침막'으로 쓰고, '현수막'은 '드림막'으로 하자는 의견을 냈는데 바람직한 것으로 생각된다.

하룻강아지 범 무서운 줄 모른다

우리가 흔히 쓰는 속담에 '하룻강아지 범 무서운 줄 모른다'는 속담이 있다. 여기서 하룻강아지란 말은 예사로 써서 그렇지만, 자세히 들여다보면 그 됨됨이가 아무래도 이상한 말이다. 뭔가 제대로 된 말 같지가 않다. 하룻강아지란 말은 태어난 지 하루가 된 강아지란 뜻이겠는데, 이 말이 제값을 하려면 태어난 지 이틀이 된 강아지는 이틀강아지, 태어난 지 사흘이 된 소는 사흘송아지와 같은 말이 돼야 하는데, 그런 말은 있지도 않을뿐더러 되뇌어 봐도 어색하기 짝이 없다.

이것은 하룻강아지란 말의 만듦새가 자연스럽지 못한 억지춘향식 조어라는 증좌가 된다. 또 문맥적 의미로 보더라도 앞뒤가 잘 맞지 않고 매끄럽지 못하다. 태어난 지 하루가 된 강아지라면, 아직 눈도 떨어지지 않아 호랑이는 고사하고 아무것도 보지 못하는 상태인데, 그런 강아지가 범을 무서워한다는 것은 생각하기 어렵다. 지나친 비약이 아닐 수 없다.

그렇다면 하룻강아지란 말은 어디서 온 것일까?

우리말에는 사람의 나이와는 달리 가축의 나이를 세는 말이 따로 있었다. 태어난 지 1년이 되면 사람은 한 살이라 하고 가축은 하릅이라 하였다. 두 살은 두습·이듭이라 하고, 세 살은 세습·사습, 네 살은 나릅, 다섯 살과 여섯 살은 각각 다습·여습, 일곱 살과 여덟 살은 각각 이릅·여듭, 아홉 살은 아습·구릅, 열 살은 열릅·담불이라 한 것이 그것이다.

지금 쓰는 속담 속의 하룻강아지는 바로 이 하릅강아지가 바뀐 말이다. 이 속담을 오랜 기간 사용하는 과정에서 사람들이 하릅을 하루로 바꾸어 놓은 것이다.

해태(獬豸) / 해치

해태(獬豸)는 사자와 비슷하나 머리 가운데에 뿔이 있다고 한다. 중국 문헌인 『이물지(異物志)』에는 '동북 변방에 있는 짐승이며 성품이 충직하여 사람이 싸우는 것을 보면 바르지 못한 사람을 뿔로 받는다'라고 설명되어 있다. 『논형(論衡)』이란 책에는, 해태는 뿔이 하나인 양을 닮은 상상적인 동물인데, 죄를 지은 사람을 이 짐승에 닿게 하여 그 죄의 유무를 알았다고 한다.

한국에서는 대사헌의 흉배에 장식되기도 하였고, 화재나 재앙을 물리치는 신수(神獸)로 여겨 궁궐 등에 설치되기도 하였다.

치관(豸冠)은 집정관의 관을 가리키는데 치(豸)라는 신수가 시비곡직을 잘 가린다는 뜻에서 나온 것이다. 또 치사(豸史)라는 말은 어사의 별칭인데, 치(豸)는 신수로서 사람들의 곡직을 잘 가리어서 삿된 사람에게 덤벼든다고 하는데, 어사도 이처럼 비행에 대한 규탄권을 쥐고 있으므로 그렇게 부르게 된 것이다.

豸 자는 통상 '발 없는 벌레 치 / 해태 태' 자로 읽는다. 이 해태를 뜻하는 글자에 廌(해태 채·치) 자도 있다. 그래서 한자로는 해태를 獬廌 또는 獬豸라고 쓴다. 海駝(해타)라는 표기도 쓰이는데 이는 '해태'라는 발음에 끼워

맞춘 부회적인 표기라 보인다.

그런데 이 獬豸는 지금 '해치' 또는 '해태'로 쓴다. 어느 드라마 이름에 '해치'라는 것이 있었다. 이 豸 자는 앞에서 말했듯이 '발 없는 벌레 치 / 해태 태' 자로 읽는다. 국어원의 『표준국어대사전』에도 '해치'는 원말이라고 하고 '해태'를 표제어로 올려놓고 있다. 그러므로 獬豸는 '해태'라고 읽는 것이 바를 것 같다.

해태(廌)는 바르지 못한 자를 들이받고, 옳지 못한 자를 문다고 한다. 법을 의미하는 한자인 法 자의 원래 글자는 수(氵)와 치(廌), 거(去)가 합해진 灋(법) 자였다. 해태가[廌] 물처럼 공평하게 죄를 조사해서[氵] 바르지 않은 자를 제거한다[去]는 의미의 글자였다. 그런데 너무 복잡해서인지 '해태 치(廌)'가 빠진 형태가 지금의 法(법) 자이다. 영월에 있는 법흥사의 요사채에는 '치(廌)'를 '녹(鹿)'으로 바꾸어 쓴 灋雲堂(법운당)이라는 현판이 걸려 있다.

호떡집에 불난 것 같다

　주위가 갑작스럽게 소란해질 때 '호떡집에 불난 것 같다'란 속담을 쓴다. 호떡은 중국 음식점에서 만들어 파는 음식이다. 지금의 호빵이란 말에 그 흔적을 남기고 있다. 우리나라의 화교는 임오군란 때 파병으로 온 청나라 군사들을 따라 들어온 것이 처음이라고 하는데, 이들은 주로 호떡과 만두를 만들어 팔며 생활했다. 우리나라 사람들의 입에 맞는 짜장면을 개발한 것도 이때쯤이다.

　그런데 이 속담이 생긴 것은 일제의 간악한 계교가 숨어 있는 만보산 사건과 관련되어 있다. 이 사건은 1931년 만주의 길림성 만보산 지역에서 한인과 중국인 사이에 수로 개설 문제로 충돌이 일어난 사건이다. 이 사건이 일어나자, 국내 주요 신문들이 이 사건은 만주에 있는 한인들에 대한 중국인의 조직적인 박해에 의하여 발생한 것이라고 보도하면서 민족 감정을 자극하자, 우리나라에 거류하는 중국인을 적대시하고 박해하는 사건이 벌어졌다.

　평양에서는 대낮에 중국인 상점과 가옥을 파괴하고 구타 학살하는 사건이 며칠간 계속되는 등 잔인한 폭동으로 확산되었다. 그래서 말 그대로 호떡을 파는 중국집에 불이 나고 시끄럽게 된 정황이 벌어져 그런 속담까지 생겨나게 되었다.

그런데 이 사건의 본질은 일본이 만주에 진주하면서, 중국인과 한인들의 반일 투쟁을 분열시키기 위하여, 일제가 꾸민 치밀한 계교에 의한 것이었다. 양자 간의 충돌을 뒤에서 조종하여 그들의 만주침략을 쉽게 함과 더불어, 국제적으로 정당화하려는 술책으로 빚어진 사건이었다.

혹부리 영감

어린 시절에 들었던 도깨비 이야기는 지금 나이 먹은 사람들이라면 누구나 가슴 한구석에 아스라이 자리 잡고 있는 하나의 그리운 향수다. 일전에 어느 명사들이 쓴 신문 칼럼에도 이런 향수담이 실려 있었다.

한밤중에 나그네가 숲길을 걸어갔다. 달빛 닮은 여인이 나타나 그를 유혹했다. 그녀의 오두막에서 기분 좋은 하룻밤을 보낸 나그네, 아침에 일어나니 부지깽이 한 자루를 안고 있었다. 지난밤 그를 유혹한 아름다운 여인은 백 년 묵은 여우 도깨비였다. '옛날 옛날에'로 시작되는 이 땅의 이야기에는 이런 이야기들이 많았다.

할머니가 살던 마을에는 밤만 되면 도깨비가 나타난다고 했다. 밤새 도깨비랑 싸우다 간신히 도깨비를 넘어뜨리고 상처투성이가 돼 돌아왔다는 아저씨도 있었고, 도깨비가 등에 올라타고 놔주질 않아 논바닥을 구르다 간신히 떼어 놓고 달아났는데, 날이 밝아 찾아보니 싸리 빗자루였더란 이야기를 하는 사람도 있었다.

또 할머니는 도깨비 퇴치법도 함께 일러주셨다. 도깨비를 만나면 눈을 아래로 내리깔고 상대를 깔보는 눈빛을 해야 한다며 직접 시범까지 보여

주셨다. 그놈 머리 쪽을 쳐다보면 몸뚱이가 집채만 해져서 절대로 이길 수가 없단다. 무조건 발 쪽을 봐야 해. 그러면 도깨비가 순식간에 개미처럼 쪼그라들어서 네가 가만히 서 있기만 해도 녀석이 알아서 줄행랑을 치게될 거야. (이하 생략)

얼마나 향기롭고 할머니 냄새가 나는 이야기인가!

그런데 우리는 우리 도깨비의 참모습을 잘 모르는 이가 많다. 우리가 흔히 떠올리게 되는 도깨비의 모습은 머리에 뿔이 있고 원시인 복장을 한채, 손에는 못 박힌 몽둥이를 들고 있다. 그런데 이러한 도깨비는 우리의 도깨비가 아니고 일본의 요괴인 '오니(おに)'다. 일제강점기 교과서에 일본 전래동화 '혹부리영감' 이야기가 실리고, 오니가 등장하는 삽화까지 그대로 쓰이는 바람에 오니가 우리의 도깨비 모습으로 둔갑한 것이다.

1910년 한일병탄 뒤 조선총독부에서 교과서를 만들 때, 일본의 것을 가져와 그대로 베끼면서 일본의 요괴가 우리의 도깨비로 변신한 것이다. 이처럼 일본 교과서를 바탕으로 하면서, '혹부리영감' 이야기를 싣고 일본의 삽화까지 그대로 가져다 썼다. 일본이 '내선일체(內鮮一體 일제의 조선 통치정책으로 '조선과 일본은 한 몸이라는 뜻)'라는 식민 정책의 일환으로 그렇게 끼워 붙인 것이다. 그 뿔 달린 오니 삽화는 일제 침략기 내내 교과서에 수록되었고, 광복 이후에도 당시 문교부는 비판적 검토 없이 혹부리영감 이야기와 삽화를 그대로 교과서에 수록했다. 이런 영향으로 '혹부리영감'이 한국 전래 민담으로 둔갑해 동화책으로까지 나왔다.

홍길동 씨 귀하

우편물의 발신자란에 성명 석 자만 달랑 쓴 경우도 있다. 이것은 대단한 실례다. '홍길동 드림'이나 '성춘향 올림'이라 써야 한다. 제자라면 '문하생 성춘향 올림'이라 써야 예의에 맞다.

윗사람에게 편지를 보낼 때는 직함을 뒤에 붙이면 된다. '홍길동 사장님'과 같이 쓰면 된다. 직함이 없을 경우에는 '귀하'나 '좌하'를 붙이면 된다. 한글체로 쓸 때는 '님' 자를 붙이면 된다. '이 도령 귀하', '성춘향 좌하', 홍길동 님'이라 쓴다. 아랫사람에게 보낼 때는 이름 뒤에 '앞' 자를 쓰면 된다.

그런데 한 가지 유의할 것은 중복된 공대법을 써서는 안 된다는 것이다. 곧 '홍길동 사장님 귀하', '홍길동 씨 귀하', '홍길동 님 좌하', '홍길동 씨 좌하' 등과 같이 쓰는 것은 원칙이 아니다. 귀하나 좌하만을 붙이는 것이 예의에 어긋난다고 생각하여 이중으로 공대를 나타내려고 하는 생각에서 나온 것이라 보이는데 그것은 옳지 않다. '님'이나 '씨'를 붙이지 않고 그냥 '귀하'나 '좌하'를 붙이면 된다.

'님'이나 '씨' 아래 '귀하'나 '좌하'를 붙이면, 이것은 넥타이를 맨 끝에 작은 리본을 또 하나 단 것과 같다.

홍길동 신부 / 신부 홍길동

어느 성당에서 나온 통지문에, 알리는 사실을 전부 쓰고 난 끝에 '○○
○ 신부'라고 적혀 있는 것을 본 일이 있다. 관례를 좇아서 그렇게 썼겠지
만, 일반적인 격식에는 맞지 않는 것이다. 보내는 사람의 이름을 직책이나
관등官等과 함께 쓸 경우에는, 직명이나 관등명을 먼저 쓰고 사람의 이름
은 그 뒤에 쓰는 것이 통례다. 지난날 선비들도, 겸직이 여러 개가 있을 경
우에도 많은 직명을 하나하나 다 쓰고, 그다음에 자기의 이름을 썼다.

『훈민정음』에서 정인지는 서문 끝에 '자헌대부 예조 판서 집현전 대제
학 지춘추관사 세자우빈객 정인지'라고 썼다.

오늘날의 공용문서도 전부 그러하다. 담화문이나 공지사항 등의 글에도
'대통령 ○○○, 법무부 장관 ○○○'와 같은 형식을 취하고 있다. 군대의 문
서나 사신私信도 마찬가지다. '소장 ○○○, 병장 ○○○ 올림' 등과 같다. 저
서의 표지도 마찬가지다. '문학박사 ○○○ 지음'과 같이 쓴다. 표창장이나
상장의 끝에도 이와 마찬가지로, '총장 ○○○, 교장 ○○○'로 쓴다.

그러므로 통지문의 끝에 보내는 사람의 이름을 쓸 때는 '○○○ 신부'가
아니라 '신부 ○○○'라 해야 한다.

직함을 뒤에 쓰는 경우는 남들이 그 사람을 높여서 부를 때 쓰는 것이

다. 홍길동 총장, 성춘향 교장, 이철희 대장 등과 같이 쓰게 된다.

얼마 전에 교황의 이름과 직함의 표기 방식에 혼동이 빚어진 일이 있었다. 한국 언론은 이전 교황인 요한 바오로 2세, 베네딕토 16세를 표기할 때 관행적으로 '교황 요한 바오로 2세', '교황 베네딕토 16세'로 표기해 왔다. 영어 명칭에서 교황이란 뜻의 'Pope'가 먼저 쓰이기 때문에 이를 그대로 순서대로 번역해 적어온 것이다. 이에 따라 그동안은 '교황 프란치스코' 표기가 우세했다. 하지만 '교황 프란치스코'는 이름을 바로 부르는 것처럼 느껴져 불경(不敬)스럽다는 지적이 있었다. 이전 교황은 이름에는 '2세', '16세'라는 세수(世數) 표기가 이어져 그 같은 느낌이 거의 들지 않았다.

우리말 표현에는 남을 높여 부르고 쓸 때, 이름을 먼저 쓰고 직함을 뒤에 쓰는 것이 맞다. '프란치스코 교황'이라고 쓰는 것이 맞다. 한국 천주교도 공식 보도자료 등에서 '프란치스코 교황'으로 표기하고 있다.

화냥년

화냥년이라는 욕설이 있다. '화냥'은 서방질하는 여자를 가리킨다. '화 냥'만 해도 바람난 여자를 지칭하는데, 이를 더욱 경멸하기 위하여 '년'을 덧붙여 나타낸 말이 화냥년이다. 화냥을 더욱 얕잡아 이르는 말로 화냥데 기란 말도 있다. 절개 없이 이리저리 빌붙는 것을 야유하는, '화냥년 시집 다니듯'이란 속담도 있다. 여인의 정절을 최고의 가치로 여겼던 우리 문화 속에서, 화냥기 있는 여자는 가장 더럽고 저속한 여자로 취급되었다.

그러면 이 화냥년이라는 말의 뿌리는 무엇일까?

이에 대해서는 종래 여러 가지 주장들이 있어 왔는데, 첫째 병자호란과 관련한 환향녀(還鄉女)에서 왔다는 설, 둘째 신라 때 생긴 화랑(花郞)에서 유 래했다는 설, 셋째 음란한 여자를 뜻하는 만주어 하얀(hayan)에서 왔다는 설, 넷째 유녀를 뜻하는 중국어 화냥(花娘 huāniág)에서 유래했다는 설 등이 있다.

그러면 이들 주장에 대하여 하나하나 살펴보기로 하자.

첫째, 화냥년이 환향녀에서 왔다고 하는 데는 그렇게 보기 어려운 맹점 이 숨어 있다. 그것은, '환향녀(還鄉女)'라는 한자어가 그 당시의 어떤 문헌에도 나오지 않는다는 것이다. 환향녀란 말 자체가 후대에 와서 호사가들의 입에서 지어진 말임을 알 수 있다. 그러니 화냥년이 환향녀에서 왔다는 것은 성립되지 않는다.

또 '화냥년'이란 말의 뿌리가 되는 말이 병자호란 이전에 이미 순우리말로 존재했다는 사실이다. 이수광의 지봉유설에서는 이기(李墍)가 쓴 『송와잡설(松窩雜說)』의 글을 인용하고 있는데, 거기에 우리가 잘 아는 청개구리 우화 같은 이야기가 나온다.

옛날에 어떤 사람의 아들이 매우 불순했는데, 동쪽을 물으면 서쪽을 가리키고, 북쪽을 물으면 남쪽을 가리켰다. 그 아버지가 병이 들어 죽으려 할 즈음에 아들에게 일러 말하기를, 내가 죽으면 반드시 높은 봉우리에 묻어 달라 하였다.

평지에 묻히고 싶어서 일부러 아들에게 거꾸로 말한 것이었다. 그 아들이 이를 듣고, 죽음에 이르러 하는 말이니 따르지 않을 수 없다고 생각하고 그 말대로 따랐다. 아버지의 뜻을 변환시켰다 하여 그 산의 이름을 환야산(幻爺山)이라 하였는데, 지금 사람들이 남을 욕할 때 환야라 하는 것도 여기서 나온 듯하다.

여기에 나오는 '환야(幻爺)'라는 표기는 우리말 '화냐'를 한자로 끌어다 쓴 것이다. 어원에 대한 풀이는 허황된 민간 어원설에 지나지 않지만, 고유어 '화냐'가 있었음은 틀림없는 사실이다. 내용으로 보아, '화냐'는 천하에 몹쓸 사람을 가리켜 욕할 때 쓰는 말임에 틀림이 없다. 다시 말하면 '화냐'는 아무짝에도 못 쓸 망나니를 이르는 말이다.

화냥년이란 말은 이 '화냐'에 접사 '년'이 합해져 된 말이라 볼 수 있다. 그 '화냐년'이 어조를 고르기 위해 중간에 'ㅇ'이 개입되어 '화냥년'이 된 것이다. 모음 사이에 'ㅇ'이 개입된 것은 '소+아지'가 송아지로, '말+아지' 가 '망아지'로, 'ᄀᆞᄅᆞ+비'가 가랑비로, '괴+이'가 고양이가 된 것과 같다. (이러한 언어 현상을 모음 충돌 회피 현상이라 한다.)

『송와잡설』을 쓴 이기는 1522년에서 1600년까지 살았고, 이수광은 1614년에 지봉유설을 간행했다. 병자호란이 1636년에 일어났으니, 이 '화냥년' 은 병자호란 전부터 이미 있었다는 증좌가 된다. 그러므로 화냥년은 병자 호란 때 속전을 주고 돌아온 여인들과는 아무 관련이 없는 말이다.

둘째, 화랑이 화냥으로 변했다는 설이나, 만주어 'hayan'이 화냥으로 변 했다는 설은 양자가 다 음탕한 여자와 관련을 보이는 의미상의 유사성은 있으나, 언어학적인 음운상의 변화를 설명할 수가 없다. 즉 화랑이 화냥으 로 바뀐 과정을 어학적으로 설명할 수가 없는 것이다.

'하얀'도 마찬가지다. 이 단어가 병자호란 때 중국 심양에 끌려갔던 여 자들이 돌아올 때 같이 들어와 우리나라에 퍼졌다는 것인데, 한마디로 전 거가 없을 뿐만 아니라, 음운상으로도 '화냥'은 '하얀'과 너무나 거리가 멀 다. 그렇게 말이 변했다는 논리를 아무래도 찾을 수 없으므로 믿기 어렵다.

셋째, 앞에서도 말했지만, 화냥(花娘, huāniáng)은 음성으로나 의미로나 화 냥과 매우 가까운 거리에 놓인 말이다. 그런데 여기에도 커다란 함정이 있 다. '화냥'이 최초로 등장하는 문헌은 '박통사언해'(1677)다. 박통사는 중국 어 학습서다.

박통사언해(朴通事諺解)에서 중국어 '양한(養漢)'을 '화냥년'으로 번역했다. '양한'이란 여자가 남자와 눈이 맞아 혼외정사하는 것을 뜻한다. 그런데 여기서 중요한 사실은 박통사 번역자가 '양한養漢'을 번역하면서, 중국어 花娘 즉 huā niáng을 차용하여 풀었다는 사실이다. 이는 상식적으로 생각해 보더라도 이치에 맞지 않는다. 왜냐하면, 중국어를 번역하면서 중국어로 번역할 리가 없기 때문이다. 사전에 비유하면, 박통사언해는 중한(中韓)사전이지, 중중(中中)사전은 아니기 때문이다.

박통사언해는 중국말을 우리나라 사람들에게 가르치기 위하여 만든 책이다. 그렇다면 중국말을 우리나라 사람들이 잘 아는 우리말을 사용하여 번역할 것이지, 중국말을 번역하는 데 우리말 아닌 중국말을 거듭 쓰지는 않았을 것이다. 앞에서 지적한 바와 같이 화냥년이라는 우리말이 이미 있었는데, 굳이 중국말을 끌어 사용할 리는 없다. 이로 볼 때, 중국어 양한을 푸는 데, 우리말 화냥년을 그대로 사용하여 푼 것으로 봄이 마땅하다.

그러므로 음이 유사하다 하여, 화냥년이 중국어 '화냥'에 우리말 '년'이 붙어서 된 말이라고 단정할 수가 없는 것이다. 음이 비슷하다 하여 우리말 '보리'가 영어 'barley'에서 왔고, 우리말 '많이'가 영어 'many'에서 왔다고 할 수 있겠는가?

다만 중국어 화냥(花娘)을 화냥(년)에 결부시킨 것은, 그 말이 우리의 화랑과 그 형태가 유사한데다가, 두 말이 다 유녀의 뜻을 함께 지니고 있다는, 공교로운 일치점을 보이기 때문에 견강부회된 것으로 보인다

요약하건대, 화냥년은 '환향녀'나 '화랑', 그리고 만주어 '하얀'이나 중국어 '화냥'에서 유래한 말이 아니라, 순 고유어 '화냐'를 말 뿌리로 하고 거기에 '년'이 결합되어 생긴 말이다.

효자(孝子)

축문祝文은 유세차(惟歲次)로 시작되어, 기일을 쓴 다음에 제사를 지내는 맏이의 이름을 쓰는데, 그 이름자 앞에 부모의 제사인 경우 효자(孝子)를 붙인다. 비문을 새길 때 아들의 이름 위에 적을 때도 이 말을 쓴다.

그런데 어떤 이가 말하기를, 자기는 부모가 살았을 때 변변히 효도를 하지도 않아서, 제사 때 효자란 말을 붙이기가 민망하다고 하는 말을 들은 적이 있다.

그런데 이때의 효자란 말은, 부모를 잘 섬기는 아들이란 뜻이 아니라, 부모의 제사에서 맏아들의 자칭이나 또는 부모의 상중에 있는 사람이란 뜻으로 쓰는 말이다. 다시 말하면, 이 말은 제사를 지낼 때, 제주(祭主)가 부모의 혼백에게 자기를 이르는 일인칭 대명사다. 축문(祝文)을 읽는 입장에서 제주를 이르는 말이다. 그러니 이때의 孝 자는 '효도 효'로 읽을 것이 아니라, '맏자식 효', '상(喪) 당할 효' 또는 '복(服) 입을 효'로 읽는다.

제사의 축문에 쓰인 것은 이 중 '맏자식'이란 뜻으로 쓰인 것이다. 예기에 '축왈효자(祝曰孝子)'란 말을 정현이 주(注)를 달면서 '효(孝)는 종자지칭(宗子之稱)'이라 한 것에서도 알 수 있다.

아무튼지, 어버이 제사를 지낼 때 축을 읽으면서, 효자라는 말이 부끄럽지 않도록 살았을 때 효도를 잘 해야겠다.

제 3 부

우리말의 어법

가여운 / 가엾은

　‘가엾다’와 ‘가엾다’는 복수 표준어다. 둘 다 표준어다. ‘가엾은 아이’와 ‘가여운 아이’ 둘 다 가능하다. 표준어 규정 제26 항에서는 이 둘을 복수 표준어로 다루고 있다.

　‘가엾다’는 ‘가엾어, 가엾으니, 가엾고’로 활용하고 ‘가엾다’는 ‘가여워, 가여우니, 가엽고’로 활용한다. 따라서 ‘부모 잃은 가여운 아이’나 ‘부모 잃은 가엾은 아이’나 모두 표준어를 사용한 올바른 표현이다.

　‘서럽다’와 ‘섧다’도 복수 표준어다. ‘서럽게 운다’나 ‘섧게 운다’나 다 맞는 표현이다. 이와 같은 복수 표준어 몇 개를 보이면 다음과 같다.

가뭄/가물	것/해(내 것, 내 해)	꼬리별/살별	내리글씨/세로글씨
넝쿨/덩굴	댓돌/툇돌	만큼/만치	물봉숭아/물봉선화
살쾡이/삵	삽살개/삽사리	상두꾼/상여꾼	성글다/성기다
수수깡/수숫대	알은척/알은체	어이없다/어처구니없다	어저께/어제
언덕바지/언덕배기	여쭈다/여쭙다	여태껏/이제껏/입대껏	엿가락/엿가래
엿기름/엿길금	옥수수/강냉이	욕심꾸러기/욕심쟁이	의심스럽다/의심쩍다
-이에요/-이어요	중매/중신	책씻이/책거리	
철따구니/철딱서니/철딱지		혼자되다/홀로되다	

갈게 / 갈까

의문을 나타내는 어미는 된소리로 적고, 그 외의 어미는 비록 된소리가 날지라도 예사소리로 적는다.

즉 의문을 나타내는 어미 '-ㄹ까?, -ㄹ꼬?, -(스)ㅂ니까?, -리까?, -ㄹ쏘냐?'는 각각 된소리로 적는다.

집에 갈까?
이 일을 어찌할꼬?
주려 죽어진들 고사리를 먹을쏘냐?

반면 의문의 뜻이 없는 어미는 비록 된소리로 날지라도 된소리로 적지 아니한다. '-ㄹ거나, -ㄹ걸, -ㄹ게, -ㄹ지, -ㄹ세라' 등의 어미가 그러하다.

진작 그렇게 할걸.
그럼 내가 먼저 갈게.
모든 것 다 버리고 고향으로 갈거나.

나의 살던 고향

이 땅에 태어난 사람이라면 누구나 가슴 서리게 부르는 노래가 '고향의 봄'이다. 외국에 나가 있는 우리 민족들이 고향을 생각하며 아리랑보다 먼저 부른다는 노래가 '고향의 봄'이다. '고향의 봄'은 이원수가 쓴 동시에 홍난파가 곡을 붙인 노래다.

　나의 살던 고향은 꽃피는 산골
　복숭아꽃 살구꽃 아기 진달래
　울긋불긋 꽃 대궐 차린 동네
　그 속에서 놀던 때가 그립습니다.

그런데 이 노래의 '나의 살던 고향'이란 구절이 잘못된 표현이라는 지적이 있다.

'살다'라는 서술어의 주어는 주격조사가 붙는 '내가'가 되어야 한다는 것이다. 그런데 '나의'는 주어가 아니고 관형어라서 '나의 살다'는 말이 되지를 않는다는 것이다. 관형어는 주어가 될 수 없으므로 '의'라는 관형격 조사를 주격 조사 '가'로 바꾸어 써야 한다고 주장한다. 곧 '내가 살던 고향은'이라고 써야만 어법에 맞는 구절이 될 수 있다는 것이다.

또 이러한 표현은 일본어에서 왔기 때문에 적절하지 않다는 지적도 있다. 일어는 명사와 명사 사이에 '-의'라는 뜻의 조사가 자주 붙는데, 이런 일어의 흔적으로 '내가 살던 고향'이 무리하게 '나의 살던 고향'이 되었다는 견해이다.

과연 그럴까?

관형격 조사 '-의'가 주격처럼 쓰인 예가 독립선언서의 첫머리에 보인다.

吾等(오등)은 玆(자)에 我朝鮮(아조선)의 獨立國(독립국)임과 朝鮮人(조선인)의 自主民(자주민)임을 宣言(선언)하노라.

이 선언서의 '아조선의 독립국임'과 '조선인의 자주민임'이 그러한 예다. 여기서 '조선의'와 '조선인의'란 말의 '-의'가 주격 조사처럼 쓰였다. '조선이 독립국이란 것과 조선인이 자주민이라는 것'을 선언했기 때문이다. '우리는 이에 우리 조선이 독립한 나라임과 조선 사람이 자주적인 민족임을 선언한다.'는 뜻이다.

또 『표준국어대사전』에서는 이 관형격 조사 '의'에 대해 이렇게 풀이하고 있다. '명사구 안에서 용언 또는 서술어의 의미상 주어 구실을 하는 조사'라고 되어 있다. 그 예로 바로 '나의 살던 고향, 학생의 할 도리' 등을 들고 있다.

이러한 용법의 '의'는 일찍이 15세기 우리말에도 쓰였음을 보여 주고 있다.

罪福이 내익 짓논 배라 하고 (월인석보)
[죄와 복이 내가 만든 바이라 하고]

네의 出家호믈 듣노라 (석보상절)
[네가 출가함을 들어주노라]

　이 문헌들에 보이는 '익'와 '의'는 지금의 '의'와 똑같이 쓰였다. 즉 '내익 짓논'은 '내가 짓는'의 뜻이고 '네의 출가함'은 '네가 출가함'의 뜻이기 때문이다. 그러므로 '나의 살던 고향'에 쓰인 '의'는 예부터 쓰던 말이며, 『표준국어대사전』에 보이는 것처럼 의미상의 주어 구실을 하고 있기 때문에 결코 틀린 말이 아니다.

난 / 란, 양 / 량

 난(欄)과 양(量)의 경우에는 바로 앞에 오는 글자가 한자어인 경우에는 '-란' '-량'으로 적고, 앞글자가 고유어나 외래어인 경우에는 '-난, -양'으로 적는다. 즉 '한자어+欄, 量'은 '欄, 量'이 독립성이 없는 것으로 보아 '-란, -량'으로 적어야 하고, 고유어와 외래어 아래에서는 그 '欄, 量'이 독립성이 있는 것으로 보아 '-난, -양'으로 적는다.

ㄱ. 독자란(讀者欄), 공란(空欄), 주부란(主婦欄)
ㄴ. 어린이난, 가십난, 칼럼난

 ㄱ은 독자, 공, 주부 등과 같이 한자어 아래 '란'이 왔으므로 원래의 음대로 '-란'으로 적는다. 그런데 ㄴ은 '어린이'와 같이 고유어나 '가십, 칼럼'과 같은 외래어 아래에 올 때는 자립어 '난'과 결합된 말 즉 '어린이+난', '가십+난'의 구조가 되므로 '-난'으로 적는다.

ㄷ. 수면량(睡眠量), 노동량(勞動量), 강우량(降雨量)
ㄹ. 구름양, 일양, 알칼리양, 비타민양

‘양, 량’도 마찬가지다. ㄷ처럼 한자어 아래에서는 ‘-량’으로 적고, 고유어나 외래어 아래에서는 자립어 ‘양’과 결합된 것으로 보아 ‘-양’으로 적는다. 여기서 한 가지 덧붙일 것은 ‘능(陵)’도 이런 예와 같이 적는다. 한자어 아래에서는 ‘태릉, 동구릉, 서오릉’으로 적고, 고유어 아래에서는 ‘아기능’과 같이 적으면 된다.

넓다 / 밟다

'ㄹ'이 선행하는 쌍받침의 발음법을 익히는 시쳇말로, '부산통화'는 먼저 하고 '판매고'는 뒤에 하라는 말이 있다. 즉 '부산통화'의 각 음절의 첫소리 'ㅂ ㅅ ㅌ ㅎ'이 오는 말은 앞에 오는 글자를 발음하고, '판매고'의 각 음절 첫소리 'ㅍ ㅁ ㄱ'이 오는 말은 뒤에 오는 소리를 발음한다는 뜻이다. 그러면 실제 예를 보자.

　　부(ㅂ) : 넓다[널따]
　　산(ㅅ) : 외곬[외골]
　　통(ㅌ) : 핥다[할따]
　　화(ㅎ) : 닳다[달타]

이에서 보듯 '부산통화' 즉 'ㅂ ㅅ ㅌ ㅎ'과 결합하는 ㄹ 쌍받침의 발음은 '먼젓번' 소리인 ㄹ을 먼저 발음하는 것이다.

다음은 '판매고'의 실제 예를 보자.

　　판(ㅍ) : 읊다[읍다]
　　매(ㅁ) : 닮다[담다]

고(ㄱ) : 굵직하다[국찌카다]

여기서도 '판매고' 즉 'ㅍ ㅁ ㄱ'과 결합하는 ㄹ 쌍받침은 '뒤의' 소리인 'ㅍ ㅁ ㄱ'을 발음하는 것이다.

다음으로 '밟다'는 익어진 발음을 취한다

밟다[밥따] 밟지[밥찌] 밟는[밤는]
넓죽하다[넙쭈카다] 넓적하다[넙쩌카다]

그 외 '핑계, 게시판' 등의 '계, 게'는 모두가 '게'로 발음되지만 그 철자는 원래의 한자음대로 적는다.
① 계수(桂樹)   몌별(袂別)
② 게송(偈頌)   게시판(揭示板)   휴게실(休憩室)

넓죽하다 / 널찍하다

　'넓죽하다'와 '널찍하다'는 다같이 '넓다'를 어근으로 하는 말인데, 왜 그렇게 표기를 달리 할까? 또 '맑스그레하다'와 '말쑥하다'는 둘 다 '맑다'를 어근으로 하는데, 왜 하나는 '맑-'이요 다른 하나는 '말-'일까?

　넓다는 말은 '평면의 면적이 크다' 또는 '너비가 크다'의 뜻이다. 그런데 여기서 파생된 '넓적하다, 넓삐죽하다, 넓둥글다, 넓적넓적, 넓적스름하다, 넓죽넓죽, 넓죽하다' 등은 모두 그 어근의 원형 '넓'을 밝혀 적는다. 그런데 '널찍널찍, 널찍하다, 넙적넙적하다, 넙치, 넙치눈이' 등은 그 원형을 밝혀 적지 않았다.

　'얇다'를 어근으로 하는 '얄찍얄찍, 얄찍하다, 얄팍스럽다, 얄팍얄팍, 얄팍하다' 등은 그 어근의 원형을 밝혀 적지 않는다. 또 '짧다'를 어근으로 하는 '짤따랗다, 짤막하다' 등도 원형을 밝혀 적지 아니한다. 왜 그럴까?

　그렇게 적는 것은 한글 맞춤법 제21항에 의거한 것이다. 이 항에는 명사나 혹은 용언의 어간 뒤에 자음으로 시작된 접미사가 붙어서 된 말은 그 명사나 어간의 원형을 밝히어 적는다고 되어 있다. 즉 '값지다, 넋두리, 옆댕이' 등은 '값+ㅈ, 넋+ㄷ, 옆+ㄷ'과 같이 명사 뒤에 각각 'ㅈ, ㄷ' 등의 자음이 오기 때문에 어근을 밝혀 적는다.

어간 뒤에 자음으로 시작된 접미사가 붙는 것도 마찬가지다. '갉작거리다, 굵다랗다, 굵직하다, 넓적하다, 늙수그레하다, 얽죽얽죽하다' 따위도 그러한 예다.

그런데 이 조항의 '다만' 항에 겹받침의 끝소리가 드러나지 않는 것이나 어원이 분명하지 아니하거나 본뜻에서 멀어진 것은 어근에 관계없이 소리대로 적는다고 되어 있다. '널따랗다'와 '널찍하다'가 그러한 예이다. 이 두 말은 '넓-'을 어근으로 하는 말임에는 틀림없지만, [넙다랗다], [넙직하다]로 발음되지 않고 [널따랗다], [널찍하다]로만 발음된다. 그러므로 그 소리대로 적는다. '얄따랗다', '짤막하다'도 그러하다. [얍다랗다], [짭막하다]로 발음되지 아니하고 [얄따랗다], [짤막하다]로 소리 나기 때문에 그대로 적는 것이다. 이러한 예에 속하는 말로는 '핥짝거리다, 말끔하다, 말쑥하다, 말짱하다, 실쭉하다, 얄팍하다, 짤따랗다, 실컷' 등이 있다.

그런 반면에 위에서 보듯 '굵다랗다, 굵직하다, 넓적하다, 늙수그레하다' 등은 각각 [국다랗다], [국직하다], [넙적하다], [늑수그레하다]와 같이 겹받침의 끝소리가 드러나기 때문에 그 원형을 밝혀 적는 것이다.

다음으로 어원이 분명하지 않거나 본뜻에서 멀어진 말을 보자.

이런 예에 속하는 말은 '넙치, 올무, 골막하다, 납작하다' 등이 있다. 넙치는 '넓-'과 관계가 있는 듯하나 명확하지 않으며, '납작하다' 역시 '넓-'과 유관한 듯하나 분명하지 않다. 올무는 새나 짐승을 잡는데 쓰는 올가미를 뜻하는데, 이 말은 '올가미를 씌우다'라는 '옭다'에서 온 말인 듯하나 어원에서 멀어진 말인 것 같다.

'골막하다'는 '굴먹하다'의 작은 말인데, '그릇에 다 차지 아니하고 조금

모자라는 듯하다'라는 뜻이다. 그 뜻으로 보아 이 말은 '굶다'에서 온 말인
것 같으나 본뜻에서 멀어졌다고 보이므로 그렇게 적는다.

-노라 / -로라

ㄱ. 내로라하고 거들먹거린다.
ㄴ. 내노라 하고 거들먹거린다.

위의 예문 중 어느 것이 맞는 말일까? 'ㄱ'이 맞는 말이다.

'내로라'는 기원적으로 대명사 '나'에 서술격 조사 '이-', 주어가 화자와 일치할 때 쓰이는 선어말어미 '-오-', 평서형 종결어미 '-다'가 차례로 결합된 '나이오다' 형식이다. 이 '나이오다'가 중세에 와서 '나이로라'로 변하였고 '내로라'는 그 줄어진 말이다. 여기서 보듯이 '-로라'는 '나'와 같은 체언 아래 오는 조사다. 즉 서술격 조사 '이다'의 활용형인 '이니, 이고, 이면, 이로다, 이로라'의 한 형태이다.

이 '-로라'는 '아니다'의 어간에도 붙는 연결어미로 자기 존재를 의식적으로 쳐들어 뽐내는 뜻을 나타내는 데 쓰인다. '내 잘못은 아니로라 하고 끝까지 우기다'와 같이 쓴다. 그러니 '로라'는 '이다', '아니다'의 어간 뒤에 붙어 자신의 행동을 의식적으로 드러내어(뽐내어) 나타내는 종결 어미다.

내로라하는 사람들이 모였다.
그는 자기 책임이 아니로라 우기기만 한다.

'노라'는 동사의 어미로, 자기의 동작을 장중하게 선언하거나 감동의 느낌을 나타내는 종결 어미다.

나는 지금부터 숙제를 하겠노라.
나는 사람을 잘못 보았노라.
나는 그대의 이름을 부르노라.

'-노라'는 동사 어간 뒤에만 나타나고, 형용사 '아니다'나 서술격 조사 '이다' 뒤에는 각각 '-로라'가 나타난다.

노라네 / 노랗네

우리가 학창 시절에 배운 용언(동사 형용사)의 불규칙 활용 중에 'ㅎ' 불규칙이란 게 있었다. '막다'의 어간 '막-' 뒤에 어미 '-아'가 오면 '막아'가 된다. 그러나 '파랗다'는 어간 '파랗-' 뒤에 어미 '-아'가 오면 '파랗아'가 되지 않고 '파래'가 된다. 어간 말 자음 'ㅎ'이 탈락하면서 어미도 모습이 바뀐다. 곧 '파랗다'는 'ㅎ' 불규칙 활용을 하는 용언(형용사)이다.

'노랗다', '동그랗다', '조그맣다'도 이와 마찬가지다. 이들 말의 어간 뒤에 어미 '-아'가 오면 '노랗아', '동그랗아', '조그맣아'가 되지 않고 '노래', '동그래', '조그매'로 'ㅎ' 불규칙 활용을 한다. '좋다'를 제외하고 어간이 'ㅎ' 받침으로 끝나는 형용사는 모두 이러한 불규칙 활용을 한다.

그래서 어미 '-네'가 올 때의 이들 활용형은 '노라네, 동그라네, 조그마네'가 된다.

그런데 현실 언어에서는 '노랗네'를 맞는 표기로 알고 발음도 그렇게 하는 이들이 많아졌다. 그래서 국립국어원에서는 이를 반영하여 2015년 12월, '노랗네, 동그랗네, 조그맣네'를 표준어로 추가하였다. 그래서 지금은 '노라네/노랗네', '동그라네/동그랗네', '조그마네/조그맣네'가 각각 둘 다 맞는 복수 표준어가 되었다.

'노랗네, 동그랗네, 조그맣네'의 발음은, 'ㅎ' 뒤에 'ㄴ'이 결합되는 경우에는 [ㄴ]으로 발음한다는 규정에 의하여, 각각 [노란네], [동그란네], [조그만네]로 발음한다.

듯 / 듯이 / 듯하다

‘듯, 듯이’는 의존 명사이기 때문에 띄어 쓰고, ‘듯하다’는 보조 형용사이기 때문에 띄어 쓴다. 그러나 어간 아래 쓰이는 ‘-듯이’는 어미이기 때문에 붙여 쓴다. 그러면 그 용례를 보자.

‘듯’은 어미 뒤에 사용되는데 의존 명사라서 띄어 쓴다.

　아기는 아버지를 빼다 박은 듯 닮았다.
　마치 구름을 걷는 듯 도무지 생시가 아닌 것만 같았다.
　지금도 하얀 눈을 보면 그때의 열정이 되살아나는 듯 느껴진다.
　하늘이 맑으니 남산이 손에 잡힐 듯 가깝게 다가온다.
　경호는 속에서 불덩이가 치미는 듯, ‘에이 더워!’

어미 뒤에 쓰이는 ‘듯이’는 ‘듯’과 같이 의존 명사인데 줄어지면 ‘듯’이 된다.

　뛸 듯이 기뻐하다
　아는 듯이 말했다.

그의 행동을 보아하니, 곧 떠날 듯이 보인다.

그런 것 같기도 하고 그러지 아니한 것 같기도 함을 나타낼 때도 같다. 의존 명사로 띄어 쓴다.

잠을 잔 듯 만 듯 정신이 하나도 없다.
그는 신문을 보는 듯 마는 듯 뒤적거리고만 있다.
돌탑이 무너질 듯 말 듯 위태로워 보인다.

'행동하거나 어떤 일이 일어날 것처럼 보임'의 뜻을 나타낼 때도 같다. 의존 명사로 띄어 쓴다.

안타깝게도 수돗물은 나올 듯 나올 듯 하면서도 나오지 않았다.
영희가 무엇인가 말할 듯 말할 듯 하다가 끝내는 종종걸음 치며 사라졌다.
선혜는 자신과 권오송의 인연을 점치듯 끊어질 듯 끊어질 듯 하며 이어지는 배 껍질을 바라본다.

용언의 어간 뒤에 쓰이는 '-듯이'는 어미이기 때문에 어간에 붙여 쓴다.

거대한 파도가 일듯이 사람들의 가슴에 분노가 일었다. [일(다)+듯이]
비 온 후에 죽순이 돋듯이 여기저기에서 회사를 창립하였다. [돋(다)+듯이]
사람마다 생김새가 다르듯이 생각도 다르다. [다르(다)+듯이]
사자의 무기가 이빨이듯이 소의 무기는 뿔이란다. [이빨이(다)+듯이]

동사나 형용사, 또는 '이다'의 관형사형 어미 뒤에 오는 '듯하다, 듯싶다'
는 보조 형용사이기 때문에 띄어 쓴다. 앞말이 뜻하는 사건이나 상태 따위
를 짐작하거나 추측함을 나타내는 말이다.

비가 온 듯하다. [오(ㄴ)+듯하다]
지금 이 나라는 겉보기에는 발전하는 듯하지만 실상은 그렇지 않다. [발전
하(는)+듯하다]
기차가 연착할 듯하다. [연착하(ㄹ)+듯하다]
예전에는 여기가 황량했던 듯하다. [황량했(던)+듯하다]
문제가 조금 어려운 듯하다. [어려우(ㄴ)+듯하다]

평일이라 결혼식에 하객이 많지 않을 듯싶다. [않(을)+듯싶다]
그의 표정을 보니 내가 실수한 듯싶었다. [실수하(ㄴ)+듯싶다]
얼굴을 자세히 보니까 그 여자도 옛날에는 예뻤던 듯싶다. [예뻤(던)+듯싶
다]
이 책은 나에게 매우 유익한 책인 듯싶다. [책이(ㄴ)+듯싶다]

그런데 '그럴듯하다'는 하나의 단어(형용사)로 굳어진 말이기 때문에 한데
붙여 쓴다. '제법 그러하다고 여길 만하다/제법 훌륭하다'란 뜻이다.

그럴듯하게 말을 꾸민다.
그럴듯하게 만들었다.

똑같다 / 꼭 같다

'꼭 같다'의 '꼭'은 단단히 힘을 주어 누르거나 죄거나 하는 모양이나 '반드시, 어김없이' 등의 뜻을 가진 부사다. '꼭 오너라'와 같이 두루 쓰이는 말이다. 그래서 '꼭 같다'는 두 개의 단어이므로 띄어 쓴다.

'똑같다'의 '똑'은 두루 쓰이는 낱말이 아닌 하나의 접두사이므로 붙여 쓴다. '이와 같이 '똑같다'는 하나의 낱말이므로 그 활용형인 '똑같은', '똑같이'는 붙여 쓴다.

　철수는 똑같은 방법으로 그 그림을 그렸다.
　그의 형제들은 얼굴이 똑같이 아버지를 닮았다.

또 '이 같은'은 두 개의 단어이므로 띄어 쓰고, '이같이'는 '-같이'가 조사이기 때문에 윗말에 붙여 쓴다.

　어찌 이 같은 일이 일어날 수 있는가.
　그가 이같이 화를 낸 적은 없었다.

-ㄹ걸 / 걸

'-ㄹ걸'과 '걸'을 혼동하여 띄어쓰기를 잘못하는 경우가 있다. '-ㄹ걸'은 구어체로 혼잣말에 쓰여, 그렇게 했으면 좋았을 것이나, 하지 않은 어떤 일에 대해 가벼운 뉘우침이나 아쉬움을 나타내는 종결 어미이다. 어미이기 때문에 앞말에 붙여 쓴다. 이런 말 뒤에는 '하지 못하다'의 의미 즉 뉘우침이나 아쉬움이 따라 붙는다.

> 차 안에서 미리 자 둘걸. (자 두지 못했다)
> 내가 잘못했다고 먼저 사과할걸. (사과하지 못했다)
> 그렇게 할걸. (하지 못했다)

'-ㄹ걸'은 반드시 어간 아래 붙여 쓴다. '둘걸'은 '두+ㄹ걸', '사과하+ㄹ걸', '할걸'은 '하+ㄹ걸'과 같이, 각각 '두다, 사과하다, 하다'의 어간 '두-, 사과하-, 하-'에 붙는 어미이다. 그러므로 '-ㄹ걸'은 띄우지 않고 어간에 붙여 쓴다. 이 '-ㄹ걸'은 종결 어미이기 때문에 항상 문장의 끝에 쓰인다.

그러나 의존 명사 '거' 뒤에 조사 'ㄹ'이 붙은 '걸'은, '거'가 의존 명사이므로, 앞말과 띄어 쓴다.

소리가 들린 걸 알고 있었다. (것을)

일에 몰두할 수 없다는 걸 알기 때문에 중도에 그쳤다. (것을)

그는 너와 함께 사는 걸 안타까워했다. (것을)

이와 같은 예문에 적힌 '걸'은 모두 '것을'의 줄어진 형태다. 용언의 관형사형 어미 '-ㄴ, -ㄹ' 뒤에 오는 의존 명사 '것'은 띄어 써야 하므로, 이런 경우에도 역시 앞말과 띄어 쓴다. 이 '걸'은 목적어가 되기 때문에 항상 문장의 중간에 온다.

－ㄹ는지

'－ㄹ는지'는 조사와 어미의 두 가지 경우로 쓰인다.

첫째, 조사는 모음으로 끝난 체언에 붙어, 막연한 의문이나 추측을 나타내는 종결형 또는 연결형 서술격 조사다. 'ㄹ지', '일는지'와 같은 의미다.

네 신붓감이 그 여잘는지 어떻게 아니? [여자 +(이) +ㄹ는지]

둘째, 행동 주체의 의지나 가능성 여부를 추측할 때 쓰이는, 연결형 또는 종결형 어미로 쓰인다.

다시 만날 수 있을는지 기약할 수 없구나.
내 뜻을 알아줄는지.

와 같이 쓰인다.

그런데 이 '－ㄹ는지'를 '－ㄹ른지'나 '－ㄹ런지'로 적는 사람이 매우 많다. 이것은 'ㄹ'이 이끄는 동화에 기인한 것이라 보인다.

단 추측을 나타내거나 의사를 물을 때 쓰는 어미나 조사 '－ㄹ런가'는, "장마가 곧 그칠런가?"와 같이 그대로 쓰인다.

률 / 율, 렬 / 열

율(律, 率)과 열(列, 烈) 등은 어느 때 '률, 렬'로 적고, 어느 때 '율, 열'로 적는지 묻는 경우가 더러 있다.

우선 생각해야 할 사항은 이들은 모두 두음법칙을 따라야 한다는 것이다. 본음이 '랴, 려, 례, 료, 류, 리'인 한자가 단어 첫머리에 올 적에는 두음 법칙에 따라 '야, 여, 예, 요, 유, 이'로 적고, 단어의 첫머리 이외의 경우에는 본음대로 적는다.

ㄱ. 열사(烈士), 율격(律格)

ㄴ. 강렬(强烈), 법률(法律), 취업률(就業律), 성공률(成功律), 슈팅률, 슛률(Shoot律), 영률(Young律)

이에서 보듯 ㄱ과 같이 율(律, 率)과 열(列, 烈)이 말의 첫머리에 왔을 때는 두음법칙에 따라 본음을 벗어나 '열, 율'로 적는다. 반면 ㄴ과 같이 첫머리가 아닌 둘째 음절 이하인 경우에는 본음대로 '렬, 률'로 적는다.

ㄷ. 나열(羅列), 비율(比律, 比率), 치열(熾烈, 齒列), 서비스율

ㄹ. 분열(分列, 分裂), 선율(旋律, 禪律), 진열(陳烈, 陳列), 시엔율(CN律)

그런데 첫머리가 아닌 둘째 음절이라도 ㄷ과 같이 첫음절이 모음(받침 없는 말)인 경우와 ㄹ처럼 'ㄴ' 아래인 경우에는 '열, 율'로 적는다. 이것은 외래어에서도 동일하다.

마라 / 말아 / 말라

'말다'의 명령형 어미 '-아', '-아라', '-아요' 등이 결합할 때는 'ㄹ'이 탈락한 '-마, -마라, - 마요'가 표준어였다. 그러나 2015년에 새로 추가된 표준어 목록에서는 'ㄹ'을 탈락시키지 않아도 되도록 하여, '-말아, -말아라, -말아요' 등도 표준어로 인정받게 되었다. 다시 말하면 복수 표준어가 된 것이다.

또 '말-'에 명령형 어미 '-라'가 결합한 '말라'는 구체적으로 청자가 정해지지 않은 명령문이나 간접 인용문에서 사용된다.

너무 걱정하지 마라. / 말아라.
너무 걱정하지 마. / 말아.
너무 걱정하지 마요. / 말아요.

나의 일을 남에게 미루지 말라.
실내에서는 떠들지 말라고 하셨다.

만 하다 / 만하다

'만 하다'는, 사물을 한정하여 이르거나 앞의 사실 또는 동작을 강조하는 보조사 '만'에 '하다'가 이어진 구다. 그래서 '만 하다'와 같이 두 말을 띄어 쓴다.

주먹만 한 감자.
이것도 저것만 하다.

'만하다'는 보조 형용사로서, 어미 '-ㄹ / 을' 뒤에 쓰이어 동작이나 상태 등이 거의 그 정도에 미치어 있음을 뜻하거나, 어떤 사물의 값어치나 능력이 그러한 정도임을 뜻할 때 쓰인다. 보조 형용사 '만하다'는 한 낱말이므로 붙여 쓴다.

한창 일할 만한 나이.
이 음식은 먹을 만하다.

여기서 한 가지 유의할 것은, 사물을 한정하여 이르는 조사 '만'은 윗말에 붙여 쓴다. 즉 "나만 먹겠다. / 일만 한다."와 같이 쓴다. 그러나 '동안'이 얼마 되었다는 것을 나타내는 의존 명사 '만'은 띄어 쓴다. "3년 만에 그 일을 다 마쳤다. / 이거 얼마 만인가?"와 같이 쓴다.

맞히다 / 맞추다

'맞히다'와 '맞추다'는 둘 다 타동사로서 혼동하기 쉬운 말이다. 그런데 이 말들을 쉽게 구분하기 위해서는, 그 말밑이 되는 자동사 '맞다'에 대한 이해를 깊이 하는 것이 먼저 필요하다. 이 '맞다'에는 두 가지 갈래가 있다.

첫째의 '맞다'는 '적중하다'란 뜻을 갖는 '맞다'이다.

화살이 과녁에 정확히 맞았다.
나의 예언이 그대로 맞았다.

둘째의 '맞다'는 '알맞다, 일치하다'는 뜻을 지닌 '맞다'이다.

새로 산 구두가 발에 꼭 맞다.
그 문제의 해답이 맞다.

이에 바탕을 둔 '맞다'의 사동사가 '맞히다'인데, 위에 든 두 가지 '맞다'에 대응되는 두 가지 '맞히다'가 있다.

첫째의 '맞히다'는 '적중하게 하다'의 뜻을 갖는다.

화살을 목표물에 맞히었다.
약재에 이슬을 맞혔다.

둘째의 '맞히다'는 '알맞게 하다, 일치시키다'의 뜻을 지닌다.

시험 문제의 답을 맞히었다.
침을 맞히다.
소박을 맞히다.

한편 '맞추다'란 말은 '맞다'라는 말의 사동과는 관계가 없다. '어긋남이 없게 하다 / 마음이나 정도에 맞게 하다' 또는 '주문하다'의 뜻을 지닌 말이다.

박자를 맞춘다.
김치의 간을 잘 맞추었다.
양복 한 벌을 맞추어 입었다.

맨 꼭대기 / 맨다리

'맨 꼭대기'의 '맨'은 띄어 쓰고, '맨다리'의 '맨-'은 붙여 쓴다. 앞의 '맨'은 관형사이고 뒤의 '맨'은 접두사이기 때문이다. 관형사와 접두사는 형태가 같고 의미도 비슷한 경우가 있어서 혼동하는 경우가 있다.

관형사는 체언 앞에 놓여서, 그 체언의 내용을 자세히 꾸며 주는 독립된 품사다. '순 살코기'의 '순', '한 사람'의 '한'과 같이 체언 앞에만 온다. 접두사는 어근이나 단어의 앞에 붙어 새로운 단어가 되게 하는 말이다. '맨손'의 '맨', '새파랗다'의 '새'와 같은 것들인데, 용언 앞에도 올 수 있다.

관형사는 하나의 독립된 품사이므로 띄어 쓰고, 접두사는 비독립적인 의존 형태소이므로 붙여 쓴다. '새 책', '새 노래', '새 마을' 등의 '새'는 관형사이기 때문에 띄어 쓴다. 그런데 접두사가 붙은 파생어는 뒤의 말과 분리될 수가 없기 때문에 붙여 쓴다. '개살구', '풋사과'의 '개-', '풋-'을 뒤의 말과 분리하면 말이 안 된다.

이를테면 관형사 '새'는 '이미 있던 것이 아니라 처음 마련하거나 다시 생겨난'이란 의미를 지니고 있어서 '새 집'과 같이 띄어 쓴다. 그러나 '매우 짙고 선명하게'의 뜻을 더하는 접두사인 '새까맣다', '새빨갛다', '새뽀얗다'의 '새-'는 붙여 쓴다. 이때의 '새-'는 분리하면 아무런 뜻이 없어진다.

관형사 '맨'과 접두사 '맨-'을 대조해 보자. 관형사 '맨'은 '더 할 수 없는 정도나 경지에 있음'을 뜻하는 말인데, '맨 처음', '맨 꼭대기', '맨 먼저' 등과 같이 쓰인다. 반면에 접두사 '맨-'은 '다른 것이 없는'의 뜻을 지닌 말로서, '맨눈', '맨다리', '맨땅' 등과 같이 붙여 쓴다.

요약하면 관형사는 하나의 독립된 단어이기 때문에 여러 개의 체언을 수식할 수 있으나, 접두사는 그 쓰임의 범위가 매우 좁다. 그래서 파생어 그 자체의 의미가 관형사와 어울린 단어에 비해 좁고 독특하다.

관형사 '첫'과 접두사 '첫-'을 보자. '첫'은 다 같이 '맨 처음의'란 뜻을 가지고 있다. '첫 경험', '첫 만남', '첫 수업', '첫 매매' 등은 관형사다. 그러나 접두사가 붙은 파생어 '첫사랑', '첫날밤', '첫걸음'은 '맨 처음의'란 뜻을 갖고는 있지만, 그 위에 다른 뜻을 가진 말로 화하였다. 곧 '첫사랑'은 '처음으로 느끼거나 맺은 사랑'을, '첫날밤'은 '결혼한 신랑과 신부가 처음으로 함께 자는 밤'을, '첫걸음'은 '어떤 일의 시작'이나 '목적지를 향하여 처음 내디디는 걸음'이라는 자체의 뜻을 지니고 있다. 다시 말하면 '첫사랑'은 '두 번째 사랑'이란 말의 상대어가 아니며, '첫날밤'은 '두 번째 날 밤'이란 말의 상대어가 아니며, '첫걸음'은 '두 번째 걸음'이란 말의 상대어가 아니다.

머지않다 / 멀지 않다

'머지않다'는 하나의 단어이고 '멀지 않다'는 두 개의 단어로 이루어진 말이다. '머지않다'와 '멀지 않다'는 서로 다른 말인데 혼동하는 경우가 많다.

'머지않다'는 시간적인 개념과 함께 쓰이고, '멀지 않다'는 공간적인 개념과 함께 쓴다고 생각하면 쉽다. 즉 '머지않다'는 시간적으로 멀지 않다는 뜻으로, '머지않아'의 꼴로 주로 쓰인다. "머지않아 해가 질 것이다."와 같이 쓴다.

머지않아 큰 재난이 닥칠 것이다.
수위가 점점 차올라 머지않아 강이 범람할 것이다.

'멀지 않다'는 공간적으로 거리가 멀리 떨어져 있지 않다는 뜻이다.

서울은 여기서 멀지 않다.
여기서 그곳은 멀지 않다.

며칠 / 몇일

'며칠'이라는 말에는 두 가지 뜻이 있다. '그달의 몇째 되는 날' 즉 며친
날이라는 뜻과 '몇 날' 즉 기간을 나타내는 말의 뜻이 그것이다. 아래 예문
을 보자.

오늘이 며칠이지? (며친날)
그는 며칠 동안 도대체 아무 말이 없었다. (기간)

며친날이나 기간을 나타내는 말이나 간에 이들 말은 '며칠'로 표기한다.
'몇 일'이란 말은 없다. 만약 그것이 '몇일'이라면 '면닐'로 발음되어야 한
다. 얼마만큼의 수를 뜻하는 '몇'과 날을 뜻하는 '일'이 합해진 말이라면
이것은 합성어가 된다. 그러면 이와 비슷한 합성어의 발음을 보자. '꽃잎',
꽃일다', 꽃잎' 등은 'ㄴ'이 첨가되어 '꼰닙[꼰닙]', '꼰닌다[꼰닐다]', '꼰닙
[꼰ㅋ닙]'이 된다. 이와 똑같이 이 말이 만약 '몇일'이라면 이러한 현상들이
일어나 '면닐'로 발음되어야 한다. 그러니 '몇일'이란 말은 없다는 것이다.
다시 말하면, 그 어원이 '몇+일'이 아니라는 것이다.

합성어의 경우나 접두사가 붙어서 파생어나 합성어가 될 때 어원이 분명
하지 않은 것은 발음되는 대로 적게 되어 있으므로 '며칠'로 적는 것이다.

'며칠'과 '날'의 합성어는 '며칟날'로 적는데, 이는 '이튿날', '사흗날'관 마찬가지다. 끝소리가 'ㄹ'인 말이 딴말과 어울릴 적에는 'ㄹ'이 'ㄷ'으로 변하기 때문이다.

못 하다 / 못하다

'못'은 일부 동사 앞에 쓰이어, 그와 같은 동작에 대한 금지나 불가능 따위의 부정을 뜻하는 부사다. 그래서 '못 하다'는 "노느라 숙제를 못 했다. / 깜빡 잊고 그것을 못 했다." 등과 같이 쓴다.

'못하다'는 '일정한 수준에 못 미치거나 할 능력이 없다 / 비교 대상에 미치지 아니하다'의 뜻으로 쓰인다. 곧 "술을 못한다. / 아우만 못하다." 등과 같이 쓴다.

노래를 '못 하는' 것은 어떤 사정으로 인해 노래 자체를 하지 못하는 것이고, 노래를 '못하는' 것은 노래가 일정한 수준에 못 미치는 것을 가리킨다.

이와 같이, 의미를 기준으로 하여 갈래지은 말에 '못 살다/ 못살다', '못 생기다/ 못생기다' 등이 있다. '못 살다'는 '살지 못하다'란 뜻이고, '못살다'는 '가난하게 살다'란 뜻이다. 또 '못 생기다'는 '생기지 못하다'는 뜻이고, '못생기다'는 '못나다'의 뜻이다.

그런데 이와는 달리, 품사의 갈래에 의하여 띄어쓰기가 달라지는 경우가 있다. '못'은 일부 동사 앞에 쓰이어, 그와 같은 동작에 대한 금지나 불가능 따위의 부정을 뜻하는 말로, 다음과 같이 띄어 쓴다.

ㄱ. 말을 못 하다.

　　운동을 못 하다.

그러나 동사나 형용사의 어미 '-지' 다음에 오는 보조 용언 '못하다'는 반드시 붙여 써야 한다는 것이다.

ㄴ. 통제 구역에는 들어가지 못한다.

　　그런 행동은 아름답지 못하다.

'(말을) 하다'의 부정형은 '(말을) 못 하다'로 띄어 써야 한다. 이 경우는 '못'이 부사이기 때문에 띄어 써야 하는 것이다. 어미 '-지' 뒤에 오는 부정형 보조 용언인 '못하다'에 '못'을 빼면 말이 되지 않는다. 그러나 '못 하다'의 경우에는 '못'을 빼어도 바른 문장이 된다. 이것은 '못'이 독립된 부사이기 때문이다.

이와 똑같이 띄어쓰기를 해야 하는 말에 '아니 하다/ 아니하다'가 있다.

ㄱ. 그는 운동을 아니 한다.

　　그 사람은 말을 아니 한다.

ㄴ. 철수는 놀기만 하고 일하지 아니한다.

　　그 산은 높지 아니하다.

미장이 / 멋쟁이

학창 시절에 'ㅣ'모음 역행 동화에 대해 공부한 일이 있을 것이다. 'ㅣ' 역행 동화 현상이란, 뒤에 오는 ㅣ모음의 영향을 받아 앞 모음에 'ㅣ' 모음이 추가되는 현상을 가리킨다. '남비'의 '비'에 들어 있는 'ㅣ'가 앞 모음인 '남비'의 '남'에 들어 있는 'ㅏ'에 영향을 주어 'ㅏ + ㅣ' 곧 'ㅐ'가 되어 결국 '냄비'가 되는 현상이다.

그런데 이러한 'ㅣ' 역행 동화 현상'은 표준 발음으로 인정하지 않는다. 표준어 규정 제9항의 규정이다. 그런데 다음 단어들은 그러한 동화가 적용된 형태를 표준어로 삼는다고 되어 있다.

> 서울내기, 시골내기, 풋내기 신출내기: '-나기' 아님
> 냄비: '남비' 아님
> 동댕이치다: '동당이치다'가 아님

그리고 기술자에게는 '-장이', 그 외에는 '-쟁이'가 붙는 형태를 표준어로 삼는다.

> 기술자: 미장이 유기장이 간판장이 땜장이 양복장이 칠장이 대장장이

그 외: 멋쟁이 소금쟁이 담쟁이 골목쟁이 발목쟁이 겁쟁이 고집쟁이

그런데 다만 '아지랑이'는 'ㅣ' 역행 동화가 일어나지 아니한 형태를 표준어로 삼는다. 즉 역행 동화가 일어난 '아지랭이'를 표준어로 삼지 아니한다.

뵈다 / 뵙다

'뵈다'와 '뵙다'는 모두 '웃어른을 대하여 보다'라는 뜻을 나타내는데, '뵙다'가 '뵈다'보다 더 겸양의 뜻을 나타낸다.

활용에서, '뵈다'는 어간 '뵈-' 뒤에 모음으로 시작하는 어미나 자음으로 시작하는 어미가 모두 붙는 반면, '뵙다'는 어간 '뵙-'뒤에 자음으로 시작하는 어미만 붙는다.

> 뵈다: 뵈고 뵈게 뵈지 뵈는 뵈니 뵈니까 뵈면 뵈어(봬) 뵐 뵈러
>   뵈어서 뵈어라
> 뵙다: 뵙고 뵙게 뵙지 뵙는

이와 같이 '뵈다'는 '-고, -게, -지, -는'과 같이 자음으로 시작되는 어미나, '-어서, -어라' 등의 모음으로 시작되는 어미나 모두 활용이 된다. 그러나 '뵙다'는 자음으로 시작되는 어미에만 활용한다.

> 뵈다: 그분을 뵈면 돌아가신 아버님이 생각난다.
>   선생님을 한번 찾아가 뵈려던 참이었는데요.
> 뵙다: 말로만 듣던 분을 뵙게 되어 영광입니다.

어르신을 뵙고자 찾아왔습니다.

‘뵈다’는 ‘뵈었지’로 활용이 가능하다. 그러므로 ‘뵈었지’의 준말 ‘뵀지’
역시 가능하다. 그런데 ‘뵜다’는 잘못이다. 이는 마치 ‘되었다’의 준말 ‘됐
다’를 ‘됬다’로 잘못 적는 것과 같다. ‘뵀다’로 써야 한다. ‘뵈었다’의 준말
이다. 한글 맞춤법 35항 붙임2에, 어간 모음 ‘ㅚ’ 뒤에 ‘-어’가 붙어서 ‘ㅙ’
로 줄어지는 것은 준 대로 적는다고 되어 있다.

‘뵙고’ 역시 잘못이다. 이는 ‘뵙다’라는 낱말이 없기 때문이다. ‘뵈었고’
의 준말인 ‘뵀고’나 ‘ 뵙고’로 써야 한다. ‘뵙다’는 과거형이 존재하지 않고
현재형만 있다.

부딪치다 / 부딪히다

'부딪다'는 '무엇과 무엇이 힘 있게 마주 닿거나 마주 대다. 또는 닿거나 대게 하다'는 의미로 쓰는 말이다.

뱃전에 부딪는 잔물결 소리
그녀는 벽에 머리를 부딪고 죽은 것이다.

'부딪다'를 강조하는 말로 '부딪치다'를 쓸 수 있다. 그러므로 어디에 머리가 힘 있게 마주 닿은 것을 강조하여 말하고자 할 때 '부딪치다'를 쓸 수 있다.

파도가 바위에 부딪치다
무심히 돌아보다가 그녀와 눈이 부딪쳤다.
한눈을 팔다가 전봇대에 머리를 부딪쳤다.

그런데 '부딪히다'는 '부딪다'의 피동사로 쓰인다. 그러므로 상황을 피동의 의미로 표현하고자 할 때는 '부딪히다'를 쓴다. 어떤 물체에 부딪은 상황을 피동의 뜻으로 서술할 때는 '부딪히다'를 쓴다.

지나가는 행인에게 부딪혀 뒤로 넘어졌다.
아이는 한눈을 팔다가 선생님과 부딪혔다.
달려오는 차에 부딪혔다.

'부딪치다'의 '-치-'는 강세 접사이고 '부딪히다'의 '-히-'는 피동 접사이다. 그러므로 의미상의 차이는 이렇지만 실제 언어생활에서는 이 두 말 중 어느 것을 쓰더라도 별 차이가 없다. 부딪치면 부딪히는 것이니까.

사이시옷

사이시옷은 반드시 합성어에서 나타나는 현상이다. 그러므로 먼저 합성어와 파생어의 차이를 알 필요가 있다. 합성어는 둘 이상의 실질 형태소가 결합하여 하나의 단어가 된 말이다. '집안', '돌다리' 등이 그 예다. 파생어는 실질 형태소에 자립성이 없는 접사가 결합하여 하나의 단어가 된 말인데, 명사 '도끼'에 접미사 '-질'이 붙어 '도끼질', 동사 어간 '덮-'에 접미사 '-개'가 붙어 '덮개'가 되는 것과 같다. 합성어인 '집안'은 '집'과 '안'이 모두 자립성이 있는 말이지만, 파생어인 '도끼질'은 '도끼'는 자립성이 있는 말이지만, '-질'은 홀로 설 수 없는 말이다.

그래서 '햇빛'은 '해+빛'으로 된 합성어라서 사이시옷을 받쳐 '햇빛'으로 적지만, '해님'은 '해+ -님'으로 된 파생어이기 때문에 사이시옷을 받쳐 적지 않고 '해님'으로 적는다.

그런데 사이시옷은 다음과 같은 합성어에 받쳐 적는다.

ㄱ. 뒷말의 첫소리가 된소리로 나는 것

　　모+자리→[모짜리]→못자리

　　바다+가→[바다까]→바닷가

ㄴ. 뒷말의 첫소리 'ㄴ, ㅁ' 앞에서 소리가 덧나는 것

뒤+머리→[뒨머리]→뒷머리

내+물→[낸물]→냇물

ㄷ. 뒷말의 첫소리 모음 앞에서 'ㄴㄴ' 소리가 덧나는 것

깨+잎→[깬닙]→깻잎

나무+잎→[나문닙]→나뭇잎

그런데 뒷말의 첫소리가 된소리로 나거나 'ㄴ'이 덧나는 경우가 아니고, 원래 된소리나 거센소리로 된 말인 경우에는 사이시옷을 받쳐 적지 않는다. '위층', '뒤쪽'과 같은 경우가 그러한 예다. 뒷말의 첫소리 즉 '위층'의 'ㅊ', '뒤쪽'의 'ㅉ'이 각각 원래 거센소리, 된소리이기 때문이다.

그리고 두 음절로 된 한자어는 다음의 여섯 가지만 사이시옷을 받쳐 적는다.

곳간(庫間)   셋방(貰房)   숫자(數字)   찻간(車間)   툇간(退間)   횟수(回數)

그러므로 우리가 흔히 잘못 쓰기 쉬운 요점(要點), 초점(焦點), 개수(個數), 기차간(汽車間), 전세방(傳貰房) 등의 말에는 사이시옷을 받쳐 적지 않아야 한다. 또 그 외의 내과(內科), 영어과(英語科), 장미과(薔薇果) 등도 사이시옷을 받쳐 적지 않는다.

그러나 한자어가 아닌 고유어가 오는 경우인 '갯과', '미나릿과', '참나뭇과'와 같은 경우는 사이시옷을 붙인다.

개+과→[개꽈]→갯과

미나리+과→[미나리꽈]→미나릿과

참나무+과→[참나무꽈]→참나뭇과

그리고 '찻잔, 찻종, 찻주전자' 등은 지금 '차'를 고유어로 보고, 사이시
옷을 받쳐 적는다. 위와 같은, '고유어+한자어'의 구성으로 본 것이다.

생각건대 / 생각컨대

'생각건대'와 '생각컨대'는 혼동하기 쉬운 말이다. 왜냐하면 통상적으로 '생각컨대'로 발음하는 경우가 많기 때문이다. 그러나 '생각건대'가 맞는 말이다. '생각하건대'의 준말이다. '-하다'가 줄어들 때는 '하'가 통째로 줄어드는 경우와 '하'의 'ㅏ'만 줄고 'ㅎ'이 남아 다음 음절의 첫소리와 결합하는 경우가 있다.

ㄱ. '하'가 준 경우
거북하지 → 거북지
생각하건대 → 생각건대
섭섭하지 → 섭섭지
깨끗하지 → 깨끗지

ㄴ. 'ㅏ'가 줄고 'ㅎ'이 다음 음절의 첫소리와 결합한 경우
간편하게 → 간편케(←간편ㅎ+게)
다정하지 → 다정치(←다정ㅎ+지)
흔하다 → 흔타(←흔ㅎ+다)
실천하도록 → 실천토록(←실천ㅎ+도록)

ㄱ은 '하'가 통째로 준 경우이고, ㄴ은 '하'에서 'ㅏ'가 줄고 'ㅎ'이 남아 다음 음절의 첫소리가 거센소리가 된 경우이다. '하다' 앞의 받침이 'ㄱ, ㄷ, ㅂ'로 소리가 날 경우에는 ㄱ처럼 '하'가 통째로 줄고, 그 외의 소리일 경우에는 ㄴ과 같이 'ㅎ'이 남아 다음 음절의 첫소리가 거센소리가 된다.

다시 말하면 무성음(ㄱ, ㄷ, ㅂ 등) 뒤에서는 '하'가 통째로 탈락되나 유성음(ㄴ, ㅇ, 모음 등) 뒤에서는 '하'에서 'ㅏ'만 탈락되고 'ㅎ'은 살아 있게 된다. '생각하건대'는 '하' 앞에 '생각'의 'ㄱ'(무성음)이 왔으므로 '하'가 통째로 줄어서 '생각건대'가 된다.

수꿩 / 수캐 / 숫양

　수컷을 이르는 접두사는 '수-'로 통일한다. '수꿩, 수나사, 수놈, 수사돈, 수소, 수은행나무'와 같이 적는다. 종전에는 이를 '숫꿩, 숫나사, 숫놈, 숫사돈, 숫소, 숫은행나무'로 적었으나 새 개정 규정에서는 이를 버렸다. 다만 다음의 세 가지 는 '숫-'으로 적는다.

　숫양　숫염소　숫쥐

　'암'과 '수'는 역사적으로 '암ㅎ, 수ㅎ'과 같이 'ㅎ'을 맨 마지막 음으로 가지고 있는 말이었다. 그러나 현대에 와서는 이러한 'ㅎ'이 모두 떨어졌으므로 떨어진 형태를 표준으로 규정하였다. 그러나 현대의 단어들에도 이 'ㅎ'의 흔적이 남아 있는 것들이 있는데, 이 'ㅎ'이 뒤의 예사소리와 결합하면 거센소리로 축약된다. 이러한 현상이 있는 다음의 단어들은 그렇게 적는다.

　수캉아지　수캐　수컷　수키와　수탉　수탕나귀　수톨쩌귀　수퇘지　수평아리

　그러나 이외의 단어들은 이를 반영하지 아니한다. 이를테면, '암, 수'에 결합되는 '고양이'는 '암고양이, 수고양이'로 읽고 쓴다. '암코양이, 수코양이'로 적지 않는다.

썩이다 / 썩히다

'골머리를 썩히다, 부모 속을 썩혔다'와 같은 말을 자주 쓰는 것을 볼 수가 있다. 그러나 이러한 말은 틀린 말이다. '골머리를 썩이다, 부모 속을 썩였다'로 해야 한다. '골치를 썩여', '머리를 썩이니', '골을 썩여서'와 같이 써야 한다.

'썩이다'와 '썩히다'는 둘 다 '섞다'의 사동형이며 '썩게 하다'의 뜻이다. 그러나 그 쓰임은 다르다. '썩이다'는 마음을 쓰게 하거나 신경을 건드려 괴롭게 하다는 뜻이다.

속 썩이지 마.
그것 때문에 마음을 썩인 것이냐?

반면에 '썩히다'는 유기물이 썩거나 재료 따위가 제대로 쓰이지 못하고 내버려진 상태에 있게 하다의 뜻이다.

음식을 썩혀 거름을 만들다
그는 시골에서 재능을 썩히고 있다.
기술자가 없어서 장비를 썩히고 있다.

아무튼 / 아뭏든

  예전에는 '아뭏든', '하옇든'으로 썼지만 맞춤법 개정 이후에는 '아무튼, 하여튼'으로 고쳐 적기로 한 것이다. '아무튼'은 '아무러하+든'이 줄어든 말로 분석할 수 있다. '하여튼'은 '하여(何如)하+든'이 줄어든 말이다. 여기의 '아무하, 하여하'가 줄면 '아뭏, 하옇'이 되는데, 이 '아뭏-, 하옇-'이 다른 어미와 결합하지 못하고 '아뭏-든, 하옇-든'의 형태로만 쓰이고 있으며, 또한 용언의 활용형이 아니라 부사로 굳어졌으므로 원래의 형태와 연결시킬 필요가 없기 때문이다.

  예를 들면 '이렇다, 그렇다, 어떻다' 등은 형용사로서 그 활용형이 다른 말과 같이 다양하다.

  이렇다: 이렇고, 이렇지, 이렇게, 이렇든
  그렇다: 그렇고, 그렇지, 그렇게, 그렇든
  어떻다: 어떻고, 어떻지, 어떻게, 어떻든

  그런데 '아무튼, 하여튼'은 이런 낱말과 같이 여러 가지로 어미 활용을 하지 못하고 '아뭏-든, 하옇-든'의 형태로만 쓰일 뿐이다. 즉 '-든' 하나와만 결합한다.

아무튼: ×아뭏다, ×아뭏고, ×아뭏지, ×아뭏게
하여튼: ×하옇다, ×하옇고, ×하옇지, ×하옇게

그래서 어간의 끝음절 '하'의 'ㅏ'가 줄고 'ㅎ'이 다음 음절의 첫소리와 어울려 거센소리로 될 때에는 거센소리로 적도록 정한 규정에 따라 '튼'으로 적는다. 즉 '결단코, 결코, 기필코, 무심코, 아무튼, 요컨대, 정녕코, 필연코, 한사코, 하마터면, 하여튼' 등과 마찬가지다.

다시 말하면, '이렇든, 저렇든, 그렇든, 어떻든, 아무렇든' 등은 부사로 굳어진 것이 아니라 '이렇다, 저렇다, 그렇다, 어떻다, 아무렇다'에 붙을 수 있는 여러 가지 어미 중의 하나인 '-든'이 결합한 것이므로, '이러튼, 저러튼'과 같이 적지 않고 원형을 밝혀 '이렇든, 저렇든'으로 적는다.

그러나 '아뭏-든, 하옇-든'은 다른 어미는 전혀 붙을 수 없고 오직 한 가지 '-든'만 올 수 있기 때문에, 부사로 전성된 '아무튼, 하여튼'으로 적는 것이다. 그전에는 '아뭏든'이 표준어였으나 현재는 '아무튼'이 표준어다.

왠지 / 웬

'왠지'와 '웬'을 혼동하는 경우가 있다. '왠지'는 '왜인지'의 준말이다. '웬'은 단독으로 쓰이지 않는다.

왠지 모르게 서글퍼진다.

'웬'은 '어찌된, 어떠한'의 뜻을 가진 말이다. 관형사이기 때문에 뒤의 말과 띄어 쓴다.

웬 편지냐?
웬 사람이 저렇게 많으냐?"

등과 같이 쓴다.
'웬걸, 웬셈, 웬일' 등은 '웬'과 어울려 한 낱말로 굳어진 말이기 때문에 붙여 쓴다.

외로와 / 외로워

용언에 불규칙 활용을 하는 것들이 있다. 벗어난 끝바꿈이라고도 한다. 어미에 따라 그 어간이나 어미가 원칙에 벗어나는 경우를 말한다. 한글 맞춤법 제18항에는 총 9가지의 불규칙 활용법이 규정되어 있다.

그런데 이 불규칙 용언의 변화 중에 'ㅂ'이 떨어지는 경우를 유의할 필요가 있다. '깁다, 굽다, 외롭다, 괴롭다' 등이 이에 속하는데, 이 말들의 끝소리 'ㅂ'은 'ㅗ, ㅜ'로 변한다. 이에 대해서 그전에는 양성모음 'ㅏ, ㅗ' 앞에서는 'ㅗ'로 변하고, 음성모음 'ㅓ, ㅜ' 앞에서는 모음조화의 법칙대로 'ㅜ'로 바뀌는 것으로 규정하였다.

ㄱ. 외롭다 - 외로와
　 아름답다 - 아름다와
ㄴ. 굽다 - 구워
　 무겁다 - 무거워

ㄱ은 양성모음으로, ㄴ은 음성모음으로 변하였다. 그러나 새 한글 맞춤법에서는 'ㅂ'과 '아'가 결합하여 '와'로만 나는 것 이외는 모두 'ㅜ'로 적도록 하였다. '곱다, 돕다'와 같은 단음절 어간에 어미 '-아'가 결합되어

'와'로 소리 나는 것은 '-와'로 적고 그 외는 모두 '워'로 적는다.

돕다[助] : 도와 도와서 도와도 도왔다

곱다[麗] : 고와 고와서 고와도 고왔다

이들 말 이외에는 모두 '워'로 적는다.

외롭다: 외로워   아름답다: 아름다워   깁다: 기워

굽다[炙]: 구워   가깝다: 가까워

괴롭다: 괴로워   맵다: 매워   무겁다: 무거워   밉다: 미워   쉽다: 쉬워

웃옷 / 윗옷

'웃-' 과 '윗-'이 붙는 말도 혼동하기 쉽다. '웃-' 과 '윗-'에 대해서는 표준어 규정에 세 가지로 요약하여 설명하고 있다. 일단 명사 '위'에 맞추어 '윗-'으로 통일하고, 그중 된소리나 거센소리 앞에서는 '위-'로 하며, '아래, 위'의 대립이 없는 단어는 '웃-'으로 발음되는 형태를 표준어로 삼는다.

'윗니'는 '아랫니'가 있어서 그렇게 적는다. 즉 위·아래의 대립이 있기 때문이다. '웃어른'을 '윗어른'으로 적지 않는 것은 그에 대립되는 '아랫어른'이란 말이 성립되지 않기 때문이다.

그런데 여기서 유의할 것은 '웃옷'과 '윗옷' 같은 문제다. '아래, 위'의 대립이 없는 단어는 '웃-'으로 발음되는 형태를 표준어로 삼는다는 규정에 따르면, 윗도리에 입는 옷은 '윗옷'이고 아랫도리에 입는 옷은 '아래옷'이다.

그러면 '웃옷'은 무엇일까? 웃옷은 겉에 입는 옷 즉 두루마귀, 코트 따위의 겉옷이다. 추울 때는 웃옷을 든든히 입고 나가야 한다.

'웃-' 과 '윗-'에 대한 그 밖의 말을 아래에 보인다.

'웃-' 및 '윗-'은 명사 '위'에 맞추어 '윗-'으로 통일한다.(ㄱ을 표준어로 삼고, ㄴ을 버림.)

ㄱ	ㄴ
윗-넓이	웃-넓이
윗-눈썹	웃-눈썹
윗-니	웃-니
윗-당줄	웃-당줄(망건의 윗부분에 꿰는 위 당줄과 망건편자 양 끝에 다는 아래 당줄이 있음.)
윗-덧줄	웃-덧줄(덧줄은 가선(加線). 악보에서, 오선으로는 부족하여 오선의 위나 아래에 더 긋는 선.)
윗-도리	웃-도리
윗-동아리	웃-동아리
윗-막이	웃-막이
윗-머리	웃-머리
윗-목	웃-목
윗-몸	웃-몸
윗-바람	웃-바람
윗-배	웃-배(윗배는 배의 배꼽 위쪽 부분.)
윗-벌	웃-벌
윗-변	웃-변
윗-사랑	웃-사랑
윗-세장	웃-세장(윗세장은 지게나 걸채 따위에서 윗부분에 가로 질러 박은 나무.)
윗-수염	웃-수염

윗-입술	웃-입술
윗-잇몸	웃-잇몸
윗-자리	웃-자리
윗-중방	웃-중방(중방(中枋)은 벽 한가운데를 가로 지르는 인방.)

다만 1. 된소리나 거센소리 앞에서는 '위-'로 한다.(ㄱ을 표준어로 삼고, ㄴ을 버림.)

ㄱ	ㄴ
위-짝	웃-짝
위-쪽	웃-쪽
위-채	웃-채
위-층	웃-층
위-치마	웃-치마
위-턱	웃-턱
위-팔	웃-팔

다만 2. '아래, 위'의 대립이 없는 단어는 '웃-'으로 발음되는 형태를 표준어로 삼는다.(ㄱ을 표준어로 삼고, ㄴ을 버림.)

ㄱ	ㄴ
웃-국	윗-국(간장이나 술 따위를 담가서 익은 뒤에 맨 처음에 떠내는 진한 국.)
웃-기	윗-기(떡, 포, 과실 따위를 괸 위에 볼품으로 올려놓는 재

료.)

웃-돈	윗-돈
웃-비	윗-비
웃-어른	윗-어른
웃-옷	윗-옷

−으라 / −어라

명령형 어미에는 '−으라'와 '−어라'가 있어서 이를 잘 구별해서 써야 한다.

'−으라'는 '해라 할 자리'에 쓰여, 구체적으로 정해지지 않은 청자(聽者)나 독자에게 책 따위의 매체를 통해, 명령의 뜻을 나타내는 종결 어미다. 문어 투의 해라체로 보면 된다. "그대들 앞에 영광 있으라."와 같이 쓰인다. 또 이 어미는 간접 인용절에 쓰인다. "오른손에 숟가락을 잡으라 하시오."와 같이 쓰인다.

이와 같이 '−으라'는 문어 투의 간접 명령에 쓰이는 어미이기 때문에, 시험 문제에 쓰는 명령형 투는 '−어라'가 아닌 '−으라'를 씀이 마땅하다. 즉 "가장 알맞은 것을 골라 적으라."로 쓰는 것이 맞다.

반면에 '−어라'는 구어체의 직접 명령에 쓰이는 어미다. "밥을 먹어라."와 같이 일상에서 흔히 쓰는 어미다.

또 형용사의 감탄형 어미는 '−어라'를 써야 하며, '−으라'를 쓰면 안 된다. "높고도 깊어라, 어머니의 사랑"과 같이 쓰인다.

문어 투의 간접 명령형인 '−으라'와 구어체의 직접 명령형인 '−어라'의 구분을 위해 몇 개의 단어를 들어본다.

어미 \ 단어	먹다	막다	보다	쓰다
-으라	먹으라	막으라	보라	쓰라
-어라	먹어라	막아라	보아라	써라

의존 명사 띄어쓰기

한글 맞춤법 총칙 제2항에, 문장의 각 단어는 띄어 씀을 원칙으로 한다고 되어 있다. 다만 조사는 윗말에 붙여 쓴다. 이 규정을 따르면 띄어쓰기는 '단어'의 개념을 알면 쉽게 해결된다고 할 수 있다. 그러므로 띄어쓰기가 어렵다고 하는 것은 바로 이 '단어'라는 개념이 부족한 탓이다.

이 단어 중에서 가장 어렵다고 할 수 있는 것이 의존 명사다. 명사는 명사인데 혼자서는 자립할 수 없어 다른 말 아래에 기대어 쓰이는 명사다. 우리가 잘 아는 '것, 줄, 바' 따위다. 이것이 명사인 것은 이러한 말 바로 뒤에, 체언의 특징인 조사가 붙을 수 있기 때문이다.

그런데 이 의존 명사가 그 쓰임에 따라 조사나 어미 또는 접사와 그 형태가 똑같은 것이 있다는 점이 문제다. 이에 속하는 몇 가지 말들을 보자.

ㄱ. '만큼'은 체언이나 조사에 붙어, '정도가 거의 비슷함'을 나타내는 조사일 때에는 붙여 쓴다. 그러나 용언의 어미 뒤에 쓰이어, '그와 같은 정도나 한도'를 나타낼 경우는 의존 명사이기 때문에 띄어 쓴다.

나도 너만큼 달릴 수 있다. (조사)
이만큼 해 놓았으니 너에게 자랑할 만하지. (조사)

일한 만큼 거두다. (정도, 의존 명사)

먹을 만큼 먹다. (한도, 의존 명사)

ㄴ. '바'도 용언의 관형사형 아래 쓰이어 방법 또는 일을 나타낼 때는 의존 명사다. 그러나 이와 비슷한 어미 '-ㄴ바'로 쓰일 때는 어미이기 때문에 윗말에 붙여 쓴다.

내 눈으로 확인한바 소문과 다름이 없더라. (하였더니/어떠어떠하니까, 어미)

어찌할 바를 모르겠다. (방법, 의존 명사)

ㄷ. '지'는 서술격 조사나 어미일 경우에는 붙여 쓴다. 그러나 어떤 동작이 있었던 '그때로부터'의 뜻을 나타낼 때는 의존 명사다.

어떻게 할지 모르겠다. (하 + ㄹ지, 어미)

수박이 채소지 과일이냐? (이(다) + 지, 조사)

그가 떠난 지가 오래다. (기간, 의존 명사)

ㄹ. '들'은 복수를 나타내는 경우에는 접미사로 다루어 붙여 쓰고, '따위'의 뜻을 나타내는 경우는 의존 명사로 다루어 띄어 쓴다.

학생들, 어린이들. (복수, 접미사)

보리, 콩 들을 오곡이라 부른다. (따위, 의존 명사)

ㅁ. '뿐'은 체언 뒤에 붙어서 한정의 뜻을 나타내는 경우에는 조사로 다

루어 붙여 쓰고, 용언의 관형사형 뒤에서 '그럴 따름'의 뜻을 나타내는 경우에는 의존 명사로 다루어 띄어 쓴다.

오직 너뿐이다. (한정, 조사)
그저 웃을 뿐이다. (따름, 의존 명사)

ㅂ. '대로'는 체언 뒤에 붙어서 근거나 구별의 뜻을 나타내면 조사로 다루어 붙여 쓰고, 용언의 관형사형 뒤에서 '어떤 모양이나 상태'와 관련된 뜻으로 쓰이면 의존 명사로 다루어 띄어 쓴다.

규정대로 하자. (근거, 조사)
아는 대로 말한다. (모양 상태, 의존 명사)

ㅅ. '만'은 체언 뒤에 붙어서 한정이나 비교의 뜻을 나타내면 조사로 다루어 붙여 쓰고, 시간의 경과를 나타내면 의존 명사로 다루어 띄어 쓴다.

하나만 알고 둘은 모른다. (한정, 조사)
삼 년 만에 돌아왔다. (시간, 의존 명사)

ㅇ. '지'는 막연한 의문을 나타내는 어미 '-ㄴ지'의 일부로 쓰이면 붙여 쓴다. 용언의 관형사형 뒤에서 시간의 경과를 나타내면 의존 명사로 다루어 띄어 쓴다.

집이 큰지 작은지 모르겠다. (의문, 어미)

그가 떠난 지 한 달이 지났다. (시간, 의존 명사)

ㅈ. '데'는 모음으로 끝난 체언에 붙어 쓰이는 서술격 조사일 때는 붙여 쓰고, '곳, 처소'를 나타낼 때는 의존 명사로 다루어 띄어 쓴다.

쉬운 문젠데 맞춰 보렴. (서술격 조사)
갈 데라도 있니? (곳, 의존 명사,)

ㅊ. '대로'는 '그 상태로, 그 모양과 같이'라는 조사로 쓰일 때는 붙여 쓰고, '앞말이 뜻하는 그 모양과 같이'의 뜻으로 쓰인 경우는 의존 명사라 띄어 쓴다.

당신 뜻대로 하십시오. (조사)
배운 대로 해라. ('같이'의 뜻, 의존 명사)

ㅋ. '망정'은 'ㄹ' 받침인 용언의 어간에 붙어 앞 절의 사실을 인정하고 뒤 절에 대립되는 다른 사실을 이어 말할 때에는 어미라서 붙여 쓰고, 다행이거나 잘된 일이라는 뜻을 나타낼 때는 의존 명사라서 붙여 쓴다.

입은 옷은 누더기일망정 마음만은 왕후장상이다. (조사)
미리 알았기에 망정이지 큰일 날 뻔했다. ('다행'의 뜻, 의존 명사)

ㅌ. '차'는 명사 뒤에 붙어 목적의 뜻을 더하는 경우에는 접미사이므로 붙여 쓰지만, 용언의 관형사형 뒤에 나타낼 때에는 의존 명사이므로 띄어

쓴다.

인사차 들렀다. (접미사)
사업차 외국에 나갔다. (접미사)
고향에 갔던 차에 선을 보았다. (관형사형 어미 'ㄴ' 뒤에, 의존 명사)
마침 가려던 차였다. (관형사형 어미 'ㄴ' 뒤에, 의존 명사)

ㅍ. '판'이 다른 말과 합성어를 이룰 때는 붙여 쓰지만, 수 관형사 뒤에
서 승부를 겨루는 일을 세는 단위를 나타낼 때는 의존 명사이므로 띄어 쓴
다.

노름판/씨름판/웃음판 (합성어)

바둑 두 판. (세는 단위, 의존 명사)
장기를 세 판이나 두었다. (세는 단위, 의존 명사)

-이 / -히

부사를 만드는 접사인 '-이'를 쓸 것인지 '-히'를 쓸 것인지 헷갈릴 때가 더러 있다.

'솔직이'인지 '솔직히'인지 구분이 잘 되지 않을 때가 있다. '번번하다'라는 말이 있는데 왜 '번번히'로 적지 않고 '번번이'로 적을까?

이것을 규정한 것이 한글 맞춤법 제51항인데 그 내용은 이러하다.

부사의 끝음절이 분명히 '이'로만 나는 것은 '-이'로 적고, '히'로만 나거나 '이'나 '히'로 나는 것은 '-히'로 적는다.

ㄱ. '이'로만 나는 것

가붓이	깨끗이	나붓이	느긋이	둥긋이
따뜻이	반듯이	버젓이	산뜻이	의젓이
가까이	고이	날카로이	대수로이	번거로이
많이	적이	헛되이	겹겹이	번번이
일일이	집집이	틈틈이		

ㄴ. '히'로만 나는 것

극히   급히   딱히   속히   작히
족히   특히   엄격히   정확히

ㄷ. '이, 히'로 나는 것

솔직히   가만히   간편히   나른히   무단히
각별히   소홀히   쓸쓸히   정결히   과감히
꼼꼼히   심히   열심히   급급히   답답히
섭섭히   공평히   능히   당당히   분명히
상당히   조용히   간소히   고요히   도저히

여기서 유의할 것은 3번째 규정이다. '이, 히' 두 가지 소리가 다 나는 말은 '히'로 적는다는 것이다. ㄱ의 말들은 전부가 통상 '이'로 나는 말이고, ㄴ의 말은 다 '히'로 나는 말임을 쉽게 인지할 수가 있다. 그런데 ㄷ의 말들은 '이, 히' 두 가지로 나기 때문에 혼란을 가져오는 것들이다. 이런 경우에는 다 '히'를 붙여 쓰면 된다고 할 수 있다.

이에요 / 이예요, 거에요 / 거예요

'이에요/이어요'는 복수 표준어다. '이에요/이어요'에서 '이'는 서술격 조사 '이다'의 어근 '이'이고 '-에요/-어요'는 어미다. 그러므로 '이에요/이어요'는 명사와 결합하고 용언의 어간에 직접 결합할 때는 서술격 조사 없이 '-에요/-어요'가 결합한다.

받침이 있는 명사에는 '이에요/이어요'가 결합한다.

말+이에요 → 말이에요
말+이어요 → 말이어요

그러므로 '말이예요'와 '말이여요'로 적는 것은 잘못이다.
받침 없이 모음으로 끝난 명사의 경우는 다음과 같다.

나비+이에요 → 나비이에요 → 나비예요
나비+이어요 → 나비이어요 → 나비여요

'나무이에요'는 '나무예요', '나무이어요'는 '나무여요'로 줄어든다. 실제적으로는 '나무여요'를 잘 사용하지 않고, '나무예요'를 널리 쓰므로 받침이 없을 경우에는 '예요'가 결합한다고 기억하면 된다.

　명사가 아닌 용언의 어간에 직접 결합하는 경우에는 '-에요/-어요'가 붙는다. '아니다'에 결합하는 아래의 경우가 그러한 예다. '아니다'는 명사가 아닌 용언(형용사)이다.

　　아니-+-에요 → 아니에요 → 아녜요
　　아니-+-어요 → 아니어요 → 아녀요

　이 중에서 '아니에요'와 '아녜요'가 널리 쓰인다. '아니예요, 아니여요'는 틀린 말이다.

　그런데 '영숙이, 길동이' 등의 이름 밑에는 '에요'가 와야 할까, '예요'가 와야 할까? '예요'가 와야 한다. '영숙이예요, 길동이예요' 와 같이 써야 한다. 왜냐하면 '영숙이, 길동이, 바둑이' 할 때의 '-이'는 서술격 조사 '이다'의 '이'가 아니라 명사 뒤에 붙는 접미사다. 그러므로 '영숙이+이에요, 길동이+이에요, 바둑이+이에요' 가 와야 하는데, 이때 '이에요'가 줄어져 '예요'가 되기 때문이다.

　　영숙이+이에요 → 영숙이이에요 → 영숙이예요
　　길동이+이에요 → 길동이이에요 → 길동이예요
　　바둑이+이에요 → 바둑이이에요 → 바둑이예요

　결론적으로 받침이 있는 말 다음에는 '책상이에요/책상이어요', 받침이 없을 때에는 '나무예요', '아니다' 다음에는 '아니에요/아녜요'라고 기억하면 된다.

다만, '어디'의 경우는 그 뜻(쓰임)에 따라 두 가지 경우가 다 쓰일 수가 있음에 유의해야 한다. 어디의 '디'에 받침이 없어 '어디에요'라고 해야 하지만, 장소를 나타내는 조사로 사용될 때 '예요, 에요' 두 가지 모두 사용할 수 있다. 물론 그 두 가지의 경우와 뜻은 다르다.

철수: 이것 좀 저쪽에 놓아 주세요.
순이: 어디에요?
철수: 저기 있는 책상 위에요.

손녀: 할머니 지금 어디예요?
할머니: 응, 대구 도착했는데 곧 갈거야.

'어디에요'와 '어디예요'는 서로 다른 의미로 사용되는데, '어디에요'는 '어디에+요'로, '어디예요'는 '어디+예요'로 분석되는 어구다.

다음으로 '거에요'와 '거예요'에 대해 살펴보자. '갈거에요'가 맞을까, '갈거예요'가 맞을까? 국어에 '거에요'라는 표현은 없다. '갈것이에요'가 줄면 '갈거예요'가 되기 때문이다. 그러므로 '것 + 이에요'의 준말 '예요'를 사용해 '거예요'로 사용한다.

잇달다 / 잇따르다

'잇달다'와 '잇따르다'는 일종의 복수 표준어다. 두 낱말이 거의 같은 뜻으로 쓰인다. 다만 '이어 달다'의 뜻일 때는 '잇달다'만 가능하다. 흔히 무엇을 달아낸다고 하는 뜻이다.

처마를 잇달아 낸다.
기관차에 객차들을 잇달았다.
그는 훈장에 훈장을 잇단 복장으로 나타났다.

'어떤 사건이나 행동 따위가 이어 발생하다'의 뜻일 때는 '잇달다, 잇따르다, 연달다'를 함께 쓸 수 있다.

영화가 끝난 뒤에 그에 대한 찬사가 { 잇따랐다. 잇달았다. 연달았다. }

자동차가 { 잇따라 잇달아 연달아 } 몰려왔다.

$$\left\{ \begin{array}{l} \text{잇따른} \\ \text{잇단} \\ \text{연단} \end{array} \right\} \text{화재가 일어나 사람들을 공포로 몰아넣었다.}$$

잘하다 / 잘 하다

'잘'은 부사로서 '익숙하게, 능란하게, 훌륭하게' 등의 뜻을 지닌 단어다. 그래서 어떤 행위가 그렇게 이루어졌을 때 쓰인다.

　　그는 베짜기를 잘 한다.
　　아들은 공부를 잘 한다.

'잘하다'는 '바르고 착하고 떳떳하게 하다' 또는 '음식 따위를 즐겨 먹다'의 뜻으로 쓰인다.

　　그녀는 시부모님께 참 잘한다.
　　그는 술을 잘한다.

'잘되다 / 잘 되다', '잘나다 / 잘 나다' 등도 이와 같은 무리에 속하는 말들이다.

'잘'은 부사로서 '익숙하게, 능란하게, 좋게'의 뜻이다. '잘되다'는 어떤 일이 바라던 대로 이루어지거나 좋은 상태로 되다'란 뜻을 지닌 동사다.

농사가 잘 되다. (부사+동사)
비가 오니 배추 싹이 잘 나는구나. (부사+동사)

고향에 돌아온다니 참 잘된 일이다. (동사)
그집 아들, 인물이 참 잘났어. (동사)

잘못하다 / 잘 못하다

'잘 못하다'는 '어떤 일을 훌륭하게 하지 못하다'는 뜻이다. "그는 노래를 잘 못한다."와 같이 쓴다. 하기는 해도 잘은 못한다는 뜻이다.

'잘못하다'는 '어떤 일을 틀리거나 그릇되게 하다'란 뜻이다. "그녀는 지금 노래를 잘못한다."와 같이 쓴다. 즉 노래를 틀리게 부른다는 뜻이다. 그러니 '잘 못하는' 것은 노력하면 되고, '잘못한' 것은 고치고 사과하고 용서받아야 한다. 언제부터인가 '잘못한' 사람이 더 큰소리를 치고, 교묘하게 둘러대는 모습을 흔하게 보는 세상이 되었다.

인간은 누구나 잘못을 저지른다. 그래서 공자는 첫 번의 잘못은 잘못이라 할 수 없고, 그것을 고치지 않는 것이 진짜 잘못이라 하였고, 잘못한 것 고치기를 꺼리지 말라고 하였다. 또 소인은 잘못을 저지르면 꾸미고 얼버무려 속이려 하고, 군자는 잘못을 하면 그것을 남들에게 다 보이고 고치므로, 남들이 다 그를 우러러본다고 하였다.

지금 우리의 목민관들 중에는 소인이 많을까, 군자가 많을까?

그리고 잘못을 잘못이라 반성하지 않는 것도 문제지만, 더 큰 문제는 '잘못한' 것을 보고 '잘못했다'고 꾸짖는 사람이 점차 사라지고 있다는 것이다. 냉소와 체념만 가득 차고 생기가 없는 사회가 되어 가고 있다는 증

거다. 공자는 군자도 미워하는 마음을 가질 때가 있는데, 그 첫째가 남의 잘못에 편드는 사람을 미워하는 것이라고 하였다. 잘못을 잘못이라고 말하지 못하는 사회는 병든 사회다. 이런 병을 치료하지 않고는 진정한 문명국도 선진국도 이룰 수 없을 것이다.

제(第)의 띄어쓰기

'제(제)'는 독립된 품사가 아니라 접두사이므로 뒷말에 붙여 쓴다. 그럼 아래의 말 중에서 띄어쓰기가 틀린 것을 찾아보자.

   ㄱ. 제1 장
   ㄴ. 제1장
   ㄷ. 제 1장
   ㄹ. 제 1 장

답은 ㄷ과 ㄹ이다. '제'는 접두사이기 때문에 ㄱ과 ㄴ은 뒷말 '1'과 붙여 썼기 때문에 맞게 쓴 것이다. '장'은 의존 명사이기 때문에 띄어 써야 하지만 순서를 나타내는 경우나 숫자와 어울리어 쓰이는 경우에는 붙여 쓸 수 있기 때문이다. 그런데 ㄷ과 ㄹ은 '제'와 '1'을 띄어 썼기 때문에 틀렸다.

'제2 차 세계 대전', '제2차 세계 대전'으로 쓰고, '제3 대 학생 회장', '제3대 학생 회장'으로 쓰면 된다. '제(第)-'는 한자어 수사에 붙어 차례를 나타내는 접두사인데, 접두사는 단어가 아니므로 항상 뒷말과 붙여 쓴다. 이 경우에 적지 않은 사람들이 '제 1과'처럼 띄어 쓰기도 하는데 이는 길게 발음되는 '제(第):'의 발음을 좇아 잘못 띄어 쓴 것이다.

그러므로 다음과 같이 쓴 것은 전부 틀리는 것이다.

제 5회 임관식

제 10 회 졸업식

제 7전시실

숫자 앞에 표기되는 '제'의 경우, 반드시 붙여 쓰기를 해야 하기 때문이다. 아래의 예는 전부 맞다.

제5회 임관식

제10회 졸업식

제7전시실

좇다 / 쫓다

'좇다'와 '쫓다'의 차이를 혼동하는 경우가 많다.

대체적인 뜻은 '좇다'는 '따르다[從]'의 뜻이고, '쫓다'는 '물리치다[逐]'의 뜻이라고 생각하면 되겠다. 그러나 세부적인 쓰임에 따라 혼동할 경우가 있으니 좀 더 자세히 살펴보자.

'좇다'는 '목표, 이상, 행복 따위를 추구하다, 남의 말이나 뜻을 따르다' 등의 뜻을 나타내므로, '명예를 좇는 젊은이', '부모님의 의견을 좇기로 했다'와 같이 쓰인다.

한편 '쫓다'는 '어떤 대상을 잡거나 만나기 위하여 뒤를 급히 따르다, 어떤 자리에서 떠나도록 몰다' 등의 뜻을 나타내므로, '쫓고 쫓기는 숨 막히는 추격전을 벌이다, 황소가 꼬리를 흔들어 등의 파리를 쫓았다'와 같이 쓰인다.

그러면 『표준국어대사전』에서 그 단어의 뜻과 용례들을 살펴보자. 그럼 먼저 '좇다'의 예를 본다.

ㄱ. 목표, 이상, 행복 따위를 추구하다.
   명예를 좇는 젊은이
   태초부터 사람은 살기 편한 것을 좇게 마련이오.

ㄴ. 남의 말이나 뜻을 따르다.

아버지의 유언을 좇다

부모님의 의견을 좇기로 했다.

장군께서 그렇게 말씀하시니 그대로 좇겠습니다.

ㄷ. 규칙이나 관습 따위를 지켜서 그대로 하다.

그러나 그런 관례를 좇고 있을 계제가 못 되었다.

ㄹ. 눈여겨보거나 눈길을 보내다.

시선은 서편 하늘로 멀어지는 까마귀 떼를 좇고 있었다.

사열 받는 병사들처럼, 곁을 지나가는 무당을 좇아 눈길만 따라갈 뿐이
었다.

ㅁ. 생각을 하나하나 더듬어 가다.

태영은 다시 자기의 생각을 좇고 있는 눈빛이 되었다.

준구는 손으로 책장을 넘기면서도 머리로는 이십 대 여인의 영상을 좇
느라고 거의 눈을 감고 있었다.

ㅂ. 남의 이론 따위를 따르다.

공자의 이론을 좇다

스승의 학설을 좇다

다음으로 '쫓다'의 예를 보자.

ㄱ. 어떤 대상을 잡거나 만나기 위하여 뒤를 급히 따르다.

쫓고 쫓기는 숨 막히는 추격전을 벌이다.

어머니는 아들을 쫓아 방에 들어갔다.

사냥꾼과 몰이꾼들은 눈 위에 방울방울 번진 핏자국을 따라 노루를 쫓았다.

ㄴ. 어떤 자리에서 떠나도록 몰다.

새를 쫓다.

귀신을 쫓다.

황소가 꼬리를 흔들어 등의 파리를 쫓았다.

ㄷ. 밀려드는 졸음이나 잡념 따위를 물리치다.

머릿속에 드는 망령된 생각을 애써 쫓았다.

혀를 깨물기도 하고 팔뚝을 꼬집기도 하면서 잠을 쫓았다.

그런데 '좇다'와 '쫓다'를 구분하는데, 물리적 이동의 유무를 생각하면 쉽다는 의견이 있다. 곧 누군가를 뒤따르는 물리적인 이동이 있을 때는 '쫓다'를, 눈길을 보내거나 생각으로 따르는 것은 물리적 이동이 일어나지 않으므로 '좇다'로 사용하면 된다는 것이다. 참고할 만하다.

중거리 탄도 유도탄 / 중거리탄도유도탄

전문 용어는 단어별로 띄어 씀을 원칙으로 하되, 붙여 쓸 수 있다. 전문 용어란 학술 용어나 기술 용어와 같이 전문적인 영역에서 사용하는 용어를 말한다. 이러한 전문 용어는 둘 이상의 단어로 이루어졌다 하더라도, 하나의 개념을 나타내는 경우가 대부분이므로 붙여 씀을 허용한 것이다. 아래와 같이 ㄱ을 원칙으로 하고 ㄴ을 허용한다.

ㄱ	ㄴ
중거리 탄도 유도탄	중거리탄도유도탄
만성 골수성 백혈병	만성골수성백혈병
난포 자극 호르몬	난포자극호르몬
즉시 시행 처방	즉시시행처방

그런데 전문 용어 가운데는 둘 이상의 단어로 이루어진 경우라도 띄어 쓸 수 없는 것들이 있다. 즉 한자로 된 고전 책명은 띄어 쓰지 않는다. 이들은 합성어로서 하나의 단어로 굳어진 것이거나, 구(句)라고 하더라도 띄어 쓰는 것이 별로 의미가 없기 때문이다.

삼국사기(三國史記)

대동운부군옥(大東韻府群玉)

오주연문장전산고(五洲衍文長箋散稿)

분류두공부시언해(分類杜工部詩諺解)

노자도덕경변증설(老子道德經辨證說)

   그러나 서양의 고전 또는 현대 책명, 작품명 등은 구와 문장 형식인 경우 단어별로 띄어 쓴다.

한여름 밤의 꿈(서양의 고전 작품)

멋진 신세계(현대의 작품)

바이러스 폭풍의 시대(서양 현대의 책)

한국 중학교 / 한국중학교

각 기관의 이름인 고유 명사는 단어별로 띄어 씀을 원칙으로 하되, 단위별로 띄어 쓸 수 있다.

　　　　　ㄱ　　　　　　　　　　ㄴ

경북 중학교　　　　　　경북중학교
경북 대학교 사범 대학　　경북대학교 사범대학

위와 같은 규정에 따라 ㄱ을 원칙으로 하고, ㄴ도 허용한다. 위의 규정에서 고유 명사는 단위별로 띄어 쓸 수 있다고 했는데, 이때의 '단위'는 고유 명사를 이루고 있는 구성 요소의 구조적인 묶음을 말한다. 곧 단위는 서로 밀접한 관련이 있는 구성 요소의 묶음이다. 각 단어별로 띄어 쓴 '경북 대학교 사범 대학'보다 단위별로 묶어 쓴 '경북대학교 사범대학'이 더 자연스럽게 여겨지기도 한다.

또 '용언의 관형사형+명사' 혹은 '명사+조사+명사'로 이루어진 고유 명사(점포 이름)도 붙여 쓸 수 있다.

맛있는 음식점 / 맛있는음식점

상공인의 날 / 상공인의날

그리고 고유 명사에 따르는 '부설(附設), 부속(附屬), 직속(直屬), 산하(傘下)' 따위는 고유 명사에 속하는 것이 아니므로 원칙적으로 앞뒤의 말과 띄어 쓴다.

경북 대학교 의과 대학 부설 생명 과학 연구소 (원칙)
경북대학교 의과대학 부설 생명과학연구소 (허용)

그런데, '부속 학교, 부속 초등학교, 부속 중학교, 부속 고등하교, 부속 병원'과 같이 교육 기관 등에 딸린 학교나 병원은 하나의 단위로 다루어 붙여 쓸 수 있다.

경북 대학교 부속 중학교 (원칙)
경북대학교 부속중학교 (허용)

계명 대학교 의과 대학 부속 병원 (원칙)
계명대학교 의과대학 부속병원 (허용)

한번 / 한 번

'한번'과 '한 번'은 사용함에 각별한 주의를 해야 할 말이다. '한번'은 '기회 있는 어떤 때, 잠깐·일단, 과거의 어느 때'의 뜻으로 쓰는 말이다.

그리고 '한 번'은 관형사 '한'과 의존명사 '번'으로 짜여 있는 어구로, '두 번, 세 번' 등으로 셀 수 있을 때 쓰는 말이다. 그 몇 예를 보이면 다음과 같다.

한번: 한번 만나세.

한번은 길에서 돈을 주웠지.

낚시나 한번 갑시다.

너 참 노래 한번 잘 했다.

한 번: 턱걸이를 한 번 했다.

한 번 더 해 보자.

한 번도 안 빠지고.

그런 적 한 번도 없다.

강재철, 『한국속담의 근원설화』, 백록출판사, 1980.

김슬옹, 『우리말 산책』, 미래사, 1994.

김이박, 『옛말 산책』, 비봉출판사, 2014.

문화체육부, 『바른말 고운말』, 1996.

박숙희, 『뜻도 모르고 자주 쓰는 우리말 500가지 Ⅱ』, 서운관, 1995.

박영준 외, 『우리말의 수수께끼』, 김영사, 2012.

박유희 외, 『우리말 오류사전』, 경당, 2006.

박일환, 『우리말 유래사전』, 우리교육, 1996.

배우리, 『우리 땅이름의 뿌리를 찾아서』, 토담, 1994.

안옥규, 『우리말의 뿌리』, 학민사, 1995.

이인섭 외, 『우리말 고운말 2』, EBS교육방송, 1992.

장진호, 『국어 선생님도 몰랐던 우리말 이야기』, 글누림, 2012.

장진호, 『우리 문화 그 가슴에 담긴 말』, 글누림, 2015.

장진호, 『우리 문화 그 은은한 향기』, 글누림, 2018.

정민, 『정민 선생님이 들려주는 한시 이야기』, (주)보림출판사, 2003.

중앙일보어문연구소, 『우리말 바루기』, 하다, 2014.

국립국어원장, 『'한글 맞춤법', '표준어 규정' 해설』, 국립국어원, 2018.

국립국어연구원, 『표준국어대사전』, 두산동아, 2000.

김민수, 『우리말 어원사전』, 태학사, 1997.

두산동아 사서편집국, 『동아 새국어사전』, 두산동아, 2003.

신기철 외, 『새 우리말 큰사전』, 삼성출판사, 1983.

이성구, 『띄어쓰기 사전』, 국어닷컴, 2004.

한국정신문화연구원, 『한국민족대백과사전』, 웅진출판주식회사, 1993.

doopedia 두산백과, 2010.

장진호

대구사범학교를 졸업하고 계명대학교에서 문학박사 학위를 받았다.

대구대학교와 계명대학교 겸임 교수, 대구교육과학연구원 연구부장을 거쳐 달성고등학교 교장을 역임했다.

저서로는 『신라 향가의 연구』, 『굽은 나무는 굽은 대로 곧은 나무는 곧은 대로』, 『손을 쥐면 아무것도 없고 손을 펴면 천하를 쥔다』, 『국어 선생님도 몰랐던 우리말 이야기』, 『우리 문화 그 가슴에 담긴 말』(2015 세종도서 교양부문 선정도서), 『신라에 뜬 달 향가』, 『우리 문화 그 은은한 향기』 등이 있고, 논문으로는 「고려가요 동동고(動動考)」, 「국어교육의 맥과 흐름」 등 다수가 있다.

그러니까 우리말 이러니까 우리글

ⓒ 장진호 2019

초판1쇄 발행 2019년 10월 28일
초판2쇄 발행 2019년 12월 28일

지 은 이 장진호
펴 낸 이 최종숙

책임편집 이태곤
편   집 권분옥 문선희 백초혜
디 자 인 안혜진 최선주 김주화
마 케 팅 박태훈 안현진

펴 낸 곳 글누림출판사／서울시 서초구 동광로46길 6-6 문창빌딩 2층
전   화 02-3409-2055 팩스 02-3409-2059
이 메 일 nurim3888@hanmail.net
홈페이지 www.geulnurim.co.kr
블 로 그 blog.naver.com/geulnurim
북트레블러 post.naver.com/geulnurim
등   록 2005년 10월 5일 제303-2005-000038호

ISBN 978-89-6327-585-7 03380

정가 24,000원